고려대학교 글로벌일본연구원 현대일본총서 21

저팬
리뷰
2017

송완범 엮음

현대일본의
사회와 문화

 고려대학교 글로벌일본연구원　인터북스

저팬리뷰 2017

현대일본의 사회와 문화

초판 인쇄 2017년 8월 31일
초판 발행 2017년 8월 31일

엮 은 이 | 송 완 범
발 행 인 | 김 미 화
발 행 처 | 인터북스

주   소 | 서울시 은평구 대조동 221-4 우편번호 122-844
전   화 | (02)356-9903   편집부(02)353-9908
팩   스 | (02)386-8308
홈페이지 | http://hakgobang.co.kr/
전자우편 | interbooks@naver.com, interbooks@chol.com
등록번호 | 제311-2008-000040호

ISBN   978-89-94138-51-0   94330
          978-89-94138-39-8   (세트)

값 : 17,000원

이 저서는 2007년도 정부(교육과학기술부)의 재원으로 한국연구재단의 지원을 받아 연구되었음
(NRF-2007-362-A00019)

종론 | 『저팬리뷰』 시리즈에 아듀를 고하며 _ 송완범

사회편

대중문화편

『저팬리뷰』 시리즈에 아듀를 고하며

송완범 | 宋浣範 Song, Whan-bhum

고려대학교 일본연구센터 연구조교수와 일본 교토에 있는 국제일본문화연구센터(日文研)의 외국인연구원을 역임하고, 현재는 고려대학교 글로벌일본연구원의 부원장 및 HK교수로 재직 중이다.

전공 분야는 동아시아세계 속의 일본 역사와 문화이며, 최근의 주요 연구 관심사는 동아시아 속의 일본율령 국가 연구, 동아시아 고대론, 역사 속의 재난과 안전, 한일관계사 등이다.

최근의 주요 연구업적으로는, ≪목간에 비친 고대 일본의 서울, 헤이조쿄平城京≫(성균관대학교출판부, 2017, 역서), ≪술로 풀어보는 일본사≫(이상미디어, 2017, 공역), 學習院女子大學國際學硏究所叢書≪調和的秩序形成の課題≫(日本お茶の水書房, 2016, 공저), 浙江大學韓國基金助成≪第15會中國韓國學國際學術大會論文集/宗敎文化編≫(中國民族出版社, 2016, 공저), 글로벌일본연구원 현대일본총서19≪일본의 재해학과 지방부흥≫(인터북스, 2016, 공저), 동북아번역총서37≪정창원-역사와 보물-≫(동북아역사재단, 2015, 공역), 일본연구센터 일본학총서27≪일본의 전쟁과 평화≫(인터북스, 2014, 공저), ≪저팬리뷰2014-일본의 변용-≫(인터북스, 2014, 공저), ≪일본의 재해부흥≫(인문사, 2014, 공저), ≪제언: 동일본대지진≫(고려대학교출판부, 2014, 공역), ≪저팬리뷰2013≫(고려대학교출판부, 2014, 공저), ≪東日本震災と日本-韓国から見た3.11-≫(日本關西大學出版部, 2013, 공저), ≪동일본대지진-부흥을 위한 인문학적 모색-≫(고려대학교출판부, 2013, 공역), ≪문화유산의 보전과 부흥 철학-자연과의 창조적 관계 재생≫(고려대학교출판부, 2013, 역서) 등 외 다수가 있다.

이제 『저팬리뷰』 시리즈에 아듀를 고해야할까 보다. 고려대학교 글로벌 일본연구원(구 일본연구센터)은 2007년 11월 인문한국사업(HK)에 선정됨과 동시에 [일본연구의 세계적 거점 구축]이라는 아젠다 아래 1단계 사업으로 다음의 두 가지 과제를 내걸었다. 그것은 바로 『일본문화사전』의 편찬과 『저팬리뷰』의 지속적인 출간이었다. 전자는 해방 후 일본연구의 명실상부한 공동연구라는 점(집필자 115명, 표제어 2500개)에서 주목을 받았다면, 후자는 매해의 일본에 대한 [일본연감]으로의 기능을 담당한다는 점에서 모두 획기적인 사업이었다고 할 수 있다. 다만 전자는 일회성 사업이었다고 한다면 후자는 연속 사업이라는 점에서 그 경중이 달랐다고 할 수 있을 것이다.

『저팬리뷰』 시리즈의 시작은 2008년 12월의 동계워크숍에서 작명된 [일본연감]이었다. 그 뒤 2009년 3월 6일의 17명의 집필자들과 함께 한 워크숍을 시작으로 그 뒤 세 차례의 워크숍을 거치면서 『저팬리뷰』라는 이름이 탄생했다. 그리고 책임자는 현 원장인 서승원 일문과 교수였는데 당시는 본 연구원의 정치경제연구실장 자격이었다. 전체적인 내용 체재는 1부; 정치(와 외교) 2부; 경제(와 노동) 3부; 사회(와 역사, 교육) 4부; 문화(와 문학)의 네 가지 틀로 이루어진다. 그리고 각자의 논고에 담을 내용은 먼저 거시적 동향을 다루고, 다음에는 제반 논점 및 쟁점, 혹은 주요 현안 분석 및 데이터 정보를, 마지막에는 향후 전망 혹은 대안의 제시 등으로 구성하기로 했다.

이와 같은 작명 및 체제와 내용에 대한 합의 아래 『저팬리뷰2010』이 2010년 4월에 세상에 첫선을 보였다. 그 뒤로 미세한 변화를 거치면서 2011, 2012, 2013, 2014년도에 걸쳐 모두 다섯 차례 간행된다. 그러나 호사다마라 했던가. 『저팬리뷰2015』는 결호라는 결과를 맞았다. 그 뒤 여러 논의를 거쳐 『저팬리뷰2016』(김영근 담당)은 경제 편으로 이미 간행되었고, 금년에 『저팬리뷰2017』 정치 편(서승원 담당)과 사회/문화 편(송완범 담당)의 두 권 체재로 유종의 미를 거두게 되었다. 해서 모두 여덟 권이 생산된 셈이다. 이중 작년의 『저팬리뷰2016』과 금년 『저팬리뷰2017』 두 권 해서 세 권은 자매편인 것이다. 모두 함께 읽혀나가길 바란다.

사회/문화 편은 모두 여섯 차례 간행되는데 이번 호에는 9명의 집필자가 참여한다. 생각해 보니 여섯 차례 집필 모두에 참가한 이는 김영덕(한국콘텐츠진흥원) 선생님과 송완범 두 사람이다. 그 뒤를 정현숙(방송통신대), 한용진(본교), 강태웅(광운대) 선생님이 다섯 차례 집필로 잇고 있다. 그 동안 오태규(한겨레신문사 3회), 김관규(동국대 3회), 박광현(동국대 3회), 김춘미(본교 2회), 이시재(카톨릭대 1회), 박선영(국민대 1회), 정병호(본교 1회), 전성곤(본 연구원 1회) 선생님들이 참여해 주셨다. 그리고 이번 호에 새로이 참가하는 분들은 조명철(본교), 김계자(본 연구원), 김효진(서울대), 김영근(본 연구원) 선생님 네 분이다. 총 열 일곱 분이 『저팬리뷰 사회/문화 편』의 산 증인인 셈이다. 한 분 한분께 머리 숙여 감사말씀 드린다.

　　그 중 아직도 기억에 새로운 것은 2011년 3월 11일에 발생한 미증유의 동일본대지진을 계기로 발 빠르게 『저팬리뷰2012: 3.11 동일본대지진과 일본』을 발간한 일이다. 이것이야말로 현재의 일본에 대한 생생한 모습을 그려내는 것을 목적으로 한 저팬리뷰의 본모습이었다고 자부한다. 또한 이것이 일본에서 평가를 얻어 2013년 5월에 간세이가쿠인(關西學院)대학출판회에서 번역되어 『東日本大震災と日本-韓国から見た3.11-』으로 출간된 것은 망외의 일이었다. 이에 용기를 얻어 기존의 [재난과 안전으로 생각하는 동아시아 연구팀]이 [포스트3.11과 인간; 재난/안전/동아시아 연구팀]으로 확대 개편되고, 이어 본 연구원 내의 [사회재난안전연구센터]라는 독자적 연구단위로, 더 나아가서는 본교 차원의 [재난안전융합연구원]의 발족으로, 마침내는 본 연구원의 전임교수로 재난/안전 관련 전문 인력을 채용(정규진 교수)하는 것까지 정말이지 숨 돌릴 사이 없이 일어난 일로 모두 『저팬리뷰』를 준비하며 다져온 과정 중에 일어난 일이 아니었던가 생각한다.

　　가까이는 내년에 한일 양국이 진정한 동반자 관계로서 미래지향적 협력 관계를 구축하자고 천명한 '김대중/오부치 선언'이 20주년을 맞는다. 이 선언이란 1998년 10월 김대중 대통령이 일본을 방문해 오부치 게이조(小淵惠三) 일본 총리와 정상회담을 하고 발표한 '21세기의 새로운 한·일 파트너십을 위한 공동선언'이 바로 그것이다. 본 연구원은 공동선언의 10주년이 되던 2008년에 기념행사를 주최했다. 그리고 멀리는 광복 100주년이 되는 2045년, 한일국교정상화 100주년인 2065년, 한일강제병합 200주년이 되는 2110년이 있다. 일개인의 생사를 넘어 22세기까지는 알 수 없다손 치더라도 21세기의 일대 기념비가 될 2045년, 2065년이면 혹 집필자 중에 존명하는 분이 있을지도 모르겠다. 감히 바라는 바는 광복 100주년과 한일국교정상화 100주년 즈음에도 저팬리뷰 시리즈가 기억되었으면 한다. 내년 조그마하게라도 이 '21세기의 새로운 한·일 파트너십을 위한 공동선언'을 기념하는 행사를 희망하고 있다.

본서는 크게 사회와 문화의 두 영역으로 구성되며 사회 부분에는 정현숙(사회), 조명철(역사), 한용진(교육), 김계자(재일문학) 선생님의 네 분이, 대중문화 부분에는 김영덕(방송), 강태웅(영화), 김효진(만화), 김영근(융합문화) 선생님 네 분이 참여하고 있다.

제1장(사회)은 일본뿐만이 아니라 우리에게도 초미의 관심사인 저출산문제를 다루고 있다. 본장의 문제제기는 다소 충격적이다. 일본이 직면하는 인구감소는 일본정부의 정책 탓이라는 것이다. 즉 일본정부는 1959년에 처음으로 발간한 『인구백서(人口白書)』에서 일본인구는 1985년경에 1억 486만 명을 정점으로 이후 감소로 돌아서 2015년에 8,986만 명이 될 것이라고 예측하였다(鬼頭, 2011). 이어 1974년에 두 번째로 발간한 『인구백서』에서는 '정지인구(靜止人口)'라는 개념을 제시해 인구가 늘지도 줄지도 않는 상태를 유지하기 위해 출산억제를 강화해야 한다고 주장하였다.

하지만 이후 출산율과 출생수는 지속적으로 감소하게 되고 특히 1990년대에 들어 인구감소를 우려할 만큼 빠르게 저출산이 진행되었던 것은 정책의 미스라는 말이다. 이러한 잘못에 대한 반성을 담아 현재 일본정부의 인구정책은 2003년에는 차세대육성지원대책추진법과 저출산사회대책기본법(少子化社会對策基本法)을 제정하고 내각부에 저출산사회대책회의(少子化社会對策会議)를 설치, 2007년에는 내각부특명담당대신(저출산대책 담당)을 임명, 2013년에는 어린이·육아지원법(子ども·子育て支援法)을 제정, 2015년에는 '일억총활약사회'의 실현을 내걸고 희망출산율 1.8을 구체적인 목표로 제시하였다.

결론에는 일본은 이미 지역사회 차원에서 인구감소시대에 적응해나가고 있으며 앞으로의 과제는 안정된 일자리를 바탕으로 안심과 풍요와 여유를 만끽할 수 있는 지역사회를 만들어나가는 일이고, 인구감소의 한계를 넘어설 수 있도록 한 사람 한 사람이 창출하는 부를 늘리는 일 그리고 지역자원을 활용해 보다 부가가치가 높은 산업을 만들어내는 일이 필요하다고 한다. 이러한 과제를 지역사회가 어떻게 잘 감당해나갈 것인지가 인구감소시대를 극복하는 관건이 될 것으로 전망하고 있다. 이상의 인구감소에 대한 지적은 거의 같은 문제를 안고 있는 한국에 많은 참고가 될 것으로 기대한다.

제2장(역사)은 5월 출범한 새 정부에서도 한창 문제가 되고 있는 한일 간의 과거사문제에 대한 해결을 모색하는 실천적 방안을 논의하고 있다. 한일 간의 역사교과서, 종군 위안부, 강제동원과 같이 생존자가 있거나 2세의 교육에 관련된 현재의 문제들은 명백한 사실들이 즐비하기 때문에 사실 확인이 충분치 못해서 발생하는 문제라고 보기 어렵다. 그것은 관점의 문제이고 가치의 문제이기 때문이다. 그럼에도 생존자들의 증언이 기록이 없어서 객관성을 결여했다고 하는 주장이나 강제 징용된 식민지 청년이 저항한 흔적이 없기 때문에 자원해서 군에 입대한 것이라고 주장한다면 사료에 근거한 과학적 분석처럼 보일지는 몰라도 이것이야말로 과학과 객관을 빙자한 과거사 왜곡의 전형이라고 지적한다.

그 과정을 분석하는 도구로서 '과거사 반성 3대 담화(미야자와, 고노, 무라야마 담화)를 적시하면서 아베정권 내내 과거사문제 해결에 대한 회피에 대해 느끼는 답답함을 메르켈 총리의 발언으로 대신하고 있다. 메르켈은 "독일은 2차 세계대전 중 나치와 홀로코스트(유대인 학살)라는 과오를 저질렀다. 그럼에도 전후 주변국가들이 독일을 다시 받아들여줬다는 점에서 독일은 운이 좋았다"고 전쟁 중에 자행했던 학살을 인정했다. 이어서 "전후 70년을 맞은 일본이 중국 및 한국과의 역사 문제 갈등을 어떻게 극복해야 하느냐"는 질문에는 프랑스와의 화해를 예로 들면서 "독일이 자신의 과거를 제대로 인정하고 사죄했을 뿐 아니라 독일뿐 아니라 프랑스도 소중한 기여를 했다"고 강조하고 있는데 메르켈이 독일의 과거사 반성의 기회에 피해자 프랑스의 도움을 사례로 든 것은 의미 있는 지적이다.

또 기억의 조건으로서는 독일이 과거사를 인간의 양심과 정의에 근거해서 정리할 수 있었던 것은 주변의 국가와 유태인 사회의 끊임없는 압박, 국내 양심세력의 줄기찬 문제제기, 통일이라는 자국의 절박한 과제가 있었기 때문이라고 하면서 일본의 대오각성을 기대하는 것만이 아닌 우리 스스로의 많은 노력과 천착이 필요하다는 점에서 자극적이다.

제3장(교육)은 한일 간의 교육사에 관한 차이에 대한 지적으로 시작한다. 2016년도 10월 1일 일본 요코하마대학(橫浜大学)에서 개최된 일본 '교육사학회'의 연차학술대회 주제는 "교육사연구의 새로운 출항; 교육사 연구는 어디로 가야하는가(教育史研究の新たな船出: 教育史研究はどこに向かうべきか)"였으며, 거의 같은 시기에 연대에서 열린 '한국교육사학회'의 연차학술대회 주

제는 "지구촌, 교육사 교육의 역사"였다. 일본의 교육사학회가 '향후' 교육사 연구가 나아갈 방향을 다루고 있는데 반해, 한국은 '그동안' 세계 각국은 교육사를 어떻게 가르쳐 왔는가를 다루고 있다. 그 차이점에도 불구하고 교육사에 대한 지향점은 유사하다는 지적에 동감한다. 그리고 현재의 교육사에 대한 연구 흐름을 알기 위해 기술한 메이지, 다이쇼, 전후의 교육사에 대한 개관은 쉽게 읽힌다.

그리고 미래의 교육사에 대한 다음의 네 가지 지적은 "첫째로 일국사(一國史) 중심의 교육사를 넘어설 필요가 있다. 둘째로는 교양으로서의 교육사, 즉 교육사의 대중화를 위한 시도로 일반인이나 대학 교양으로서 교육사를 생각할 필요가 있다. 셋째로 다른 사람들의 교육사에서 자기 자신의 교육사를 그려볼 수 있다. 정형화된 교육사 이외에도 자기 자신이나 가족의 개인적인 경험에 바탕을 둔 교육사 작성도 가능하다. 넷째로는 미래를 열어주는 교육사를 생각해 볼 수 있다. 교육사 그 자체는 과거의 사실을 다루고 있지만, 교육은 미래 세대를 가르치는 활동이라는 점에서 교육사는 더 나은 미래를 개척하는 내용이 되어야 할 것" 등은 교육사뿐만 아니라 다른 영역에서도 유익한 조언이다.

제4장(재일문학)은 '재일'에 대한 개념 규정의 어려움을 이야기하는 것으로 포문을 연다. '재일한국인'인지, 혹은 '재일조선인'인지, 그것도 아니면 'Korean-Japanese'라는 의미를 번역한 '재일코리안'으로 할 것인지, 요즘은 '재일 디아스포라'라는 용어도 등장한다고 한다. 이는 저자의 말대로 그만큼 이들 '재일'을 살아가는 사람들에 대한 이야기가 쉽지 않음을 보여준다. 왜냐하면 이들의 삶은 일제의 식민지배에서 남북한의 민족분단으로 이어지는 과정에서 한반도와 일본 열도, 한국과 북한 사이에 근현대사가 복잡하게 얽혀있기 때문이다.

일본 사회에 '재일코리안 문학'이 널리 알려지게 된 것은 1960년대 후반부터라고 하면서 특히 1960년대 후반에 이르면 총련의 권위적이고 획일적인 의식의 동일화 요구에 맞서는 김석범, 김태생, 고사명, 오임준, 김시종 등이 중심이 되어 재일코리안 문학이 널리 알려지게 되었다 한다. 이 흐름이 바탕이 되었을까. 1972년 1월에 이회성의 『다듬이질하는 여인』이 외국인으로서는 처음으로 아쿠타가와상(芥川賞) 수상작(1971년도 하반기)으로 결정되는데 윤건차에 따르면 1970년대에 재일조선인 문필가가 다양한 분야에서 활약해 일본사회에서 재일조선인 문학이 명확한 형태로 의식되게 되었다고 한다.

다양한 작품을 실제로 분석한 끝에 내린 결론은 신랄하다. "2015년을 지나며 한국과 일본은 각각 '해방 70년'과 '전후 70년'을 맞이했고, 재일코리안도 '재일 70년'을 맞이했다. 최근에 재일코리안 문학의 서사방식은 분명 다양해지고 달라지고 있지만, 그럼에도 불구하고 개별화될 수 없는 '재일코리안 문학'으로 호출되는 것이 있다면, 이를 재일코리안 문학의 '원점(原點)'으로 볼 수 있다고 한다." 정말이지 이제 집필자의 말대로 "재일문학은 이러한 기록과 기억의 서사는 일본 내에 소수성으로 존재하는 재일코리안 문학의 원점이 남북한과 일본을 아울러 포괄하는 확장된 공간 인식의 기점(起點)에 있다는 사실을 밝혀줌으로써 재일코리안 문학에 대한 인식의 지평을 넓혀줄 것"으로 기대한다.

제5장(방송)은 대중문화 아니 아예 대중문화산업의 중요성을 강조하는 것으로 시작하고 있다. 한국 대중문화의 대일 수출은 다른 국가에는 없는 일본에게만 적용되는 몇 가지 정치 외교적 특수성이 존재한다는 두 가지 지적은 흥미롭다. 첫째는 일본문화개방 문제. 이것은 일본식민지로 해방된 이후 50년이 넘었지만, 지금도 이어지고 있는 가해자와 피해자라는 식민지 관계성에 뿌리를 두고 있는 이슈이다. 두 번째는 한국대중문화가 미치는 일본인의 대한국 여론과의 상관관계성. 이러한 특성에 기초하면서 실상을 들여다보면 다음과 같다고 한다. 2003년 이후는 한국드라마로 촉발된 한류 붐은 일본의 중년 여성층을 중심으로 일어났고, 2010년 이후의 K-POP 붐은 젊은 여성층을 중심으로 파고들면서 일본 내 한류 저변을 크게 확대시켜놓았지만, 2012년 이후 한일관계 악화, 엔화 가치의 약세라는 잇따른 악재와 조우하면서 일본 내 한류콘텐츠 수출과 소비가 다소 정체되어 있다고 한다.

또한 한국입장에서 콘텐츠의 일본 수출은 크게 세 가지 관점에서 의미를 갖는다고 지적한다. 첫째는 앞에서도 언급한 소프트파워라는 관점에서 한국정부의 콘텐츠 산업진흥정책과 밀접하게 맞물려 있다는 점. 한국정부의 '소프트파워' 정책에 있어 일본은 중국과 함께 현재의 한류를 떠받치는 전략국이자 한류 지속과 확대의 랜드 마크라고 할 수 있다. 두 번째는 산업적 관점에서 경제적 이득을 가져다준다는 점. 한국은 매년 콘텐츠 수출로만 약 14억 달러를 벌어들이고 있는데 수출통계에 포함되지 않은 금액이나 드라마나 K-POP등이 가져다주는 간접적인 경제효과까지 감안한다면 그 규모는 상당할 것이다. 세 번째는 일본에 한국콘텐츠를 수출하고 노출하는 것이 결과적으로 현지에서 한국에 대한 관심과 호감도를 높인다는 점. 이는 일본 내각부의 여론조사에서도 나타나듯이 오히려 한류가 일본 내 친한 여론 형성에 상당한 기여를 하고 있다고 봐야할 것이다. 마지막으로 한류의 향후에 한일관계의 호오가 계속해서 변수로 작용할 전망이라는 지적은 비단 방송만의 문제는 아닐 것이다.

제6장(영화)은 일본영화산업이 아직도 활황임과 그 이유를 보인다. 2016년 일본에서 극장 개봉된 영화의 총 편수는 1,149편이었는데 한 해에 1,149편의 영화가 개봉한다는 것은 하루에 3.15편에 상당하는 양이다. 이것이 가능해진 사정에는 하나의 영화관이 여러 개의 스크린을 보유하는 멀티플렉스의 보급이 자리한다. 그리고 영화 편수 증가의 또 하나의 이유에는 디지털 상영이 자리한다. 영화관에는 인화된 필름을 사용한 상영은 거의 사라지고, 디지털화된 상영이 대다수를 차지하게 되었다. 따라서 필름으로 찍히지 않은 다른 영역의 작품들도 영화관에서 상영 가능하게 되었다. 이들은 영화가 아닌 작품들이라 하여 비영화계 콘텐츠 또는 ODS(Other Digital Stuff 또는 Other Digital Source)라고 불린다. 앞으로도 ODS의 비중이 증가할 가능성이 크다고 하겠다.

이에 비해 한국영화산업과 비교해 본 것도 흥미를 돋운다. 2016년 한국에서 개봉된 영화는 1,520편으로, 일본 개봉된 영화편수를 능가한다. 한국은 2014년에 1,095편이 개봉된 것을 시작으로 1,000편 개봉 시대를 열었다. 일본의 스크린수가 2016년 3,472개이고, 한국이 2,575개로 897개 적음을 감안하였을 때, 한국의 개봉편수가 엄청남을 알 수 있다. 그럼 한국에서의 개봉편수 증가에는 일본처럼 ODS가 자리할까? 한국의 영화진흥위원회에 따르면 "개봉편수가 매년 증가하고 있는 이유는 IPTV 및 디지털케이블TV로 대표되는 디지털 온라인 시장 수익을 주목적으로 하는 영화들이 극장 개봉작이란 요건에 맞춰 콘텐츠 가격을 높이기 위해 형식적으로 극장개봉하는 사례가 늘고 있기 때문"이라고 한다.

2017년 일본영화는 ODS를 포함하여 1,000편 이상의 영화가 개봉하면서 활황을 이어가겠지만, 〈너의 이름은〉과 같이 대흥행을 할 수 있는 오리지널 애니메이션이 눈에 띄지 않기 때문이다. 일본 애니메이션과 게임을 어린 시절 즐기던 세대들의 증가, 그리고 컴퓨터 그래픽의 발달로 영상화 가능한 소재가 늘어난 점 등의 이유로 앞으로도 일본 애니메이션의 영향을 받은 영화들은 늘어날 것이라고 전망하고 있다. 한국영화와 일본영화와의 구조적 차이를 일목요

연하게 대비한 점이 눈에 띈다.

제7장(만화)은 헤이트스피치에 대해 만화라는 서브컬처를 통한 접근이다. 2005년, 야마노 샤린의 『만화혐한류(マンガ嫌韓流)』의 출간을 계기로 일본사회의 한 부분으로서 명확하게 가시화된 '혐한'은 한국으로 대표되는 모든 것 - 대한민국, 북한, 재일코리안과 그 문화를 혐오하는 흐름을 일컫는다고 정의한다. 2000년대 초반에는 혐한과 함께 혐중(嫌中)도 문제가 되었지만, 2002년 한일 월드컵과 그 이후 한류의 인기를 통해 한국의 존재감이 부각되었고, 이 과정에서 주된 타겟이 한국, 특히 재일코리안이 되었다. 물론 인터넷에서 혐한은 1990년대 후반 익명 인터넷 사이트 〈니찬네루(http://www.2ch.net/)〉를 중심으로 시작되었고 그 배경으로는 1990년대에 등장한 〈새로운 역사교과서를 만드는 모임(이하 새역모)〉으로 대표되는 풀뿌리보수주의 운동이다. 그리고 혐한의 가시화를 논의할 때 재특회와 함께 가장 중요한 계기로 간주되는 것이 『만화혐한류』의 출판이다. 특히 만화혐한류는 그 내용 뿐만 아니라, 만화라는 매체가 갖는 대중적 파급력으로 인해 더 화제가 되었고, 이후 '혐한'이라는 용어로 인터넷상의 한국에 대한 반감을 묶어냈다는 점에서 중요한 계기가 되었다.

집필자가 혐한만화에 특히 주목하는 이유로는 첫째, 『만화혐한류』의 출판이 혐한서적붐의 기원이 되었다는 점에서 만화 등의 시각 매체가 혐한의 확산에 기여한 바가 있기 때문이고, 둘째, 대중을 위한 상업 장르이자 대중엔터테인먼트인 만화와 극단적인 정치적 이데올로기인 혐한의 결합은 혐한이 사회적으로 확산되는 단계였던 2000년대 중반에 비해 2017년 현재, 혐한만화가 점차 비슷한 생각을 공유하고 있는 특정한 소수 집단에게 소구하는 방식으로 변화하였다는 점에서 찾을 수 있다고 한다.

또 흥미로운 것은 재특회처럼 재일코리안의 '재일특권'을 공격하는, 명시적인 '혐한'의 기세가 줄어드는 한편, '반일국가'로서 한국과 북한을 연결 지어 반감을 갖는 일본인들이 오히려 늘어나고 있다는 사실이다. 일본사회의 배외주의에 대한 규제와 맞물려 변화하는 동아시아의 국제정세 속에서 한국과의 관계가 경색됨에 따라 반감의 주된 대상이 재일코리안에서 현실 국가로서 한국, 나아가 북한으로 바뀌고 있다는 지적은 앞으로 혐한을 생각할 때 많은 시사점을 제공한다고 한다.

제8장은 융합문화적 관점에서 한일협력과 화해를 위한 새로운 아젠다를 모색한다. 일본의 재난·안전 문화에 착목하고 동아시아 '재난·안전공동문화체' 구축을 주장하고 있다. 한·일간에 국가 수준은 물론 개인적 차원의 다양한 '분쟁'이나 '대립', '마찰'이 전개되어 왔다는 점에 주목하고 화해 및 위기관리 방안을 제시하고 있다. 특히 구체적으로는 한일 관계의 현황 및 상호 인식 분석을 통해 과연 그 요인을 어떻게 받아들였는지, 어떻게 '화해'하려고 노력해왔는지, 아울러 분쟁(갈등)에 관한 교차점과 그 원인을 규명하기 위해 화해학의 유형과 실천요소를 점검하고 있다. 아울러 한일 화해를 위한 재난·안전·에너지·환경 외교 등 사회·문화적 관점에서의 새로운 아젠다를 제시하고 있다. 결론적으로 갈등을 넘어 화해로 가는 길, 즉 한일 관계 개선을 위한 문화적 구상도 매우 흥미롭다.

다음으로는 『저팬리뷰』 총괄의 의미에서 지난 다섯 차례 집필한 역사편의 전망을 제시하고자 한다. 그렇게 하는 것에 의해 본 책자가 갖는 다양한 고민과 흔적을 새길 수 있다고 생각하기 때문이다.

『저팬리뷰2010』 전망(동 182~184쪽): 하토야마 총리는 동아시아공동체 구상을 기회가 있을 때마다 언급하고 있다. 구상의 제기 배경으로서 먼저 들어지는 것이 1997년 아시아경제위기와 2008년의 미국발 금융위기를 위한 타개방안의 하나로 제기되었다는 것이다. 즉, 서구가 지배하는 IMF나 세계은행체재는 아시아 경제위기에 효과적이지 못하다는 논리이다. 다음으로 'G2'로 이야기되는 것처럼 중국의 급부상과 이에 대한 미국의 인식에 대해 일본의 견제 심리가 발동된 것이 그 배경이라는 설도 있다.

2005년 민주당의 '헌법제언', 즉 '국가주권을 이양하고, 공유하며 동아시아와 공생을 지향한다.'에서 처음으로 언급된 민주당의 동아시아공동체론은 09년도 민주당 매니패스토의 아시아외교 강화라는 총론 아래, 신뢰관계 구축, 통상, 금융, 에너지, 환경, 재해구조, 전염병 대책의 협력체재 확립과 투자, 노동, 지적재산권 분야를 포함한 FTA 교섭 추진이라는 각론으로 되어 있다. 하토야마 총리의 언급을 직접 살피자면 09년 9월16일 취임기자회견에서는 미국을 의식하면서 아시아 태평양 공동체 구상을 피력하고 있다. 24일의 국제연합에서는 민주당의 다섯 가지 과제 중 하나로서 언급하고 있고, 10월10일의 한중일 정상회담에서는 3국간 과학기술협력, 청소년 교류, 교육 분야에서의 새로운 모색으로 언급하고 있다. 이에 덧붙여 오카다 외상은 3국 정상회담을 통해 경제, 에너지, 환경, 보건, 위생 등 협력분야가 논의될 수 있다고 했다. 결국, 민주당이 생각하는 동아시아공동체의 핵심목표는 동아시아 비핵화, 아시아 공동통화의 실현으로 귀착된다. 민주당은 이러한 목표를 이루기 위한 선결요건으로 역사인식 문제의 해결이 필요하다고 보고 있다. 그 방안의 하나로서 야스쿠니 신사를 대신하는 '국립전몰자추도시설' 건설을 추진한다고 하는 것이다.

다음으로는 '천황' 방한이 현실적으로 가능한 것이 아닌가 하는 논의이다. 이러한 움직임이 있는 한편, 최근 일본 국내에서의 '천황'의 정치적 위상을 둘러싸고 의견이 분분하고 있다. 원래 외국지도자와 '천황'의 면담에 관한 의전 원칙은 한 달 전에 면담을 신청하는 것이 기본이지만, 09년 12월15일 일본을 방문하면서 일주일 전에 면담 신청을 한 중국의 2인자 시진핑 국가부주석이 천황을 예방했다. 이 만남에 결정적 역할을 한 사람이 민주당의 막후 실력자 오자와였다. 이를 두고 '오하타(오자와와 하토야마)정권'이라는 신조어가 등장하기까지 했다. 이에 대한 오자와의 입장은 이번 접견은 헌법이 규정한 천황의 국사(國事)행위에 적합한 행위라고 반박하고 있다. 이러한 오자와의 행위에 대해 25일 오자와 사무실로 라이플총의 실탄으로 보이는 한발의 총탄이 배달되었고 일본 경찰은 오자와 자택과 주변의 경호를 강화하기 시작했다.

이명박 대통령은 일본 천황의 방한 문제와 관련해서, "방한이 내년(2010) 중이라도 이뤄질 수 있으면 양국 간에 큰 의미를 부여할 수 있지 않을까 생각한다."고 하고, 또 "일본 천황 방한이 이뤄지면 과거사에 종지부를 찍고 미래를 향해 나아갈 수 있는 계기가 될 것"이라고 말했다.(연합뉴스 09년 9월15일; 연합뉴스와 교도통신과의 공동 인터뷰) 그리고 일본의 대표적 한반도 전문가인 와다 하루키(和田春樹) 도쿄대 명예교수는 09년 11월17일 "하토야마 총리는 역사에 관심이 많다. 하토야마 총리는 이를 살려 무라야마 담화를 넘은 '하토야마 담화'를 발표해야 한다."고 했다. 또 '천황'의 내년 방한 가능성에 대해서는 "아키히토 천황은 과거에 침략했던 중국도 갔는데 식민지로 삼았던 한국을 방한하지 않는 것은 이해가 가지 않는다."면서, 한국 내 반대시위 가능성에 대해서는 "한국에서 시위가 일어나는 건 당연하다. 민주국가에서 반대 시위가 없다면 그게 이상하다. 내년에 새로운 한·일 관계를 만들기 위해선 반드시 천황의 방한이 필요하다."고 했다.(2009/11/20 03:53:09 중앙일보) 더 나아가 천황의 한국 방문에 즈음하여 '한일병합' 무효화 선언도 주장하고 있는데, 이에 대한 논의는 좀 더 시간을 요하리라 생각된다.

　이상과 같이 '한일강제병합' 100주년이 되는 2010년은 하토야마 정권의 동아시아공동체론을 둘러싼 논의와 '천황'의 방한을 둘러싼 여러 가지 논의가 동시에 전개될 것으로 여겨진다. 단, 이러한 전망은 작금의 정치자금 처리문제로 곤혹을 겪고 있는 민주당 정권의 투 톱 하토야마와 오자와가 모두 건재했을 때의 이야기지만 말이다.

　『저팬리뷰2011』 전망(동 231~232쪽): 2010년의 한일을 둘러싼 동아시아 정세에 관한 이해는 부상하는 중국에 대응하여 한·미·일을 하나의 축으로 한 것이라는 설명이 적절성과는 별개로 유효한 것 같다. 또 이러한 이해는 이제 세계질서를 미국과 중국이 양분하는 양강 구도가 동아시아에도 예외가 아님을 말해준다고 할 것이다. 한미일이 공고한 하나의 축으로 자리 잡을수록 한일 간의 협력은 이제 '가깝고도 먼 나라'라는 애매한 이웃나라가 아니라 포괄적이고 전략적인 동반자 관계로 발전하고 굳어질 가능성이 더 커질 것이다.

　이러한 이해 위에 다음의 두 가지 점에서 한일 간의 문제를 전망해 보기로 한다. 먼저 한일 간의 협력의 차원이 달라질 것이다. 이제까지의 불행했던 역사적 사실의 확인에 매달리기 보다는 한일은 이제 공통과제에의 공동 작업이 필요한 사이가 되었다. 구체적 공통과제로는 환경, 저출산, 고령화, 복지, 사회격차, 거버넌스, 지방자치, 안정보장 등을 들 수 있다. 이러한 문제는 이제 한일 양국의 공통과제라고 할 수 있을 것이다. 한일 양국의 사회상황의 유사성으로 볼 때 문제 해결의 실마리를 얻기 위한 절호의 파트너로서 기능할 가능성이 커졌다고 할 수 있다. 이러한 맥락은 국제사회에서의 한일협력을 유도할 가능성이 있고, 이는 또 한일협력의 강화로 이어져 상호이익을 초래하며 나아가서는 아시아 전체의 이익으로 귀결될 가능성도 있다.

　이러한 가능성이 실제적인 것이 되기 위해서도 두 번째로, 제3기 이후의 공동위원회의 출범에 대한 논의와 반성, 그 발전적 모델이 모색되어야 할 것이다. 왜냐하면 강제병합의 피해자였던 한반도의 당사자들은 역사문제의 해결이 한일협력의 필수조건이라는 공통의 인식을 갖고 있기 때문이다. 제1, 2기에서 다뤄진 주제들은 상대적으로 덜 민감한 것들이었다. 제1기는 물론, 제2기에서도 양쪽 학자들이 합의한 주제만 연구하다 보니 2010년이 '한일병합 100년'인데도 이조차 포함되지 못했다. 이제 제3기가 출범한다는 전제 아래 좀 더 다양하고 민감한 주제를 다루는 것에 대해 준비를 할 필요성이 있다. 제3기 이후의 공동연구회의 조속하고도 지속적인 마련은 한일 간의 역사분쟁에 종지부를 찍는다는 목표 아래 양국의 역사연구자와 교육자들의 지속적인 대화라는 필요성에서도 중요하다. 더 나아가 "양국 간 대화의 결과는 역사교과서의 공동 집필 지침으로 인정돼야 하며, 이를 위해 구미 여러 나라처럼 역사교과서 검정제를 버리고 자유편찬제로 전환하는 문제를 양국의 교육 당국자들은 심각하게 검토해야 한다"는 지적처럼 교과서 체제의 패러다임의 전환과도 관련된다.

　　마지막으로 내년은 한반도를 둘러싼 변화가 예상되는 큰 전환의 해이다. 한국과 미국 그리고 러시아가 대통령 선거가 있는 해이다. 중국에서는 시진핑이 권력을 확실히 인계 받을 것이다. 북한에서는 김일성 출생 100주년이 되는 해로 김정일은 이전부터 이때가 되면 경제적으로 번영하고 군사적으로 강성대국이 될 것이라고 약속해 왔다. 그래서 금년은 내년의 한반도 주변의 여러 가지 변수가 한일 관계에 어떤 부담으로 작용할 것인지도 눈여겨봐야 하는 심모원려의 시점이다.

　　『저팬리뷰2012』전망(동 236~238쪽): 2011년 3월 11일에 일어난 '동일본대진재를 중심 소재로 하여 역사상의 도호쿠 대지진, 특히 '조간 연간의 대지진'에 대해 살펴보았다. 그리고 '동일본대진재'같은 거대 지진과 쓰나미에 의한 대규모 피해가 역사상으로는 일정한 간격으로 반복되고 있음도 알 수 있었다. 이러한 '역사지진'의 존재는 일본의 바람, 즉 전국적이 아닌 도호쿠에 한정된, 그리고 반복성 재난이 아닌 단발성의 재난으로 끝났으면 하는 절실한 원망(願望)을 무색하게 만든다. 다시 말해, 역사 속의 '동일본대진재'가 새삼스레 확인시켜 준 것은 도호쿠에 한정된 대재난의 문제만이 아니라, 일본열도 어디에도 '동일본대진재'와 같은 대규모 진재의 단서가 숨어 있다는 사실이다. 그래서 이전 일본이 안전신화의 상징으로서 자신에 찬 '방재(防災)'라는 말을 사용했다면, '3.11' 이후는 '감재(減災)'라는 단어로 대체하는 것에 의해 자연에의 무력감을 고백했다고나 할까?

　　이러한 고백은 이번 대진재가 후쿠시마 원전의 문제와 결합된 일찍이 없었던 '복합재난'이었기에 그 무력감은 더더욱 그렇다. '3.11'의 대재난은 일본정부와 일본 사회의 구조적 시스템에 대한 문제를 노정시켰다. 먼저 출범 초기부터 관료사회를 '개혁의 대상'으로 간주해온 민주당 정부의 허술한 조직 장악력과 총리의 나약한 리더십이 문제가 되었다. 총리가 후쿠시마 원전의 폭발 소식을 들은 것이 사고 발생 후 1시간이나 지나서였다는 것은 허술한 장악력을 보여주는 상징적인 사건이었다. 두 번째로, 매뉴얼에 집착하는 경직된 관료문화가 피해상황의 악화에 한몫을 했다. '3.11' 이후 일본의 주요 항구에는 세계 각국에서 구조대와 구호품들이 답지했으나, 이 구조대와 구호품들을 피해지역까지 신속하게 운반하지 못했던 데에는 일단 정해진 것이 아니면 움직이지 못하는 집단의식의 발로가 그 바탕에 있었기 때문이다. 마지막으로, 일본국민들의 운명에 순응하는 체념적인 국민성과 이에 바탕을 둔 '메이와쿠문화(남에게 폐를 끼치지 말라)'가 갖고 있는 이중성이다. 일본인들은 어렸을 때부터 남에게 폐를 끼치면 안 된다는 교육을 받고 자란다. 하지만 이는 어디까지나 주위 상황을 감내할 수 있는 상황일 경우다. 정부의 대응이나 지시에 무조건 믿고 따르기보다는 적극적으로 문제를 제기하고 해결책을 찾아 나서는 것이 퇴행적인 결과를 초래하지 않을 것이라는 지적이다.

　한편, '3.11'은 새로운 '일본 재생'을 위한 논의에도 박차를 가하게 만들었다. 일본의 대표적 저널리스트인 후나바시 요이치(船橋洋一) 전 아사히신문 주필은 일본은 대지진으로 재탄생(rebirth)과 추락(free fall)의 기로에 섰다며 역동적인 리더십이 위기를 극복할 수 있는 열쇠라고 지적했다. 그는 일본 열도는 분수령의 순간을 맞이했다며 일본을 리셋(reset)해야 하는 이 시점에 일본의 정치 리더십이 이 위기를 헤쳐 나갈 것인지가 문제라고 말했다. 또 '일본 재생'을 위한 방법으로서는 글로벌 인재들을 키우고, 단련시키고 기회를 주기 위해 TPP(환태평양경제동반자협정)를 지렛대 삼아 개혁과 개방을 밀고 나가야 한다. 그리고 일본 기업의 재건에 필수적인 글로벌 경쟁력을 높이기 위해 TPP를 통해 인재 및 지식의 자유화를 추진해야 하며, 그 최대의 유용성은 두뇌와 지식, 네트워크의 자유화에 있는 것으로 이것들은 21세기형 파워의 원천이라고 주장한다.

　그런데 '3.11'은 일본에게 국내의 막대한 물질적 피해뿐만이 아니라 그 동안 쌓아온 해외에서의 신용도 하락하게 만들었다. 그 이유는 대재난의 수습 과정에서 보여준 일본의 시스템의 그늘, 즉 민낯이 그리 아름답지 않았기 때문이다. 게다가 현재 진행 중인 원전 처리의 문제는 '3.11'의 수습이 아직 국면 전환기로 들어서지 못하고 있다는 것을 웅변해 주고 있다. 이러한 고뇌하는 일본열도를 곁에 두고 대한민국을 둘러싼 국내외 정치지형도는 그리 한가하지 않다.

　2012년은 세계적으로 '유권자'의 해다. 우선 국내적으로는 국회의원총선거가 4월, 대통령선거가 12월이다. 국외적으로는 세계 193개국 가운데 59개국이 직·간접 선거를 치른다. 특히, 유엔 안보리 상임이사국 5개국 가운데 미국 대통령 선거가 11월, 러시아는 3월, 프랑스는 4월에 선거가 있다. 또 중국은 10월쯤 18차 공산당 전국대표대회(전대)를 열고 최고지도부를 선출한다. 북한은 김정일 사후 김정은 체제의 존속 여부에 대한 도전과 응전이 계속될 것이다. 결국, 한반도 내부와 외부를 둘러싼 지도부 교체가 대한민국의 항행에 순풍이 될지 역풍이 될지 숨죽여 지켜볼 일이다. 마지막으로 이러한 정관(靜觀)의 가능여부는 '3.11'과 같은 천재지변이 일어나지 않을 때의 일인 것은 물론이다.

『저팬리뷰2013』 전망(동 217~218쪽) 지난 연말 박근혜 대통령 당선인의 외교공약에 대해 내로라하는 전문가들은 전반적으로 "한·미 간에 포괄적 동맹 전략을 강화하되, 한·중 간에는 전략적 동반자 관계를 강화하는 다각적 외교를 펼칠 것으로 보인다"고 했다. 다시 말해 우리나라에서 한·미·일 3국 공조가 북한 위협에 대한 용도였기 때문에, 우리의 입장에서 구분을 하고 중국과 미국 사이에서는 전략적인 태도를 취해야 한다는 것이다. 남·북 관계를 기본 축으로 한·미동맹과 한·중 협력의 균형적 외교를 통해 균형 발전을 해야만이 한반도에서 적극적으로 주도적인 역할을 할 수 있고, 동북아 안보협력에서 북한을 적극적으로 끌어안음으로써 북한으로 인해 미·중 간의 갈등이 증폭되고 지역의 불안정과 긴장이 고조될 수 있는 상황을 미연에 방지할 수 있는 지역안보 전략과 협력이 필요하다는 인식이다.

하지만 이상의 예측은 불과 몇 달 만에 북한의 핵위협과 대두하는 일본의 우경화바람에 묻혀 희미해져가고 있다. 2012년 내내 한국과 일본 양국을 들끓게 했던 영토문제는 소강상태를 띨 가능성이 있다. 그런데 문제는 영토문제가 중요하지 않게 되어서 소강상태가 되었다고 하기 보다는, 북한의 핵위협과 일본의 우경화가 오히려 영토문제를 왜소화시키고 있다는 데 있다.

북한의 핵위협과 일본의 우경화가 별개의 문제인 것 같이 보여도, 실은 상당한 연쇄성이 있다고 보인다. 그 이유는 역사적으로 한반도가 분열되어 있을 때 후방의 일본은 그것을 지렛대 삼아 분열된 수만큼의 경우의 수를 써서 자신의 입장을 강화해 나갔던 前史가 있기 때문이다. 이러한 일본의 입장을 몰이해하여 눈앞에 보이는 남·북문제에만 집착하여 후방의 위험을 인지 못하는 어리석음을 되풀이해서는 안 될 것이다. 2013년의 한반도는 앞뒤에 쌓인 난제들 속에 현명한 처신을 요구받고 있다.

　이상의 현상을 종합해 보면 한·중·일 간에 발생하는 영토문제의 해결은 난망하다는 상황인식에 이르게 된다. 더 나아가 각국의 어떤 정권이 들어서더라도 영토문제의 해결은 불가능한 것이 아닌가 여겨지게 된다. 그렇다면 영토문제를 해결 불가능한 문제로 삼아 다투기보다는 유연한 대처가 필요한 것이 아닐까. 이러한 이해를 위해서는 영토문제가 근대 이후의 문제임을 자각하고, 그 이전은 경계와 국경 형성의 기나긴 시기가 있었음을 잊지 말아야 한다. 다시 말해 한중일의 영토문제의 출발은 그리 오래된 것이 아니라는 것이다. 그런 만큼 당장 해결이 어려운 문제에 집착하기 보다는 공동관리 혹은 공동이용의 관점, 즉 실효지배와 공동이용의 영역을 나누어 생각하는 쪽이 현실적인 대안이라 여겨진다.

　『저팬리뷰2014』 전망(동 194~195쪽): 2014년의 전망 겸 해서 다음의 두 가지 사례를 언급하기로 한다. '3.11동일본대지진' 이후 성립된 일본의 싱크탱크인 '재단법인 일본재건 이니셔티브'(이사장 후나바시 요이치(船橋洋一) 전 아사히신문 주필)는 2013년 3월 『일본 최악의 시나리오 아홉 가지(日本最悪のシナリオ-9つの死角)』라는 보고서를 출판했다.

　일본을 덮치는 '상정 외'의 국가적위기는 대규모 지진이나 쓰나미 만이 아니라고 하면서, 위기관리, 안전보장, 군사, 외교, 의료, IT 등 각 분야에서의 일본중추와 현장에서 활약하는 전문가들의 제언을 담았다. 여기에 의하면, 최악의 시나리오는 북한정권붕괴와 통일 한국의 핵보유에 따른 일본의 핵무장, 센카쿠열도 충돌로 인해 중국이 실효지배, 국채 금리 폭등으로 인해 재정 파탄, 수도 직하형 대지진의 발생, 사이버 테러로 인한 사회 마비, 정체불명의 전염병 대유행, 중동 분쟁으로 인해 에너지 대위기, 핵 테러에 의한 일본 중추부 마비, 인구 감소에 따른 2050년의 인구 40퍼센트가 고령자화 등의 아홉 가지이다.

　이상의 아홉 가지 시나리오는 일면 공상같이도 보이지만, 각론을 잘 읽어 보면 그렇지도 않다. 한국에 있어서도 북한의 붕괴에 따른 중국군의 북한 지역 진출과 이를 견제하기 위한 러시아와 미국, 일본의 통일 한국의 승인이라든가, 통일 한국이 일본에 대한 전후 배상금으로서의 100억 달러 요구와 이에 대한 일본 내의 내셔널리즘의 고양, 그리고 통일 한국 대통령의 핵보유선언과 핵확산금지조약(NPT)의 탈퇴, 한미안전보장조약의 파기, 이에 맞서는 일본의 핵무장까지 등등은 우리가 많이 주목하지 못했던 이야기라 경각심을 일깨워준다. 더 나아가 사이버 테러와 전염병, 에너지 위기, 핵 테러, 인구의 심각한 고령화 등에 관한 제언은 우리의 처지에도 유익하다.

한편 2014년의 지구촌은 선거가 많다. EU는 5월22일-25일 의회선거, 헝가리 3-4월 총선, 스웨덴 9월14일 총선, 콜롬비아 3월9일 총선과 5월22일 대선, 미국 11월4일 중간선거, 한국은 6월4일 지방선거, 태국은 2월2일 조기총선, 인도네시아 4월9일 총선과 7월9일 대선, 인도 5월 총선, 남아프리카공화국 4-7월 총선 등이다.

결과가 불안한 선거는 거의 반드시라고 해도 좋을 만큼 "경제위기로 인한 정치 불안, 정치 불안으로 인한 자본유출 확대, 자본유출로 인한 경제위기의 심화"라는 악순환의 가능성을 안고 있다. 시장은 선거의 불확실성에 예민하게 반응하는 법이다. 미국의 양적완화정책은 신흥국으로 유입되었던 핫머니를 회귀시킬 가능성이 있고, 이에 따라 신흥국에 위기 상황이 도래할 가능성이 커진다는 것이다. 이러한 설명을 '선거 리스크'라고 부르는데, 한국에서 '선거 리스크'가 일어나지 말란 법은 없을 것이다.

이상의 두 케이스를 갖고서 금년의 전망을 한다는 것은 지난한 과제이다. 요컨대, 일본과 한국에서 전자의 아홉 가지 나쁜 시나리오 중의 어느 하나가 발생할지, 아니면 한국에서는 6월 지방선거가 끝나고 정치 불안에 따른 경제 불안이 가속화될 '선거 리스크'가 출현할지는 알 수 없다. 더 나아가 일본의 경우를 한정하자면, 아베노믹스의 순풍이 역풍으로 변해, 갑자기 일본에서 승승장구하던 아베가 실각하고, 다음 총리를 뽑기 위한 불안으로 생각지도 않았던 일본발 '선거 리스크'가 생겨날지 한 치 앞을 내다보기 힘들다. 중국발 '회색재양'인 초미세먼지가 가득 덮은 하늘처럼 말이다.

마지막으로 본서의 발간에 도움을 주신 분들에게 감사인사를 드려야겠다. 지난 정리를 하면서 보니 저팬리뷰시리즈는 한 두 사람의 힘으로 된 것이 아니라는 사실에 새삼스레 놀라게 된다. [사회/문화편] 만이 아니고 모두 8권의 본 시리즈의 구상과 집필, 그리고 뒷정리에 열과 성을 다해주신 분들에게 그 동안 수고 많으셨다고 전하고 싶다. 특히 한국연구재단의 지원에 감사드린다. 아울러 본 시리즈의 生滅을 함께 한 서승원 원장께 감사한다. 집필자이면서 본서의 완성에 궂은일을 마다 않은 김계자 HK연구교수께도 감사한다. 그리고 행정실의 문현희 팀장의 백업이 필수적이었다. 본서를 일독해준 김지수(본교 경제학과 4학년) 군과 예쁘게 만들어준 인터북스의 편집진께도 감사의 말씀을 드린다.

본 시리즈 8권이 험난한 한일관계의 격랑에서 흔적도 없이 사라져 버리는 포말이 아니라 한일관계를 공부하고 관심 있는 많은 분들에게 한줄기 등대 빛이 되기를 소망한다.

본서의 집필진을 대신하여
2017년8월15일
송완범

참고문헌

고려대학교 일본연구센터 현대일본총서07 『저팬리뷰2010』, 도서출판 문, 2010.04.

고려대학교 일본연구센터 현대일본총서09 『저팬리뷰2011』, 도서출판 문, 2011.03.

고려대학교 일본연구센터 현대일본총서11 『저팬리뷰2012−3.11 동일본대지진과 일본−』, 도서출판 문, 2012.03.

고려대학교 일본연구센터 현대일본총서13 『저팬리뷰2013』, 고려대학교출판부, 2013.05.

고려대학교 일본연구센터 현대일본총서14 『저팬리뷰2014−일본의 변용−』, 인터북스, 2014.05.

고려대학교 글로벌일본연구원 현대일본총서17 『저팬리뷰2016−글로벌 시대의 일본경제 −』, 인터북스, 2016.06.

고려대학교 글로벌일본연구원 현대일본총서20 『저팬리뷰2017−중국은 우리에게 무엇인가』, 트리펍, 2017.08.

제1부

사회

인구감소시대를 극복하기 위한
지역사회의 대응

정현숙ㅣ鄭賢淑 Jeong, Hyeon-suk

일본 도쿄대학(東京大學)에서 사회학 박사 취득 이후 한국방송통신대학교 일본학과에서 교수로 재직 중이다. 전공분야는 사회계층, 사회운동, 지역사회이며, 최근 일본의 고령화와 인구감소, 지역사회의 문제에 관한 연구를 진행하고 있다.
주요 업적으로는 『日本の自營業層』(東京大學出版會, 2002), 『일본만화의 사회학』(문학과지성사, 2004), 『일본사회문화의 이해』(한국방송통신대학교출판문화원, 2016), 『현대일본사회론』(한국방송통신대학교출판문화원, 2015), 『일본대중문화론』(한국방송통신대학교출판문화원, 2014, 공저) 등이 있다.

1. 개관

　일본은 본격적인 인구감소시대에 진입하였다. 근대 이후 일본인구는 3배 이상 증가하였는데, 1872년에 3,480만 명, 1920년에 5,596만 명, 1940년에 7,193만 명으로 빠르게 증가하였고, 전후에 와서도 지속적으로 증가해 1950년에 8,411만 명, 1980년에 1억 1,706만 명을 나타냈다. 2008년의 1억 2,808만 명을 정점으로 일본인구는 감소로 돌아섰으며, 2016년에 1억 2,693만 명을 나타내고 있어 8년 동안 약 100만 명 감소하였다. 일본정부의 추산에 따르면 일본인구는 2060년에 8,674만 명이 될 것이라고 한다.[1]

　본격적인 인구감소시대의 도래는 일본사회에 커다란 충격을 주고 있다. 근대 이후 처음으로 경험하게 되는 인구감소시대에 대한 위기의식이 넘쳐나고 있는데, 인터넷이나 매스컴에는 인구감소로 인해 일본의 성장시대는 끝났다든지, 일본이 쇠락해 국제적 위상이 크게 떨어질 것이라는 우려의 목소리가 많다. 반면 충격을 넘어 인구감소를 전제로 한 새로운 사회시스템을 만들어나가야 한다는 주장도 제기되고 있으며, 인구감소가 과밀문제를 해소함으로써 보다 여유롭고 풍요로운 사회를 가져올 것이라는 시각도 제시되고 있다.

　그런데 일본인구가 감소해 1억 명을 하회하게 될 것이라는 예측이 나온 것은 꽤 오래 전의 일이다. 일본정부는 1959년에 처음으로 발간한 『인구백서(人口白書)』에서 일본인구가 1985년경에 1억 486만 명을 정점으로 이후 감소로 돌아서 2015년에 8,986만 명이 될 것이라고 예측하였다(鬼頭, 2011).[2] 1974년에 두 번째로 발간한 『인구백서』에서는 '정지인구(靜止人口)'라는 개념을 제시해 인구가 늘지도 줄지도 않는 상태를 유지하기 위해 출산억제를 강화해야 한다고 주장하였다. 1974년 당시 일본 인구는 1억 1천만 명으로 여전히 증가하고 있었기 때문에 자녀를 둘까지만 낳아 인구증가를 막아야 한다고 본 것이다. 이후 출산율과 출생수는 지속적으로 감소하였고, 1990년대에 들어와 인구감소를 우려할 만큼 빠르게 저출산이 진행되었다. 이런 점에서 현재 일본이 직면하고 있는 인구감소의 위기는 역설적이게도 일본정부의 정책에 의한 것이다.

1 / 장래추계인구에 대해 국립사회보장인구문제연구소(國立社會保障人口問題研究所)에서는 출생률과 사망률을 자중고의 수준으로 나누어 9개의 예측치를 제시하고 있는데, 여기서 제시한 예측치는 출생률과 사망률을 중위 수준으로 가정하였을 때의 수치이다.

2 / 일본정부가 '정지인구'를 목표로 한 배경에는 1973년의 제차 오일쇼크와 세계인구의 폭발적인 증가가 있었다. 1960~1970년대에 세계인구가 빠르게 증가하자 유엔은 이 문제에 대응하기 위해 1974년에 '세계인구회의'를 개최하였다. 일본은 경제성장을 이룩한 선진국으로서 인구문제에서 모범을 보여야 하는 입장에 있었다. 『인구백서』의 내용과 일본정부의 정지인구 정책의 배경에 대해서는 기토 히로시(鬼頭, 2011)를 참고하였다.

인구감소의 직접적인 원인은 출생수 또는 출산율의 급격한 감소에 의한 것이다. 한 여성과 한 남성이 만나 결혼을 하기 때문에 한 여성이 일생 동안 낳는 자녀수를 의미하는 합계출산율이 2.07은 되어야 현재 수준의 인구유지가 가능하다. 그런데 1947년에 4.54를 나타내던 합계출산율은 1950년에 3.65, 1960년에 2.0, 1970년에 2.13, 1980년에 1.75로 지속적으로 감소하였다. 급기야 1989년에는 1.57로 떨어져 '1.57쇼크'라는 말이 생겨날 정도로 사회적으로 큰 충격을 주었고, 이후에도 지속적으로 하락해 2000년에는 1.36까지 하락하였다.

이처럼 지속적으로 합계출산율이 하락하자 일본정부는 1990년대부터 출산율을 높이기 위해 적극적인 대응책을 마련하였다. 1994년에 육아지원의 기본방향과 중점시책을 담은 '엔젤플랜(「今後の子育て支援のための施策の基本的方向について」)'을 발표하였고, 이후 일과 육아를 양립하기 위한 다양한 시책을 마련하였다.[3] 2003년에는 차세대육성지원대책추진법과 저출산사회대책기본법(少子化社會對策基本法)을 제정하고, 내각부에 저출산사회대책회의(少子化社會對策會議)를 설치하였다. 2007년에는 내각부특명담당대신(저출산대책 담당)을 임명하였고, 출산을 장려하기 위해 일과 가정의 양립책을 제시하였다. 2013년에는 어린이·육아지원법(子ども·子育て支援法)을 제정하고, 보육시설 부족으로 인한 입소 대기아동 문제의 해결책을 제시하였으며, 저출산을 근본적으로 해결하기 위해 결혼에서부터 임신, 출산, 육아에 이르는 종합적인 지원책을 마련하였다. 2015년에는 '일억 총활약사회'의 실현을 내걸고, 희망출산율 1.8을 구체적인 목표로 제시하였다.

이처럼 일본정부의 정책은 해를 거듭하면서 다양해지고 확대되었지만 아직까지 큰 성과를 내지는 못하고 있다. 지속적으로 하락하던 합계출산율이 다소 회복해 2015년에는 1.45를 나타내고는 있지만 이 정도의 회복으로 인구감소를 둔화시키는 정도는 미미하다. 지금까지 출산율이 지속적으로 하락하면서 가임기 여성의 수가 크게 감소하였기 때문에 앞으로 태어나게 될 신생아 수도 지속적으로 감소할 것으로 예상된다.

인구감소에 대한 위기의식이 높아지는 가운데 2014년에는 일본창성회

3 / 일본정부의 저출산 대책에 대해서는 내각부에서 발행한 『少子化社会対策白書』 (2017년판) 제2장(http://www8.cao.go.jp/shoushi/shoushika/whitepaper/measures/w-2017/29pdfhonpen/pdf/s2-1.pdf)을 참고하였다.

의(日本創成會議)라는 정책제언기관에서 가임기 여성의 인구 추이에 주목해 독자적인 인구 예측치를 발표하였다(增田 編著, 2014). 이 기관에서는 2010년의 합계출산율과 대도시로의 인구유출이 그대로 지속된다고 가정할 때 2010년에서 2040년의 기간에 20~39세의 여성인구가 절반 이하로 감소하는 시정촌이 896개(전체 시정촌의 49.8%)가 될 것이라고 예측하고, 이러한 지자체를 '소멸 가능성 도시'라고 불렀다. 또한 896개의 소멸 가능성 도시 중 2040년에 인구가 1만 명을 밑도는 시정촌이 523개(전체 시정촌의 29.1%)가 될 것으로 예측하였다. 급격한 인구감소로 인해 절반에 이르는 지자체가 소멸할 수 있다는 예측은 인구감소시대가 초래할 구체적인 모습으로 일본인들에게 매우 큰 충격을 주었다.

현재 인구감소는 일본사회의 모든 부문에 파급력을 미치며 일본사회의 모습을 바꾸어 나가고 있다. 일본 국내 소비시장의 축소는 이미 1990년대 중반부터 시작되었는데, 이는 15~64세의 생산연령인구가 이 시기에 감소하기 시작한 것과 밀접한 관련이 있다. 소매판매액(연료 소매업 제외)은 1996년을 정점으로 감소하기 시작하였고, 서적과 잡지의 판매부수는 1997년을 정점으로, 신차 판매대수는 2000년을 정점으로, 주류 판매량은 2002년을 정점으로 감소하기 시작하였다.[4]

최근에는 노동력의 공급 부족으로 인한 구인난이 사회적으로 큰 이슈가 되고 있다. 업종별로는 건설업이나 서비스업, 운수업 등에서 구인난이 심각하고, 음식점이나 숙박업소, 개호 및 간호 등의 사회복지 분야에서의 구인난도 심각하다. 지방 소도시의 숙박업소나 음식점에서는 손님이 아니라 종업원을 구하지 못해 영업을 하지 못한다는 보도가 나오고 있다. 대도시의 음식점에서도 구인난으로 영업시간을 단축하는 등의 조치를 취하고 있다. 당분간 이런 상황이 지속될 전망이다.

인구감소와 이로 인한 지방의 쇠퇴문제를 해결하기 위해 일본정부는 2014년 '지방창생(地方創生)'을 내걸고 도쿄 일극 집중의 시정, 젊은 세대의 취업·결혼·육아 희망실현, 지역 특성에 맞는 지역과제 해결에 중점을 둔 대응책을 제시하였다.[5] 이를 위해 지방창생담당대신을 신설하고, '마을·사람·일 창생본부(まち·ひと·しごと創生本部)'를 발족시켰으며, '마을·

4 / 일본 국내 소비시장의 추이에 대해서는 모타니 고스케(藻谷浩介)의 『일본 디플레이션의 진실(デフレの正体)』(2010) 제3장을 참고하였다.

5 / 지방창생정책에 대해서는 '마을·사람일 창생본부(まち·ひと·しごと創生本部)' 홈페이지(http://www.kantei.go.jp/jp/singi/sousei/)를 참고하였다.

인구감소시대를 극복하기 위한 지역사회의 대응 / 정현숙 사람·일 창생법을 제정하였다. 이런 정책들이 어떤 성과를 거둘지는 좀 더 지켜보아야 할 것이다.

　이하에서는 인구감소시대를 맞은 일본이 직면하고 있는 위기를 지방에 초점을 두어 살펴본다. 초고령사회 일본이 처한 현실은 우리 사회에도 널리 소개되고 있지만 단편적인 사례 위주로 소개되는 것에 그쳐 전체상을 파악하기에 많은 한계가 있다. 본고에서는 인구감소문제가 지역 차원에서 어떤 양상으로 나타나고 있는지를 국세조사(國勢調査)의 인구통계를 이용해 분석하고, 이를 해결하기 위한 지역주민들의 '지역살리기 운동'을 살펴본다.

2. 전후 인구감소의 특징

1) 급속한 고령화와 더불어 진행된 인구감소

　일본의 총인구가 감소하기 시작한 것은 2008년 이후이지만 연령그룹별로 구분해 그 추이를 살펴보면 연소인구나 생산연령인구는 그 이전부터 감소하기 시작하였다. [그림 1]에서는 전후 인구 추이를 연소인구(0~14세)와 생산연령인구(15~64세), 고령자인구(65세 이상)의 3개 그룹으로 구분하여 제시하였다.

　[그림 1]을 보면 연소인구가 가장 먼저 감소하기 시작하였음을 알 수 있다. 연소인구는 1955년의 3,012만 명을 정점으로 감소하였다가 1975년과 1980년에 다시 증가하였고, 이후 지속적으로 감소하고 있다. 1947~1949년에는 800만 명이 넘는 신생아가 태어났는데, 전쟁으로 인해 미루어졌던 출산이 이 시기에 분출하였기 때문이다. 이 때 태어난 세대를 베이비붐세대 또는 단카이세대(団塊世代)라고 한다. 그렇지만 1952년까지는 매년 출생수가 200만 명이 넘을 정도로 출산이 활발하였다. 1975년과 1980년에 연소인구가 증가한 것은 인구규모가 큰 베이비붐세대 및 그 이후 세대의 출산 결과를 반영하는 것으로 볼 수 있다.

　한편 생산연령인구는 연소인구보다 뒤늦게 1995년을 정점으로 감소로 돌아섰다. 이는 출생수 감소의 영향이 연소인구보다 15년의 간격을 두고 뒤늦게 반영되기 때문이다. 또한 생산연령인구에는 65년 전의 출생수와 15년 전의 출생수의 차이가 반영되어 있다. 당해 연도에 65세가 되어 생산연령인구에서 빠져나가는 사람 수와 15세가 되어 새로 생산연령인구에 편입되는 사람 수의 차이가 생산연령인구수를 결정하기 때문이다. 정확하게는 65세가 될 때까지의 사망수와 15세가 될 때까지의 사망수도 고려해야 한다. 이런 점에서 생산연령인구는 전전에서 전후에 이르는 장기간에 걸친 출생수의 추이를 반영하고 있다.

[그림 1] 연령그룹별로 본 전후 인구추이

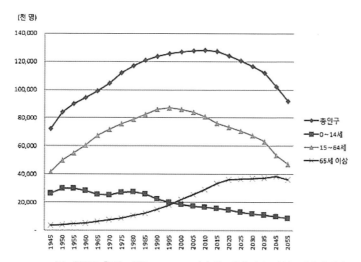

자료 : 総務省, 『日本の統計 2017』. 2015년까지는 실제 인구. 이후는 장래 추계인구
(http://www.stat.go.jp/naruhodo/c1data/02_12_grf.htm).

65세 이상 고령자인구는 전후 지속적으로 증가해 2045년에 정점에 이를 것으로 예상된다. 고령자수는 2015년에 3,347만 명, 2035년에 3,741만 명, 2045년에 3,856만 명으로 증가해 정점에 도달한 후 감소할 것으로 예측된다. 2045년의 고령자 비율은 37.7%가 될 것으로 예측된다.

이처럼 고령자가 빠르게 증가하면서 공적 연금이나 의료비, 개호비용 등의 사회복지비용은 빠르게 증가하고, 개호시설에 대한 수요도 크게 늘

것으로 예상된다. 반면 생산연령인구가 지속적으로 감소하고 있기 때문에 늘어나는 복지비용을 어떻게 감당할 것인가가 중요한 과제가 되고 있다. 또한 베이비붐세대의 사망수가 정점에 이르는 2030~2040년에는 한 해 사망건수가 160만 건을 넘어서 고독사가 증가하고, 장례식장이나 화장장의 수요가 급증할 뿐만 아니라 이들이 살던 주택이나 유산 등의 처리도 사회문제로 대두될 것이다. 일본 매스컴에서는 이를 '다사(多死)시대의 도래'라고 일컬으며, 벌써부터 이 문제에 대해 우려의 목소리를 내고 있다.

2) 지방에서는 일찍부터 시작된 인구감소

인구의 증감 추이가 지역별로 차이가 크다는 점도 중요하다. 생산기반이 빈약한 농산어촌에서는 고도성장기에 인구가 대도시로 이동하면서 일찍부터 인구감소가 시작되었다. 이는 특정지역에 막대한 국가예산을 투입해 대규모 공업지역을 조성한 일본정부의 경제성장정책에 의한 것이다. 고도성장기에 도쿄권, 오사카권, 나고야권의 3대 도시권으로 인구가 대량으로 유입되면서 이들 지역은 인구가 크게 증가한 반면 나머지 지역은 인구가 크게 감소하였다.

[그림 2]는 도도부현 차원에서 본 인구추이이다. 여기에서는 복잡함을 피하기 위해 인구규모가 크고 인구증가가 컸던 대표적인 도부현(都府縣) 8개와 인구증가가 거의 없고 일찍부터 인구감소를 경험한 대표적인 현(県) 3개를 제시하였다.

[그림 2] 도도부현별로 본 전후 인구추이

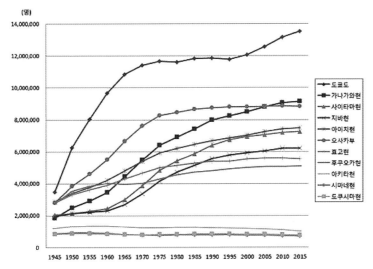

자료 : 総務省 統計局, 「政府統計の総合窓口」.

　　[그림 2]를 보면 도쿄도(東京都)의 인구증가가 매우 컸음을 알 수 있다. 도쿄도는 경제성장이 본격적으로 시작되기 이전인 1945년부터 1970년까지 큰 폭으로 증가해 25년간 인구가 818만 명 증가하였다. 이후 1995년까지 정체상태를 보이다가 1995년부터 2015년까지 174만 명 증가하였다. 1990년대 중반 이후 다른 지역과는 대조적으로 도쿄도에서만 인구증가가 큰 폭으로 일어나고 있다.

　　도쿄권에 속하는 가나가와현과 사이타마현, 지바현은 고도성장기에 인구가 크게 증가하였다. 고도성장기에 게이힌공업지대(京浜工業地帯)가 과밀해지면서 게이요공업지역(京葉工業地域), 기타간토공업지역(北関東工業地域)으로 공업지역이 확장되어 이 지역으로 인구의 대량유입이 일어난 것이다.

　　한편 오사카권에 속하는 오사카부(大阪府)는 도쿄도 다음으로 인구가 많은 지역이지만 인구증가 폭에서 도쿄도와는 차이가 크다. 또한 1975년까지는 인구가 빠르게 증가하였지만 이후 2015년까지 정체상태를 보이고 있다. 같은 오사카권에 속하는 효고현은 1990년까지 완만하게 인구가 증가하다가 이후 정체상태를 보인다.

인구감소시대를 극복하기 위한 지역사회의 대응 / 정경숙나고야권의 중심을 이루고 있는 아이치현은 고도성장기에 인구가 크게 증가하였고, 이후 완만하게 증가하고 있다. 도쿄도나 오사카부와 비교해 아이치현의 인구규모가 작고 인구증가폭도 작았음을 알 수 있다.

　　반면 이와는 대조적으로 아키타현, 시마네현, 도쿠시마현은 인구변동이 크지 않다. 1945년에서 2015년까지의 인구변화를 보면, 아키타현은 121만 명에서 102만 명, 시마네현은 86만 명에서 69만 명, 도쿠시마현은 84만 명에서 76만 명으로 감소하였다. [그림 2]에서 제시하지는 않았지만 인구 100만 명 또는 150만 명 이하 현의 경우, 대체로 이와 비슷한 경향을 나타낸다.

　　이러한 지역간 인구격차를 보다 자세히 보여주는 것이 [표 1]이다. 여기에서는 47개 도도부현의 1945년 인구와 2015년 인구를 제시해 70년간 인구가 얼마나 변화하였는지를 알 수 있도록 하였고, 이를 인구 증감률로 제시하였다. 또한 각 도도부현에서 전후 70년 동안 인구가 정점에 도달하였던 연도를 제시하였다.

	인구 (1945년)	인구 (2015년)	인구 증감률 (1945~2015)	인구정점 연도		인구 (1945년)	인구 (2015년)	인구 증감률 (1945~2015)	인구정점 연도
전국	71,998	127,095	76.5	2010	三重県	1,394	1,816	30.3	2005
北海道	3,518	5,382	53.0	1995	滋賀県	861	1,413	64.1	2015
青森県	1,083	1,308	20.8	1985	京都府	1,604	2,610	62.7	2005
岩手県	1,228	1,280	4.2	1960	大阪府	2,801	8,839	215.6	2010
宮城県	1,462	2,334	59.6	2000	兵庫県	2,822	5,535	96.1	2005
秋田県	1,212	1,023	−15.6	1955	奈良県	780	1,364	74.9	2000
山形県	1,326	1,124	−15.2	1950	和歌山県	936	964	3.0	1985
福島県	1,957	1,914	−2.2	1995	鳥取県	563	573	1.8	1985
茨城県	1,944	2,917	50.1	2000	島根県	860	694	−19.3	1955
栃木県	1,546	1,974	27.7	2005	岡山県	1,565	1,922	22.8	2005
群馬県	1,546	1,973	27.6	2000	広島県	1,885	2,844	50.9	1995
埼玉県	2,047	7,267	255.0	2015	山口県	1,356	1,405	3.6	1955
千葉県	1,967	6,223	216.4	2015	徳島県	836	756	−9.6	1950
東京都	3,488	13,515	287.5	2015	香川県	864	976	13.0	1995
神奈川県	1,866	9,126	389.1	2015	愛媛県	1,361	1,385	1.8	1955
新潟県	2,390	2,304	−3.6	1995	高知県	776	728	−6.2	1955
富山県	954	1,066	11.7	1995	福岡県	2,747	5,102	85.7	2015
石川県	888	1,154	30.0	2000	佐賀県	830	833	0.4	1955
福井県	725	787	8.6	2000	長崎県	1,319	1,377	4.4	1960
山梨県	839	835	−0.5	2000	熊本県	1,556	1,786	14.8	1955
長野県	2,121	2,099	−1.0	2000	大分県	1,125	1,166	3.6	1955
岐阜県	1,519	2,032	33.8	2000	宮崎県	914	1,104	20.8	1995
静岡県	2,220	3,700	66.7	2005	鹿児島県	1,538	1,648	7.2	1955
愛知県	2,858	7,483	161.8	2015	沖縄県	915*	1,434	56.7*	2015

주: *오키나와현은 1945년에 인구조사가 이루어지지 않았기 때문에 1950년 인구를 제시하였다.
자료 : 総務省 統計局, 「政府統計の総合窓口」.

    [표 1]에서 눈에 띄는 점은 도도부현 간에 인구 증감률의 차이가 매우 크다는 점이다. 가장 높은 가나가와현은 389.1%인 반면 가장 낮은 시마네현은 −19.3%를 나타낸다. 가나가와현 다음으로 도쿄도, 사이타마현, 지바현, 오사카부, 아이치현의 순으로 인구증가율이 높다. 반면 시마네현, 아키타현, 야마가타현, 도쿠시마현, 고치현, 니가타현, 나가노현, 야마나시현은 인구가 감소하였다.

    또 한 가지 흥미로운 점은 인구가 정점에 도달한 시기가 매우 다르다는 점이다. 야마가타현, 도쿠시마현은 1950년에, 아키타현, 시마네현, 야마구치현, 에히메현, 고치현, 사가현, 구마모토현, 오이타현, 가고시마현은 1955년에, 이와테현은 1960년에 인구가 정점에 도달하였다. 이는 고도성장이 본격적으로 시작되기 이전부터 이들 지역에서는 인구유출이 일어나 인구가 증가하지 못했음을 보여주는 것이다.

전후 인구증가는 도쿄권과 오사카권, 나고야권의 3대 도시권에서 일어났는데, 1950년부터 1970년까지 3대도시권의 인구는 3,007만 명에서 5,000만 명으로 2,000만 명 가까이 증가한 반면, 나머지 지역은 5,404만 명에서 5,500만 명으로 거의 큰 변화가 없다. 이는 이 시기에 자연증가한 인구의 대부분을 3대 도시권이 흡수하는 형태로 대량의 지역 간 이동이 일어났기 때문이다. 반면 1970년부터 1990년까지 3대도시권의 인구는 5,000만 명에서 6,169만 명으로 증가한 반면, 나머지 지역은 5,500만 명에서 6,193만 명으로 증가하였다. 그만큼 고도성장기에 3대 도시권의 흡인력은 강했다. 이렇다 할 산업기반이 없었던 지방에서는 일본의 총인구가 감소로 돌아서기 훨씬 이전부터 인구감소문제를 겪어왔던 것이다.

3. 과소지역의 인구감소

앞에서 살펴본 도도부현 간 인구격차가 기초자치체인 시정촌(市町村) 수준에서는 더욱 뚜렷하게 나타난다. 인구규모가 작은 시정촌 중에는 일찍부터 인구감소문제를 겪고 고령화가 빠르게 진행된 곳이 많은데, 이런 지역을 과소지역(過疎地域)이라고 부른다. 과소지역 중에는 인구가 정점기의 4분의 1 내지 3분의 1 수준으로 감소하고, 고령자 비율이 40% 내지 50%가 넘는 곳이 많다. 이미 수십 년 전부터 젊은이들이 빠져나가 다음 세대가 태어날 수 있는 인구 재생산기반을 상실하면서 고령화가 빠르게 진행되고 있는 것이다.

1) 과소지역의 현황

과소지역이란 인구가 크게 감소해 지역공동체로서의 기능을 유지하기 어려운 곳으로, 초고령사회 일본이 가게 될 미래 모습을 선행적으로 보여준다. 과소 시정촌은 산으로 둘러싸인 중산간지역[6]이나 도서(島嶼) 지역에

6 / 중산간지역(中山間地域)은 평야 주변부와 산간지를 말하는데, 경사가 있고 임야 비율이 높아 농업생산에 불리하다. 산지가 많은 일본에서는 중산간지역이 국토 면적의 70%를 차지한다. 농림수산성에 따르면, 중산간지역은 전체 경지면적의 40%, 총 농가호수의 40%를 차지할 정도로 일본농업에서 중요한 비중을 차지한다 (http://www.maff.go.jp/j/nousin/tyusan/siharai_seido/s_about/cyusan/).

많으며, 철도나 도로 등의 교통망이 잘 갖추어지지 않아 접근성이 떨어지고, 농림어업 이외에 특별한 산업기반이 없으며, 기후조건이 불리한 곳이 많다. 일본 전체의 고령화율이 40%에 이르는 시기가 2060년경으로 예측되고 있는 점을 고려할 때, 과소지역은 40년 내지 50년 이상 고령화가 앞서 있는 셈이다.

과소지역은 여러 문제를 안고 있다. 젊은이들이 대거 도시로 이동하면서 생산기반이 크게 약화되고, 농업용수나 산림자원이 제대로 관리되지 못하고 있다. 또한 농토 방치로 인한 황폐화나 짐승으로 인한 피해도 심각하다. 인구감소로 인해 의료기관이나 교통기관, 상점 등이 철수하면서 생활의 질도 크게 떨어지고 있다. 이렇게 되면 거주하던 주민들도 생업을 지속하기 어려워 마을을 떠나게 되면서 지역공동체의 기반이 무너지게 된다.

일본에서 과소문제가 제기된 것은 1960년대 후반의 일이다. 고도성장기에 인구의 대량 유출로 과소지역이 생기고 지역공동체의 기반이 무너지자 일본정부는 적극적인 대응책을 마련하였는데, 1970년부터 한시법으로 과소대책법을 제정해 재정지원을 하고 있다.[7] 과소 시정촌의 수는 817개(2017년 기준)로 전국 시정촌 1,718개의 47.6%에 이른다.[8] 반면 과소지역의 인구는 1,087만 명(2015년 기준)으로 전체 인구의 8.6%에 불과한데, 이 인구가 일본 국토면적의 59.6%(2015년 기준)를 차지하는 광대한 지역에 흩어져 살고 있다.

그렇지만 일본정부의 적극적인 노력에도 불구하고 과소지역에서의 대량의 인구감소나 급속한 고령화의 추세를 되돌리지는 못하고 있다. 2015년 국세조사 결과를 보면 고령자 비율이 50%가 넘는 시정촌은 20개나 되고, 고령자 비율이 40%가 넘는 시정촌은 220개나 된다. 고령자 비율이 50%가 넘는 시정촌이 처음 등장한 것은 2000년 국세조사에서인데, 이후 국세조사가 거듭될수록 고령자 비율이 40% 내지 50%가 넘는 시정촌이 증가하고 있다.

2015년에 고령자 비율이 가장 높은 곳은 군마현 난모쿠무라(南牧村)이다. 난모쿠무라는 인구 1,979명의 소규모 지자체로 고령자 비율이 무려 60.5%나 된다(2015년 기준). 주변이 산으로 둘러싸인 전형적인 산촌으로, 젊은이들의 유출로 인구가 정점기인 1955년에 비해 약 5분의 1로 감소하면

7 / 지금까지 과소대책으로 「과소지역대책긴급조치법(過疎地域対策緊急措置法)」(1970~1979), 「과소지역진흥특별조치법(過疎地域振興特別措置法)」(1980~1989), 「과소지역활성화특별조치법(過疎地域活性化特別措置法)」(1990~1999), 「과소지역자립촉진특별조치법(過疎地域自立促進特別措置法)」(2000~2020)이 한시법으로 제정되어 시행되고 있다.

8 / 과소시정촌의 수와 인구, 면적에 대해서는 전국과소지역자립촉진연맹(全国過疎地域自立促進連盟)의 홈페이지(http://www.kaso-net.or.jp/kaso-about.htm)를 이용하였다.

서 고령화가 빠르게 진행되었다. 난모쿠무라의 뒤를 이어 나가노현의 덴류무라(天龍村), 나라현의 가와카미무라(川上村), 후쿠시마현의 가네야마마치(金山町), 군마현의 간나마치(神流町), 고치현의 오토요초(大豊町)의 순으로 고령자 비율이 높다.

과소지역 중에는 소멸 위기에 처한 경우가 많다. 국토교통성과 총무성이 공동으로 2006년, 2010년, 2015년에 실시한 조사결과는 과소지역이 처해 있는 심각한 상황을 잘 보여준다. 이 조사는 시정촌보다 범위가 좁은 마을 수준에서 실시되었는데, 과소대책법에 의해 과소지역으로 지정되어 있는 마을 전체를 조사대상으로 하여 소멸 가능성을 조사하였다.

2006년 조사에 의하면, 고령자 비율이 절반이 넘는 마을은 7,878개로 전체 마을 62,273개의 12.7%나 된다(国土交通省·総務省, 2007). 조사대상 마을 중 심각한 과소문제로 인해 '지역공동체로서의 기능을 유지하는 것이 곤란하다'고 답한 마을은 2,917개로 전체 마을의 4.7%를 차지한다. '10년 이내에 소멸할 것으로 예상된다'고 답한 마을은 423개이며, '언젠가 소멸할 것으로 예상된다'고 답한 마을은 2,220개나 된다.

2015년 조사결과는 과소문제가 더욱 심각해지고 있음을 보여준다(国土交通省·総務省, 2016). 고령자 비율이 50%가 넘는 마을은 15,568개로 전체 마을의 20.6%를 차지하였는데, 이는 2006년 조사보다 크게 증가한 수치이다. 또한 고령자 비율이 100%인 마을도 801개나 된다. '10년 이내에 무거주화(無居住化)의 가능성이 있다'고 답한 마을은 570개였으며, '언젠가 무거주화의 가능성이 있다'고 답한 마을은 3,044개로 나타났다.

한편 2010년에 조사한 마을 중 2015년 조사에서 실제로 무거주화가 일어난 마을은 174개였고, 그중에서 동일본대지진에 의해 무거주화가 일어난 마을은 27개였다. 반면 새롭게 탄생한 마을도 562개나 되었다. 그리고 2010년 조사에서 '10년 이내에 무거주화의 가능성이 있다'고 답한 마을 452개 중에서 2015년 조사에서 실제로 무거주화가 일어난 곳은 41개에 그쳤고, 대부분의 마을은 존속하고 있는 것으로 나타났다.

이런 조사결과를 통해 소멸 위기에 처한 마을이 상당히 많으며, 계속해서 늘어나고 있는 것을 확인할 수 있다. 또한 무거주화가 예상보다 느리게 진행될 수는 있지만 지역주민이 모두 사라져 자연소멸하는 마을이 생겨나고 있는 것도 확인할 수 있다.

2) 지역살리기 운동

소멸 위기에 처한 지역주민들이 지금까지 아무런 노력을 하지 않은 것은 아니다. 과소문제가 심각해지기 시작한 1970년대부터 지역주민들은 특산물을 개발하거나 지역 고유의 역사적·문화적 자원을 발굴해 지역을 살리려는 운동을 전개해왔다. 전통적으로 이어져온 마쓰리를 부활시키거나 새로운 이벤트를 만들어냄으로써 외부와의 교류를 넓히려는 시도도 있었다. 최근에는 외부인에게 빈집을 빌려주고 시골생활을 체험하도록 하는 프로그램을 운영해 이주를 촉진하는 활동도 하고 있다.

관광지로 널리 알려진 오이타현의 유후인(湯布院 또는 由布院)에서 지역살리기 운동을 시작한 것은 1970년대 초반의 일이다.[9] 한적한 시골마을이었던 유후인의 지역주민들은 주변 습원지를 지키기 위해 골프장 반대운동을 벌였고, 외부자본의 힘을 빌려 마을을 관광지로 개발하는 방식이 아니라 자연경관을 그대로 살려 편안하고 여유로운 휴식을 제공하는 작은 온천마을을 지향하였다. 또한 농업발전 없이는 지역발전도 없다는 생각으로 지역농업을 살리기 위해 지역의 농산물을 이용한 다양한 요리법을 개발하였고, 경영난에 빠진 낙농가를 돕기 위해 도시민들을 소 사육에 참여시키는 '소 한 마리 목장운동'을 전개하였다. 그리고 영화제와 음악제 등을 개최해 지역주민들의 자부심을 높이고 외부인들과 교류를 하였는데, 이들 행사는 지금까지도 수십 년째 이어지고 있다. 이렇게 해서 작고 아름다운 이 마을은 매년 400만 명의 관광객이 몰려들 정도로 유명해졌고, 유후인에서 시작한 다양한 시도들은 지역활성화의 모범사례가 되어 전국에 널리 보급되었다.

최근 널리 주목을 받고 있는 도쿠시마현의 가미야마초(神山町)는 인구 5,300명에 고령자 비율이 49.5%나 되는 전형적인 과소지역이다(2015년 기준). 인구가 정점기의 3분의 1로 감소하면서 고령화도 빠르게 진행되었다. 이러한 상황을 극복하기 위해 가미야마초에서는 1999년부터 국내외 예

9 / 유후인의 지역살리기 운동의 전개과정과 특징에 대해서는 기타니 후미히로(木谷文弘)의 『유후인의 작은 기적(由布院の小さな奇跡)』 (2004)를 참고하였다.

10 / 가미야마초의 지역
살리기 운동의 전개과정과
특징에 대해서는
중소기업청(中小企業庁)의
『지역활성화100(地域活性
化100)』(2015),
「아사히신문」(오사카 발행)
연재기사 「가미야마초의
도전(神山町の挑戦)」(2016
년 10월~12월), 가미야마초
지역살리기 시민단체의
홈페이지(http://www.in-k
amiyama.jp/#project) 등을
참고하였다. 또한 2017년
5월에 필자가 직접
가미야마초를 방문해
지역살리기 운동에 대한
인터뷰조사를 실시하였다.

술가가 마을에 체류하면서 작품활동을 하도록 지원하는 사업을 전개해 문화와 예술을 중시하는 마을로 자리잡았다.[10] 2010년부터는 마을 빈집을 수리하고 고속인터넷망을 매설해 IT기업에 원격 사무실(satellite office)을 임대하는 사업을 시작하였는데, 2016년 시점에서 16개 기업을 유치하고 외부에서 161명이 이주하는 성과를 거두었다. 이처럼 새로운 이주자가 생겨나면서 이들을 대상으로 한 음식점이나 숙박시설, 소매점도 늘어나 마을이 활기를 되찾고 있으며, 이들이 거주할 주택도 건설되고 있다. 가미야마초의 기업유치가 주목을 받으면서 다른 지역에서도 원격 사무실을 개설해 기업을 유치하려는 움직임이 활발해지고 있다.

이외에도 과소지역의 성공사례는 일일이 열거하기 어려울 정도로 많다. 총무성 홈페이지에는 지역살리기에 성공해 상을 받은 과소지역의 사례가 백여 개 이상 소개되어 있다. 그만큼 수십 년에 걸쳐 전국 각지에서 지역살리기 운동을 전개해왔고, 그 결과 각 지역마다 독자적인 지역살리기의 노하우를 축적하고 있는 것이다.

4. 도시지역의 인구감소

인구감소는 도시에서도 일어나고 있다. 인구 10만 명 규모의 도시 중에는 이미 30~40년 전부터 인구감소가 시작된 곳이 많으며, 인구 20~50만 명 규모의 도시에서도 오래 전부터 인구가 감소한 곳이 있다. 최근에는 인구 100만 명이 넘는 대도시에서도 인구감소문제가 일어나고 있다. 이러한 상황은 일본이 확실한 인구감소시대에 들어섰음을 잘 보여준다.

1) 도시지역의 현황

국세조사에 의거하여 각 도시의 개략적인 인구추이를 살펴보면 다음과 같다.

2015년을 기준으로 인구 10만 명 규모의 도시 중에는 수십 년 전부터 인구가 감소한 곳이 상당히 많다. 홋카이도의 오타루(小樽)시는 연간 700

만 명이 방문할 정도로 인기가 많은 관광도시이지만 1965년을 정점으로 지속적으로 인구가 감소하고 있다. 오이타현의 벳푸(別府)시는 연간 800만 명이 찾는 대표적인 온천관광도시이지만 1980년을 정점으로 계속해서 인구가 감소하고 있다. 도야마현의 다카오카(高岡)시는 전통공예품인 다카오카동기(高岡銅器)나 알루미늄공업으로 유명한 곳인데, 1985년을 정점으로 인구가 감소하고 있다. 후쿠오카현의 오무타(大牟田)시는 석탄생산으로 유명한 탄광도시였지만 에너지원이 석탄에서 석유로 바뀌면서 1960년을 정점으로 지속적으로 인구가 감소하고 있다. 이외에도 일일이 열거하기 어려울 정도로 많은 도시에서 수십 년 전부터 인구가 감소하고 있다.

인구 50만 명 이상 규모의 도시 중에도 수십 년 전부터 인구가 감소하고 있는 곳이 있다. 후쿠오카현의 기타큐슈(北九州)시는 1901년에 개업한 야하타제철소(八幡製鉄所)를 시작으로 철강이나 화학 등 중화학공업의 중심도시로 발전하였지만 제조업의 쇠퇴로 1980년을 정점으로 인구가 감소하고 있다. 시즈오카현의 시즈오카(静岡)시는 1990년을 정점으로 인구가 감소하고 있다. 2005년을 정점으로 인구감소로 돌아선 도시로는 니가타현의 니가타(新潟)시, 시즈오카현의 하마마쓰(浜松)시가 있으며, 2010년을 정점으로 인구감소로 돌아선 도시로는 효고현의 히메지(姫路)시, 가고시마현의 가고시마(鹿児島)시가 있다.

인구 100만 명 이상의 도시를 보면, 교토(京都)시는 1985년을 정점으로 인구가 감소하고 있으며, 고베(神戸)시는 2010년을 정점으로 인구가 감소하고 있다. 오사카(大阪)시는 1970년을 정점으로 인구가 감소하였다가 2005년 이후 다시 조금씩 증가하고 있다.

반면 아직까지 인구감소를 겪지 않고 지속적으로 인구가 증가하는 도시도 있다. 후쿠오카현의 후쿠오카(福岡)시는 규슈지방의 중심도시로 주변지역으로부터 젊은이들을 끌어들여 계속 인구가 증가하고 있다. 20대 인구가 많은 젊은 도시이기도 하다. 아시아와 가까워 국제교류가 활발하고, 서비스업이나 도소매업, 음식점 및 숙박업의 비중이 높으며, 젊은이들의 창업도 활발하다. 가나가와현의 가와사키(川崎)시도 계속해서 인구 유입이 일어나고 있는데, 젊은이들이 일자리를 얻기 쉽고 육아하기 좋은 환경을 갖추고 있어 많이 찾는 것으로 알려져 있다.

이처럼 도시가 갖고 있는 경제적 활력이나 사회적·문화적 매력 등은 도시로 사람들을 끌어들이는 중요한 요인이다. 취업기회나 교육기회, 문화생활을 누릴 수 있는 기회 등 삶의 질을 높이는 거주환경을 갖춘 도시에는 인구의 유입이 일어나고, 그렇지 않은 경우에는 인구의 유출이 일어난다. 고도성장기에 있었던 지역 간 대량의 인구이동이 일어나고 있지는 않지만 지금도 여전히 보다 좋은 기회를 찾아 움직이는 지역 간 이동이 일어나고 있다. 본격적인 인구감소시대에 돌입한 일본에서 앞으로 거주환경을 둘러싼 격차가 더욱 확대될 가능성이 크며, 이로 인해 '보다 여유롭고 풍요로운 삶을 보장하는 마을', '행복지수가 높은 마을'을 표방하며 사람들을 끌어들이려는 지자체간 경쟁도 치열하게 전개될 것으로 보인다.

2) 콤팩트시티를 통한 도시재생

인구감소문제를 안고 있는 도시가 처한 심각한 상황을 잘 보여주는 것이 바로 '셔터거리(シャッター通り)'라고 불리는 한적한 도심 상가의 모습이다. 찾는 사람이 없어 대낮에도 많은 가게가 셔터를 내리고 있는 것에서 유래해 이 말이 쓰이기 시작하였는데, 지방에서는 이미 1990년대부터 사회적 이슈가 되었다. 산업구조의 변화, 교외 대형마트의 진출, 인구감소 등 여러 요인이 복합적으로 작용해 중심 시가지가 쇠퇴한 경우가 많은데, 이는 고정자산세 감소로 이어져 지자체 재정에 어려움을 가중시키고 있다.

또한 도시 인프라의 노후문제도 심각하다. 수도관의 파손이나 균열, 교량이나 터널의 노후문제도 종종 뉴스에 등장하고 있다. 사이타마현 지치부(秩父)시에서는 수도관 파손이나 균열을 신고하는 전화가 연간 7천 건이 넘는다고 한다(牧野, 2016). 지치부시의 총길이 약 600킬로미터에 이르는 수도관 중 20%가 부설한 지 40년 이상 경과하였고, 모든 수도관을 교체하는 데 수십억 엔의 비용이 든다고 한다. 다른 도시가 처한 상황도 크게 다르지 않다. 이처럼 인구감소로 인해 날로 세수가 감소하는 상황에서 지자체는 행정비용을 줄이기 위해 안간힘을 쓰고 있다.

이런 가운데 도시를 되살리기 위한 모델로 주목을 받는 것이 바로 '콤

팩트시티(compact city)'이다. 콤팩트시티란 상업시설, 병원이나 사회복지
시설, 공공서비스기관 등 도시생활에 필요한 핵심 시설을 중심 시가지에
집약시키고, 교외로 시가지가 무질서하게 확장되는 것을 막아 도시운영의
효율성을 높이고자 하는 것이다. 콤팩트시티 구상은 1970년대에 미국에서
등장해 지속가능한 도시 모델로서 각광을 받았고, 일본에서는 2005년부터
주목을 받기 시작하였다(牧野, 2016). 도야마(富山)시를 비롯해 아오모리
(青森)시, 기타큐슈(北九州)시, 삿포로(札幌)시, 센다이(仙台)시, 고베(神
戸)시 등 여러 도시에서 콤팩트시티 구상을 발표하였다.

　　도야마시는 콤팩트시티의 선진적인 사례로 평가되고 있다.[11] 도야마시
는 도야마현의 현청 소재지로 2005년에 주변의 6개 정촌(町村)이 합병해
면적이 6배로 확대되었고, 인구는 418,686명(2015년 기준)을 나타내고 있
다. 지난 35년간 인구집중지구의 면적이 2배로 늘어난 반면, 해당 지구의
인구밀도는 3분의 2로 감소해 전국에서도 인구밀도가 낮은 시가지가 되었
다. 또한 가구당 자동차 보유대수가 전국에서 2위를 차지할 정도로 자동차
의존도가 높아 대중교통이 쇠퇴하였다. 이러한 상황은 고령자를 비롯한 교
통약자의 이동을 어렵게 만들었고, 사람들이 자동차로 교외 대형마트로 몰
려드는 가운데 중심 시가지는 더욱 쇠퇴하였다.

　　이에 대응하기 위해 도야마시에서는 2002년부터 콤팩트시티에 관한
검토를 시작하고 고령화와 인구감소에 대비한 대응책을 마련하였다. 공공
교통을 활성화하기 위해 기존의 철도 노선을 조정해 LRT(Light Rail
Transit)라고 불리는 노면전차시스템을 정비하였고, 전차와 공공버스를 유
기적으로 연결해 시민이 이동하기 편리하도록 하였다. 또한 이렇게 정비된
공공교통망을 따라서 그 주변지역에 거주를 활성화하기 위한 공공교통연선
지구(公共交通沿線地區) 거주추진사업을 전개하였다. 그리고 중심 시가
지를 활성화하기 위해 도심에 상업시설이나 다목적광장 등의 문화시설을
집적시켜 유동인구를 늘리고, 거주를 촉진하는 중심 시가지 거주추진사업
을 실시하였다. 나아가 고령자가 중심 시가지로 외출할 경우 100엔의 싼
요금으로 대중교통을 이용할 수 있도록 하였다.

　　그 결과, 공공교통 이용자 수가 크게 늘고, 중심 시가지의 유동인구와

11 / 도야마시의
콤팩트시티 추진과정에
대해서는
후생노동성(厚生労働省)의
『후생노동백서(厚生労働白
書)』(2015년판) 제장을
참고하였다.

인구감소시대를 극복하기 위한 지역사회의 대응 / 정현숙

거주자가 증가하였다. 고령자의 공공교통 이용횟수도 늘어났다. 이러한 변화를 통해 자동차 이용 감소로 인한 이산화탄소 배출량 감소와 고령자의 건강증진 효과도 기대할 수 있을 것으로 예상된다.

12 / 아오모리시의 콤팩트시티 추진과정에 대해서는 마키노 도모히로(牧野智弘)의 『늙어가는 도쿄, 젊어지는 지방(老いる東京, 甦る地方)』(2016)과 가호쿠신보(河北新報)의 신문 기사를 참고하였다.

한편 콤팩트시티의 또 하나의 대표적인 사례로 언급되는 것이 아오모리시(青森市)이다.[12] 아오모리시는 2000년을 정점으로 인구가 감소하면서 행정의 효율성을 높여야 하는 절박한 상황에 처해 있었다. 특히 교외로 거주지가 확대되면서 인구유출이 심각하게 일어나 시 재정을 압박하였다. 도로나 상하수도의 정비에 수백억 엔의 재정지출이 발생하였고, 호설지대이기 때문에 제설작업에 드는 비용도 크게 증가하였다. 이 문제를 해결하기 위해 아오모리시는 1999년에 도시계획을 수립하고, 교외로 나간 시민을 중심지로 불러들여 시가지 확대에 따른 행정비용을 줄이고자 하였다.

이를 위해 시를 크게 중심지역과 중간지역, 외곽지역으로 구분해 중심지역은 활성화하고, 중간지역은 주택지로서 정비하며, 외곽지역은 도시화를 억제하고 자연환경을 보호하는 시책을 마련하였다. 그리고 중심지역을 활성화하기 위해 관민 합동으로 아오모리역 앞에 복합상업시설 아우가(アウガ)를 건설하였다. 복합상업시설에는 상점 이외에 도서실이나 시민광장, 보건소 등의 공공서비스 시설도 배치하였다.

복합상업시설은 연간 방문객이 400~600만 명에 이를 정도로 유동인구를 늘리는 데는 성공하였지만 실제 점포 매상으로 이어지지 않아 적자가 누적되었고, 2017년에 경영파탄상태에 이르렀다. 아오모리시의 사례는 사업성이 제대로 검토되지 않은 채 진행되었다는 점에서 행정 주도 개발사업의 한계를 보여주었다. 나아가 소비시장이 축소되고 세수가 줄어드는 인구감소시대에 효율적인 도시운영이 얼마나 어려운지를 보여주었다.

5. 전망

이상으로 인구감소시대에 진입한 일본의 전반적인 인구추이를 살펴보고, 지방 차원에서 인구감소문제가 어떻게 진행되고 있는지를 과소지역과

도시지역으로 구분하여 살펴보았다. 분석을 통해 일본의 지방자치단체 중에는 총인구가 감소하기 수십 년 전부터 인구감소문제를 겪어온 곳이 많으며, 이들 지역에서 인구감소문제를 극복하기 위한 다양한 노력을 전개해왔음을 확인하였다.

일본의 농촌이나 산촌을 방문해보면 인구 수천 명의 작은 마을에도 지역공동체로서 일정 수준의 인프라를 갖추고 있으며, 지역의 독특한 경관이나 역사적, 문화적 유산을 잘 보존하고 계승하고 있는 것을 볼 수 있다. 이는 이미 수십 년 전부터 이어져온 지역주민의 지역살리기 운동의 성과를 보여주는 것이다. 이런 점에서 지방에서는 이미 오래 전부터 인구감소에 대응한 지역사회의 노하우를 축적해온 셈이다.

그렇지만 앞으로 더욱 빠르게 인구감소와 고령화가 진행되는 가운데 소멸하는 마을이 생겨나는 것도 틀림없는 사실이다. 이제는 대도시에서도 인구감소에 적응해야 하는 시대로 가고 있다. 출산율의 변동에 따라 인구감소의 속도에 다소 차이는 있을 수 있겠지만 빠르게 인구가 감소하는 시대적 흐름은 불가피하다.

인구감소시대에 지역의 소멸을 막기 위해서는 젊은이들을 불러들이는 것이 무엇보다 필요하다. 젊은이들의 유출을 막고, 도시로 나갔던 젊은이들이 고향으로 돌아오도록 하고, 새로운 젊은이들이 이주해 와서 아이를 낳고 정착하는 것만이 지역사회를 지속가능하게 한다. 최근 과소지역에는 젊은이들의 유입이 무시할 수 없을 정도로 일어나고 있다. 이들은 도시에 취직기회가 없어서가 아니라 시골생활에서 삶의 의미를 발견하고자 이주해오는 경우가 많다. 앞에서 살펴본 가미야마초의 이주자들도 몇 년 간 회사생활을 하다가 자기 본위의 삶을 찾아 이주해온 경우가 많다. 젊은이들은 마을에서 빵집이나 음식점, 커피점을 운영하거나 구두를 제작해 파는 가게나 액세서리 가게를 운영하기도 한다. 가미야마초에 거주하면서 웹디자이너나 자동차 설계사로 활동하는 사람도 있다. 이런 움직임은 분명 새로운 것이다.

마을 차원에서도 이주자를 적극적으로 받아들이고 있는데, 빈집을 수리해 싼 값으로 임대하고, 정착을 지원하고 취업을 알선하는 도움을 주기도 한다. 총무성에서는 2009년부터 '지역살리기 협력대(地域おこし協力

隊)' 프로그램을 운영하고 있는데, 이는 젊은이들이 과소지역에서 최장 3년간 거주하면서 지역살리기 활동에 참가할 수 있도록 활동비를 지원하는 프로그램이다. 이 프로그램에 참가한 젊은이들이 마을에 남아 마을 분위기를 바꾸고 새로운 흐름을 만들어내고 있다.

지금까지의 분석을 통해 알 수 있듯이 일본은 이미 지역사회 차원에서 인구감소시대에 적응해나가고 있다. 앞으로의 과제는 안정된 일자리를 바탕으로 안심과 풍요, 여유를 만끽할 수 있는 지역사회를 만들어나가는 일이다. 인구감소의 한계를 넘어설 수 있도록 한 사람 한 사람이 창출하는 부를 늘리는 일, 지역자원을 활용해 보다 부가가치가 높은 산업을 만들어내는 일이 필요하다. 이러한 과제를 지역사회가 어떻게 잘 감당해나갈 것인지가 인구감소시대를 극복하는 관건이 될 것이다.

참고문헌

국토교통성·총무성(国土交通省·総務省), 2007, 『平成18年度 国土形成計画策定のための集落の状況に関する現況把握調査』(http://www.mlit.go.jp/common/000029254.pdf).

국토교통성·총무성(国土交通省·総務省), 2011, 『平成22年度 過疎地域等における集落の状況に関する現況把握調査』(http://www.soumu.go.jp/main_content/000113146.pdf).

국토교통성·총무성(国土交通省·総務省), 2016, 『平成27年度 過疎地域等条件不利地域における集落の現況把握調査』(http://www.mlit.go.jp/common/001145930.pdf).

기타니 히로후미(木谷文弘), 2004, 『由布院の小さな奇跡』, 新朝新書.

기토 히로시(鬼頭宏), 2011, 『2100年, 人口3分の1の日本』, メディアファクトリー新書.

내각부(内閣府), 2017, 『少子化社会対策白書』(2017년판 http://www8.cao.go.jp/shoushi/shoushika/whitepaper/measures/w-2017/29pdfhonpen/pdf/s2-1.pdf).

다무라 시게루(田村秀), 2014, 『自治体崩壊』, イースト新書.

마스다 히로야(増田寛也) 편저, 2014, 『地方消滅—東京一極集中が招く人口急減』, 中公新書.

마키노 도모히로(牧野知弘), 2016, 『老いる東京, 甦る地方』, PHPビジネス新書.

모타니 고스케(藻谷浩介), 2010, 『デフレの正体』, 角川新書; 김영주 역, 2016, 『일본 디플레이션의 진실』, 동아시아.

아베 마사히로(阿部真大), 2013, 『地方にこもる若者たち—都会と田舎の間に出現した新しい社会』, 朝日新書.

야마시타 유스케(山下祐介), 2014, 『地方消滅の罠—「増田レポート」と人口減少社会の正体』, ちくま新書.

오다기리 도쿠미(小田切徳美), 2014, 『農山村は消滅しない』, 岩波新書.

이이다 야스유키(飯田泰之) 외, 2016, 『地域再生の失敗学』, 光文社新書.

전국과소지역자립촉진연맹(全国過疎地域自立促進連盟) 홈페이지(http://www.kaso-net.or.jp/kaso-about.htm).

중소기업청(中小企業庁), 2015, 『地域活性化100』(www.chusho.meti.go.jp/pamflet/hakusyo/.../150617jirei1.pdf).

지방창생 본부(まち·ひと·しごと創生本部) 홈페이지 (http://www.kantei.go.jp/jp/singi/sousei/).

총무성(総務省), 「過疎地域 優良事例表彰」(http://www.soumu.go.jp/main_sosiki/jichi_gyousei/c-gyousei/2001/kaso/kasomain7.htm).

총무성 통계국 (総務省 統計局), 「政府統計の総合窓口」(http://www.e-stat.go.jp/SG1/estat/GL08020103.do?_toGL08020103_&tclassID=000001007702&cycleCode=0&requestSender=search).

후생노동성(厚生労働省), 2016, 『厚生労働白書』(2015년판)(http://www.mhlw.go.jp/wp/hakusyo/kousei/15/).

후지나미 다쿠미(藤波匠), 2016, 『人口減が地方を強くする』, 日本経済新聞出版社

역사의 기억과 망각은 과거사 정리의 해답이 될 수 있는가

조명철 | 趙明哲 Cho, Myung-Chul

고려대학교 사학과와 동경대학교 대학원 사학과 석사, 박사취득을 거쳐 현재 고려대학교 문과대학 사학과 교수로 일본사를 담당하고 있다. 〈저서/공저〉로는 『일본근세근현대사』(구태훈, 조명철 공저, 한국방송통신대학교출판부), 『일본인의 선택』(조명철, 김문자, 김보한, 이재석 공저, 다른세상)이 있고, 〈역서/공역〉으로는 『논쟁을 통해본 일본사상』(일본사상사학회공역(15인), 성균관대학교출판부)가 있다.
최근 연구업적으로는 『일본근세근현대사』(이영/조명철 공저, 2010.01, 한국방송통신대출판부. -저자 교체 전면개정판-), 「청일전쟁기, 열강과 일본의 중국침탈」『日本研究』13집(고대 일본연구센터, 2010.02, pp.463-488, 학진등재지), 「근대일본의 팽창정책과 만주문제」『동아시아속의 한일관계사』하권(고대일본사연구회, 2010. 05, pp.317-343, 단행본 속 논문), 「청일, 러일전쟁의 전후처리와 한국문제」『韓日關系史研究』36집(학진등재지, 2010.08, pp.263-289), 「上原 육군대신의 사퇴와 사단증설문제」『史叢』71(학진등재지, 2010.09) 등 외 다수가 있다.

1. 기억의 역사, 역사의 망각

일본의 침략전쟁, 식민지 지배, 전쟁범죄, 종군 위안부, 강제징용 등 과거사에 대해 주변 국가에서는 국가 간의 배상을 넘어서 개인보상을 요구하고 있다. 이것이 화해와 평화실현의 불가결한 요소라고 보고 있기 때문이다.

> 전후 보상은 단순히 과거를 청산하는 것에 그치지 않고 오히려 그 이상으로 일본과 일본인이 아시아 민중들과 어떠한 인간관계를 만들어 갈 것인가 하는 문제의 토대가 될 것이다. 따라서 그것은 반세기 전의 수준이 아니라 오늘날과 미래를 위해 마련되어야 할 인권의 수준에 걸맞는 해결책이 되지 않으면 안 된다.[1]

1 / 이규수, 기억과 망각, 2000, 삼인, 20-21쪽.

앞 글은 미래에 보다 원만하고 평화로운 동아시아를 만들고자 한다면 일본이 과거를 반성하고 그에 대한 보상을 해야 한다고 이야기하고 있다.

가해자와 피해자의 입장을 떠나더라도 일본과 동아시아 국가들이 평화로운 미래를 구축하기 위해서는 과거사를 어떤 형태로든지 풀어야 하는 것은 너무나 당연하다. 과거의 매듭을 풀지 않고서도 미래를 구축할 수 있다면 별문제이지만 아마도 그것은 결코 쉽지 않을 것이다. 과거를 정리하지 않은 상태에서 평화롭고 바람직한 미래를 여는데 따르는 고충과 비용을 계산하면 과거를 서로 납득할 수 있는 형태로 청산하는 편이 훨씬 경제적이고 효율적일 수 있다. 아마도 이러한 손익계산을 정확하게 산출할 수 있다면 계산에 빠른 일본 정부가 과거사를 미래지향적으로 해소하려 할지도 모르겠다.

일본과 주변국들 사이에는 바람직한 관계와 그렇지 못한 관계가 있다. 동일한 문명권 내에서 한 국가가 일방적으로 주변국을 지배하거나 침략하여 국가를 소멸시키려한다면 그것을 바람직한 관계라고 부를 수는 없을 것이다. 적어도 동아시아 국가들 사이에 서로 신뢰하고 교류하며 평화롭고 평등한 관계가 유지될 때, 바람직한 관계가 형성되었다고 할 수 있겠다. 이것은 국가 간의 관계뿐만 아니라 개인의 존엄성과 행복을 증진시켜온 인류 역사와 보편적 가치를 고려해 볼 때, 너무나 당연한 귀결이라고 하겠다.

누구나 공감하는 역사발전의 방향에도 불구하고 식민지에서 자행된 수많은 억압들, 침략전쟁에서 저질러진 전쟁범죄 등을 감추려는 행위는 손바닥으로 하늘을 가리는 것과 같은 무모한 짓이 아닐 수 없다. 놀라운 사실은 일본이 실제로 손바닥으로 하늘을 가리려고 하고 있다는 사실이다. 식민지 지배는 미개한 국가를 발전시키고 근대화시키기 위해 일본이 베푼 시혜였다는 주장을 아직도 되풀이하고 있는 현실이나 국가권력이 개입한 종군 위안부는 없었고 세계 어디서나 볼 수 있는 민간인의 인신매매로 희생된 매춘 여성들이 있었을 뿐이었다는 주장을 정부의 공식적인 입장으로 삼고 있는 일본의 현실은 역사의 발전 방향과는 완전히 거꾸로 가고 있다.

"기억하고 있는 것만이 역사다"라는 사실을 입증하기라도 하듯이 일본은 역사의 기억 속에 남아 있는 일본의 치부를 지워버리고자 엄청난 일을 벌이고 있다. 즉 역사 속에 망각의 지대를 만들어 기억하고 싶지 않은 것들을 모두 망각의 블랙홀로 몰아넣어 버리고 자신들이 기억하고 싶은 과거만으로 새로운 역사를 쓰겠다는 것이다. 이미 기억 속에 자리 잡은 역사를 지우는 작업이 결코 쉽지 않은 일임에도 불구하고 일본 정부는 과거사 지우기를 집요하게 추구하고 있다.

현재 일본 정부의 과거사 지우기 작업에 거대한 국가권력과 막대한 재원이 동원되고 있고 국수주의 성향의 국민적 지지가 그 뒤를 강력하게 밀어주고 있는 것도 주지의 사실이다. 그럼에도 불구하고 일본 정부의 과거사 지우기 작업이 일사천리로 진행되고 있지는 못하다. 왜냐하면 인류 보편의 가치에 반하는 일본 정부의 과거사 지우기를 비판하는 양심의 소리들과 다양한 저항 운동들이 만만치 않기 때문이다.

다만 과거사를 있는 그대로 기억시키려는 쪽과 수치스런 기억을 망각의 지대로 몰아넣으려는 쪽의 대결이 불안하게 보이는 이유는 무엇일까. 분명히 양자 사이에는 권력, 조직력, 규모에 있어서 커다란 차이가 있다. 하지만 이것 이외에도 보다 본질적이고 심각한 문제가 있다. 그것은 시간의 문제이다. 시간이 지나면 지날수록 현재와의 끈이 약해질 수밖에 없는 과거사가 점차 생명력을 상실하고 그들이 원하는 대로 망각의 지대로 사라지지는 않을까하는 우려가 있기 때문이다. 실제로 일본의 과거사에 관련된 생존자들이 세상을 떠나면서 과거사 지우기에 대한 저항의 동력도 함께 사라지는 것은 아닐까하는 두려움이 많은 사람들 속에 내재해 있는 것도 사실이다. 이러한 우려는 과거사를 완강하게 부정하는 일본 정부의 일관된 태도를 고려해 볼 때, 현실에 기반한 매우 심각한 문제일 수 있다. 과거사에 관련해서 강력하게 일본 정부를 밀어붙인 사안들을 보면 역사교과서, 종군 위안부, 강제동원과 같이 생존자가 있거나 2세의 교육에 관련된 현재의 문제였다.

무엇보다도 일본의 과거사 문제는 너무나도 명백한 사실들이 즐비하기 때문에 사실 확인이 충분치 못해서 발생하는 문제라고 보기 어렵다. 그것은 관점의 문제이고 가치의 문제다. 과거사 정리에 있어서 인간의 존엄성, 인류 보편적 가치를 제외하면 무엇이 남겠는가. 일본의 과거사 지우기와 과거사 살리기의 대립은 본질적으로 비양심과 양심, 편협한 국수주의와 인류 보편적 가치의 대립에 다름 아니다. 이 대립은 사실이 불명확하거나 기록이 존재하지 않아서 발생하는 대립이 아니다. 예를 들어 생존자들의 증언이 기록이 없어서 객관성을 결여했다고 하는 주장이나 강제 징용된 식민지 청년이 저항한 흔적이 없기 때문에 자원해서 군에 입대한 것이라고 주장한다면 일견 사료에 근거한 과학적 분석처럼 보일지는 몰라도 이것이야말로 과학과 객관을 빙자한 과거사 왜곡의 전형이라고 하겠다.

1) 일본의 과거사 정리의 과거사

일본의 '과거사 지우기'와 '과거사 기억하기'의 대립과 갈등을 살펴보면 문제의 핵심이 명확히 드러난다. 과거에 몇차례 일본 정부는 바람직한 방향으로 과거사를 정리하려는 움직임을 보인 적이 있었다. 실제로 일본은 아주 어렵게 과거사에 대한 반성을 정부 차원에서 공식적으로 선언한 바 있었다.

이른바 '과거사 반성 3대 담화'가 그것이다.

(1) 미야자와 담화

1982년 일본 문부성이 교과서 검정 과정에서 3·1운동을 '데모'와 '폭동'으로, 대한제국에 대한 '침략'을 '진출'로 수정하도록 했다는 사실이 알려지면서 한국과 동아시아 각국에서 촉발된 '역사 교과서 파동'에 대해 당시 미야자와 기이치(宮澤喜一) 관방장관이 교과서 기술시 한국, 중국 등 근린 제국의 비판에 충분히 귀를 기울이겠다는 내용의 담화를 발표했다. 1982년 8월 26일, 미야자와 관방장관은 담화에서 과거사에 대해 일본이 반성하고 있다는 사실을 분명히 했다.

> 일본국은 한국에 대해서는 1965년의 일한공동 코뮈니케 중에서 "과거의 관계는 유감이며 깊게 반성하고 있다"라는 인식을, 중공에 대해서는 일중 공동 성명에서 "과거에 일본국이 전쟁을 통해서 중공 국민에게 중대한 손해를 끼친데 대한 책임을 통감하고 깊이 반성한다"라는 인식을 밝혔는 바 이것은 전술한 일본국의 반성과 결의를 확인한 것이며 현재에도 이러한 인식에는 추호의 변화도 없다.[2]

2 / 경향신문 1982.08.27 참조.

일본은 한국과 맺은 조약, 중국과 맺은 공동성명에서 표명한 과거사를 "깊게 반성한다"는 인식을 지금도 동일하게 갖고 있으며 거기에는 "추호의 변화도 없다"고 단정했다. 이러한 입장에서 현재 쏟아지는 일본 교과서에 대한 비판을 "충분히 귀를 기울여 (일본)정부의 책임하에 시정"하겠다고 약속했다. 역사 교과서 문제로 발단은 되었으나 일본 정부가 과거사에 대해 이렇게까지 명확하게 '반성'을 못 박아 표현한 공식적인 선언은 그 때까지 찾아보기 힘든 사례였다.

뿐만 아니라 일본 정부는 문제가 된 교과서의 내용을 바로잡기 위해 구체적인 후속 조치까지 밝혔다.

3 / 경향신문 1982.08.27 참조.

> 금후의 교과서 검정에 있어서는 교과용 도서검정심의회의 심의를 통해 검정기준을 고쳐 전기한 취지가 충분히 실현되도록 배려한다. 이미 검정이 행하여진 것에 대하여는 금후 신속히 동일한 취지가 실현되도록 조치할 것인 바 그때까지의 조치로서 문부대신이 소견을 밝혀 앞의 2항의 취지를 교육을 실시함에 있어 충분히 반영시키도록 하겠다.[3]

미야자와 관방장관은 새로운 검정기준을 만들어 교과서의 기술을 수정함으로써 과거사를 반성하는 취지를 살리겠다고 약속했다. 이미 검정을 통과한 교과서까지도 "동일한 취지가 실현되도록 조치"를 취하겠다고 하여 담화가 사태를 무마시키기 위한 외교적 수사가 아니라 실질적으로 결과물을 동반하는 실천임을 분명히 했다. 그리고 미야자와 관방장관은 공식적인 담화를 보충하는 구두 설명에서 담화의 핵심이 된 교과서 수정의 일정에 대해서도 구체적으로 밝혔다.

교과서 검정에 대해서는 금년에 검정신청을 하는 교과서는 84년부터, 이미 81년도에 검정신청을 하여 83년도부터 사용되는 교과서는 85년도부터 앞의 취지가 실현되도록 하는 조치를 취한다.

1982년 이미 문부성에 검정을 신청한 교과서는 새로운 검정기준을 적용하여 1984년부터 사용하고, 1983년부터 사용하기로 결정한 교과서는 새로운 검정기준을 적용하여 1985년부터 수정된 교과서를 사용하도록 조치를 취하겠다고 구두설명을 통해 구체적인 일정을 약속했다. 이처럼 미야자와 담화는 과거 일본의 침략과 억압으로 피해를 입은 국가들을 어느 정도 납득시킬만한 내용을 담고 있었다.

미야자와 담화는 역사 교과서 문제가 발단이 되었으나 사실 과거사를 풀어가는 데 있어서 역사 교과서 문제는 순서상 마지막 단계에 속한다. 먼저 가해자의 과거사에 대한 반성과 사죄가 나오면 그 다음에 피해 당사국과 관련자들의 용서가 뒤따른다. 물론 어느 시점에서 보상과 배상의 문제가 해결되어야 하겠지만 이렇게 해서 가해자와 피해자 사이에 화해가 이루어지는 것이 순서이다. 엄밀히 말해서 가해자와 피해자의 의견이 충분히 반영된 공동의 역사 교과서는 화해의 결과물이다. 이런 점에서 미야자와 담화는 과거사의 사죄와 보상, 용서와 화해가 충분히 진행되지 못한 상황에서 역사 교과서 파동 때문에 갑작스럽게 등장했으나 동아시아의 화해를 향한 주목할 만한 선언임에는 틀림없다.

한국정부도 같은 해 9월 27일, 일본의 역사교과서에서 바로잡아야 할 항목을 일본 정부에 제시했다. 즉시 시정해야할 13항목, 조기 지정할 19항목, 역사 기술과 해석에 관한 7항목 등 모두 39항목을 요구했다. 생각이 다를수록 서로의 견해 차이를 분명하게 밝히는 것이 중요한데 이런 점에서 39개 항목을 일본에 제시하고 시정을 요구한 한국 정부의 조치는 매우 적절했다고 생각된다.

여기서 분명히 해야 할 것은 한일 간의 우호적 분위기를 해칠 우려가 있으니 민감한 과거사 문제로 일본의 심기를 건드리지 말아야 한다는 발상은 정말 문제의 핵심을 잘못 짚은 것이다. 한일 간의 화해와 우호는 과거사를 해결하지 않고서는 성취할 수 없다는 사실을 한국 정부와 국민이 분명히 해야 할 것은 말할 것도 없지만 더 중요한 것은 일본 측도 과거사 정리가 양국 화해의 절대 선결문제임을 알아야 한다. 가해자의 인식변화는 내부의 자작 요인도 필요하지만 주변 국가들의 강력하고도 지속적인 압박이 필수적이다. 숨기고 싶은 과거사를 스스로 들춰내는 국가는 지구상 어디에도 없기 때문이다.

일례로 중국 언론은 미야자야 담화가 나오자 곧바로 '침략을 명확히 규정하지 않은 채로 '시정하겠다는 약속만으로 일관했다고 강하게 비판했다.

중국은 진일보한 미야자와 담화조차도 미흡하고 중국을 만족시키기에는 부족하다는 점을 부각시켰다. 더불어 중국은 교과서와 과거사문제가 중일 관계에 악영향을 미칠 것이라는 점도 분명히 했다.

이에 대해 일본 정부의 문부대신과 외무대신은 "일본 정부의 기본방침은 미야자와 담화에서 표명한 내용으로 충분하기 때문에 추가하거나 수정할 생각이 없다'고 결론 내렸다. 다음 달 스즈키 총리의 중국 방문을 앞둔 시점임에도 불구하고 일본 정부는 더 이상 물러나지 않고 버티기를 하고 있었다.

한편, 같은 해 11월 24일, 교육을 담당하는 오가와 문부대신이 교과서 검정기준을 개정하겠다고 약속하는 담화를 발표했다. 일본 정부는 미야자와 담화가 관련 부서의 장관을 통해 좀 더 구체적인 실천의 단계에 들어가는 모습을 보여주었다. 그럼에도 불구하고 1984년 검정을 통과한 교과서들을 보면 한국 측의 시정요구는 거의 반영되지 않았다. 침략과 전쟁, 식민지

지배와 억압, 강제징용과 전쟁범죄, 임진왜란에 이르기까지 일본의 역사교과서는 미야자와 담화 이전의 내용을 별 차이 없이 그대로 담고 있었다. 결과적으로 미야자와 담화는 1982년 '교과서파동'으로 쏟아지는 주변 국가들의 비난을 피하고 시간을 벌기 위해 내놓은 미봉책에 그치고 말았다.

미야자와 담화는 그 내용만 보면 일본의 과거사를 전향적으로 해결할 수 있는 기념비적인 선언이 될 수도 있었지만 일본 정부와 사회는 미야자와 담화를 실천할 정도의 의지나 신념을 갖고 있지 못했다. 거꾸로 보자면 동아시아 국제사회도 과거사에 대한 사죄를 이끌어낼 만큼 일본을 압박하지 못했다는 것을 의미한다. 이처럼 미야자와 담화가 기대했던 결실을 맺지 못하고 실패로 끝난 사실은 일본의 과거사 문제를 어떻게 풀어야 하는가에 대한 커다란 교훈을 주었다. 즉 일본의 과거사는 일본만의 문제가 아니라 침략과 전쟁, 식민지에 휘말렸던 동아시아 전체의 문제라는 것이다. 동아시아 국가들이 이것을 명확히 인식하고 공동보조를 취하지 않는다면 일본은 스스로 자신들의 과거사를 풀어내지 못할 것이다.

(2) 고노 담화

1993년 8월 4일, 종군 위안부에 대한 일본 정부의 입장이 고노 요헤이(河野洋平) 관방장관의 이른바 고노담화의 형태로 나왔다. 종군 위안부 문제가 한일 간의 뜨거운 쟁점이 되면서 일본 정부는 1991년 12월부터 일 년 반에 걸쳐 자체 조사에 들어갔고 그 결과 종군 위안부의 존재를 인정하는 담화를 발표하게 된 것이다.

> 이번 조사 결과 장기간 그리고 광범위한 지역에 위안소가 설치되어 많은 수의 위안부가 존재한 것으로 인정되었다. 위안소는 당시 군 당국의 요청에 의해 설치 경영된 것이며 위안소의 설치 관리 및 위안부의 이송에 관하여는 구일본군이 직접 간접적으로 이에 관여하였다. 위안부의 모집에 관하여는 군의 요청을 받은 업자가 주로 이에 관여하였는바 그 경우에도 감언, 강압에 의하는 등 본인들의 의사에 반하여 모집된 사례가 많으며 더욱이 관헌이 직접 이에 가담한 일도 있음이 밝혀졌다. 또한 위안소에서의 생활은 강제적 상황 하에서 고통스러운 것이었다.[4]

4 / 1993.08.04. 고노 요헤이(河野洋平) 관방장관 담화문

일본 정부는 공식적으로 종군 위안부의 존재와 위안부의 모집과 위안소의 운영에 국가권력의 개입을 시인했다. 더불어 일본 정부는 "종군 위안부로서 많은 고통을 겪고 심신에 치유되기 어려운 상처를 입은 모든 분들에게 마음으로부터 사과와 반성의 뜻"을 전하면서 "그러한 마음을 우리나라가 어떻게 나타낼 수 있을까에 관하여는 식견있는 분들의 의견"을 듣고 진지하게 검토하겠다고 약속했다. 이 담화문에서 일본은 과거 전쟁을 확대하면서 자행한 수많은 강제동원, 전쟁범죄 중에서 하나를 명백하게 인정하고 반성했다.

담화문에서 종군 위안부 문제의 본질을 "당시 군이 관여하여 다수 여성의 명예와 존엄에 깊은 상처를 입힌 문제"라고 분명하게 못박고 있는 것을 보면 과거의 잘못을 반성하는 진정성이 느껴지는 것도 사실이다. 하지만 많은 기대를 갖게 했던 전향적인 내용에도 불구하고 고노 담화는 기대했던 만큼 전향적인 사후 조치로 이어지지 못했다. 20여년이 지난 지금에 이르러서 종군 위안부의 흔적들을 지우는 작업을 일본 정부가 앞장서서 하고 있으니 고노 담화가 무색지고 말았다. 스스로도 인정했던 여성의 명예와 존엄에 입힌 깊은 상처를, 사람들의 기억 속에서 지워내는 작업을 국가의 정책으로 당당하게 추진하는 것이 오늘날 일본 정부의 현실이다. 만약 종군 위안부 문제가 한일 간에 사회적 쟁점으로 뜨겁게 타오르지 않았다면 고도 담화도 세상에 나오지 않았을 것이다. 지금처럼 종군 위안부에 대한 사회적 관심이 줄어들고 일본 정부에 대한 압박도 약해지면 일본 정부의 '망각(기억 지우기)' 정책은 점점 더 대담해지고 강도를 더해갈 것이다.

고노 담화의 주제는 종군 위안부 문제였지만 일부 과거사에 관련된 언급도 있었다. 고노 담화의 마지막 부분에 일본 정부는 종군 위안부와 같은 과거사에 대해 '직시'하겠다는 의지를 분명히 했다.

이러한(종군 위안부) 역사의 진실을 회피하지 않고 오히려 이를 역사의 교훈으로서 직시해 나가고자 한다. 우리(일본정부)는 역사연구 역사교육을 통하여 이러한 문제를 오래도록 기억하고 같은 잘못을 결코 되풀이하지 않겠다는 굳은 결의를 다시 한 번 표명하는 바이다.

부끄러운 과거사로부터 도망가지 않고 '역사적 진실'을 '직시'하겠다는 일본 정부의 반성적 고백을 듣고 있노라면 그 뒤에 20여년이 흐른 2015년, 일본을 방문한 독일 메르켈 총리가 "과거에 대해 눈을 감는 자는 현재에 대해서도 역시 눈이 멀게 된다"고 일본에게 던진 쓴소리가 무색할 정도이다. 어째든 1982년 미야자와 담화가 나오고 나서 11년의 시간이 걸리기는 했지만 고노 담화는 일본의 과거사 정리에 있어서 역사적 진실을 수용하겠다는 원칙론을 밝혔다는 점에서 의미 있는 선언이었다. 고노 담화가 빛을 잃은 것은 그 내용의 부적절성 보다는 이후 담화의 내용을 뒤집는 발언들이 계속되면서 고노담화가 형해화 되어 버리고 말았기 때문이다.

(3) 무라야마 담화

1995년 8월 15일, 당시 무라야마 도미이치(村山富市) 총리는 이른바 '종전 기념일'을 맞이하여 과거사에 관련된 담화를 발표하였다. "패전의 날로부터 50주년이 되는 오늘, 일본은 깊은 반성에 서서 독선적인 내셔널리즘을 버리고 책임있는 국제사회의 일원으로서 국제협력을 촉진하고 그것을 통해 평화의 이념과 민주주의를 확장해 나가야 한다"고 전제하면서 무라야마 총리는 과거의 식민지 지배와 침략의 역사를 총제적으로 사죄한다는 뜻을 분명히 했다.

> 일본은 멀지 않은 과거에 국책을 잘못 세우고 전쟁의 길을 걸어 국민을 존망의 위기에 몰아넣고 식민지 지배와 침략으로 많은 나라 특히 아시아 여러 나라의 국민에게 커다란 손해와 고통을 주었습니다. 나는 미래에 잘못을 되풀이 하지 않기 위해서 의심의 여지도 없는 역사의 사실을 겸허히 받아들이고 여기에 다시금 통절한 반성의 뜻을 표하고 진심으로 사죄의 마음을 표명합니다. 또 이 역사가 가져온 국내외 모든 희생자에게 깊은 애도의 뜻을 받칩니다.

무라야마 총리는 '전쟁', '식민지 지배', '침략' 등의 용어를 사용하여 일본의 과거사를 규정했다. 즉 일본이 잘못된 국가 정책으로 '전쟁을 선택했고 그 결과 한국과 대만을 '식민지 지배'했으며 중국을 비롯한 아시아 각국을 '침략'했다고 인정하고 그 과정에서 수많은 사람들에게 '손해'와 '고통'을 주었다고 시인했다. 피해의 대상을 국가가 아니라 이민들로 정했다는 점도 배상을 전제로 했을 때, 좀 더 긍정적인 평가를 내릴 수 있는 대목이다.

이제까지 나온 일본 정부의 담화 중에서는 가장 명확하게 과거사를 반성했다고 볼 수 있다. 더욱이 일본 정부를 대표하는 총리가 직접 나서서 과거사를 총체적으로 반성하는 선언을 공식적으로 아시아와 전 세계에 발신했다는 점에서 큰 의미를 부여할 수 있다.

사죄의 표현은 유감(遺憾), 반성(反省), 후회(後悔), 사과(謝過), 사죄(謝罪) 등 여러 단계의 수위가 있지만 무라야마 총리는 과거사에 대해서는 '반성(反省)'을 사용했고 일본이 입힌 피해에 대해서는 사죄보다는 조금 약한 '오와비(お詫び)'라는 표현을 썼다. 또 '오와비(사과, 사죄)'도 직설적으로 '진심으로 오와비'한다고 하지 않고 '진심으로 오와비의 마음을 표한다'고 하여 조금은 일본식으로 돌려서 완곡한 표현을 선택했다. 총론적으로 과거사를 사과한 점은 높이 사더라도 침략전쟁, 식민지 지배, 전쟁범죄 등에 관련된 피해와 종군 위안부나 강제 동원에 대한 보상은 언급하지 않았다.

무라야마 총리 이후 역대 총리들이 전임 총리의 발언을 쉽게 뒤집지 못했던 것은 무라야마 담화가 그래도 일본 정부를 대표하는 총리의 담화였기 때문이었을 지도 모른다. 실제로 십년 뒤, 2005년 당시 고이즈미 준이치로 수상은 주변 국가에 사죄하는 담화에서 "식민지 지배와 침략을 통해 많은 나라, 특히 아시아의 여러 나라의 사람들에게 막대한 손해와 고통을 주었습니다" 또 "역사의 사실을 겸허하게 받아들이고, 여기에 다시 한번 통절한 반성의 뜻을 표하고 진심으로 깊이 사과드리는 마음을 표명합니다"라고 하여 무라야마 담화의 표현을 그대로 갖다 쓰고 있다. 심지어 아베 총리조차도 2006년 10월 5일, 국회에서 무라야마 담화에 대해 "아시아의 나라들에 대해 큰 피해를 주고 상처를 준 것은 엄연한 사실"이라는 표현과 "국가로서 표명한 그대로라고 생각한다"는 등, 개인적인 차원이나 정부차원에서 무라야마 담화를 인정한다는 견해를 보이기도 했다.

1980년에서 2000년 초에 이르는 20여 년 간 일본 정부의 과거사에 관련된 언급들이 내용적으로 진전을 이루고 있음에도 불구하고 피해 당사국이나 그 국민들을 만족시키지 못하는 이유는 무엇인가.

　　주변국들이 일본 정부의 과거사 정리를 우려섞인 시선으로 바라보는 이유는 애초부터 일본에 대한 기대치가 지나치게 높았기 때문이 아니다. 또 일본 정부가 하느라고 하는데도 주변 국가들의 기대치가 너무 높아 그에 부응하지 못하기 때문도 아니다. 오히려 주변국들은 일본의 과거사 관련 담화들이 힘들게 얻어진 결과물이고 일본 정부가 보여줄 수 있는 성의의 최대치라는 것도 잘 알고 있다. 주변국의 우려는 과거사를 부정하는 방향으로 일본 정부를 끊임없이 회귀시키고자 하는 힘들이 너무 강력하다는 사실에 근거하고 있다. 일본 정부와 일본 사회에 내재해 있는 강력한 우익적 성향은 일본에 대한 불신감을 증대시키는 커다란 요인이기도 하다. 이러한 성향은 주변국이 일본의 과거사 반성과 사죄에 대해 '진정성이 없다', '신뢰하기 힘들다' 등의 반응을 보이는 이유이기도 하다. 반대로 일본에서는 언제까지 사죄와 반성을 되풀이 해야 주변국이 만족할 것인가는 불만이 나오는 것도 무리가 아니다.

　　이렇게 해서 과거사는 가해국과 피해국 사이의 갈등을 확대재생산하는 악순환의 고리가 되고 있다. 여기서 일본이 과거사를 풀어서 화해의 길로 갈지 아니면 과거사를 지워버리고 새로운 미래로 나아갈지는 전적으로 관련 국가들의 태도에 달려있다.

2) 일본 과거사 정리의 현재

(1) 아베 총리의 등장

　　현재 일본은 패전 후 출생한 세대 중에서는 최초로 총리에 선출된 아베 신조(安部晋三)가 이끌고 있다. 아베 신조는 어린 시절 A급 전범이었던 외할아버지 기시 노부스케(岸信介)가 수상에 오르는 것을 보았고 수상까지 가지는 못했지만 그의 아버지 아베 신타로(安部晋太郎) 역시 자민당의 거물 정치가로서 관방장관을 역임했다. 정치가 가문의 내력 때문인지는 몰라도 아베 신조는 2006년 수상에 올라 일 년 뒤 수상직에서 물러났으나 2012년 12월에 재차 수상으로 선임되어 현재 제3차 내각을 구성하여 비교적 안정적으로 정권을 이끌고 있다.

아베 노믹스로 불리는 아베 정권의 경제정책으로 일본의 경제는 주위의 우려와는 반대로 안정을 유지하고 있고 그 덕에 국민적 지지율도 최근까지 50%를 넘는 안정세를 보이고 있다. 이러한 경제적 안정과는 무관하게 아베 총리는 한국과 중국을 비롯한 주변국과 적지 않은 마찰을 일으키고 있는 것 또한 사실이다. 주변국과의 갈등의 핵심에 놓여 있는 것이 종군 위안부 문제, 과거사 정리, 역사왜곡 등 과거사 관련 문제와 독도, 조어도, 북방영토 등과 같은 영토문제 등이다.

아베가 2006년 9월에 자민당 총재로 선출되면서 그해 12월에 임기 만료한 고이즈미의 뒤를 이어 수상되고 난 후에 일 년을 버티지 못한 이유에는 2007년 국내의 참의원 선거 패배가 컸지만 그밖에도 미국 하원에서 일본의 종군 위안부 비난 결의안이 만장일치로 통과하는 등, 악화된 국제여론도 한 몫 했다. 그럼에도 불구하고 아베는 2012년 10월, 자신이 재차 집권한다면 과거 일본 정부가 이루어 놓은 과거사 관련 반성이나 사죄 선언을 모두 수정하겠다고 공언했다. 이러한 아베의 행보를 보았을 때, 아베의 강경 보수적인 입장은 이미 오래전부터 굳어져 있던 그의 정체성이었다고 보여 진다.

아베 정권의 이러한 행보는 주변국의 기대를 저버리는 결과를 낳았고 이전부터 품고 있던 일본에 대한 불신을 확인시켜주는 꼴이 되었다. 아베 정권이 과거사 정리에 대해 일관되게 우익의 입장을 고수하는데는 꾸준히 50퍼센트를 넘는 지지율도 한 몫했다. 이것은 정권의 지지율과 과거사 정리가 크게 연관되어 있지 않다는 것을 보여주는데 다시 말해서 과거사에 대한 정부의 입장이 어떻든 일본 국민은 그것에 대해 크게 개의치 않는다는 것을 의미한다. 따라서 아베 총리는 국민의 지지율에 크게 신경쓰지 않고 과거사에 대한 자신의 입장을 밀고나갈 수 있었다.

(2) 아베의 미일정상회담

아베 총리는 제3차 내각을 조각한 후에 2015년 4월, 미국을 방문하여 27일에 하버드대학 연설을 시작으로 28일에 오바마 대통령과의 정상회담, 29일에는 일본 수상 최초로 미국 의회에서 상 하원 합동연설을 행하는 등

바쁜 일정을 소화했다. 물론 방미의 주요 목적이 미일 안보동맹과 경제협력을 강화하는 데 있었기 때문에 일본의 과거사 문제는 부수적으로 다루어질 수밖에 없었다.[5]

5 / 김성철, 아베 총리의 방미와 미일관계, 《정세와 정책》, 2015, 5월호.

그럼에도 불구하고 미국사회는 종군 위안부, 식민지 지배, 전쟁범죄 등 과거사에 대한 반성과 사죄를 요구하는 목소리를 감추지 않았다. 아베 총리로서는 과거사에 묻어있는 일본의 치부를 지워내기 위해서는 이런 비난의 목소리들을 잠재울 필요가 있었다. 따라서 미일정상회담은 양국의 동맹강화라는 공식적인 의제 이외에도 일본의 과거를 문제 삼는 수많은 비난들과의 보이지 않는 전쟁을 포함하고 있었다. 아마도 아베총리는 비공식적인 형태로 쏟아지는 공격을 분쇄하여 과거사를 지우는 작업에 탄탄대로를 열고자 했을지도 모른다. 세계의 이목을 장악하고 있는 미국에서의 결전은 그만큼 중요했다.

아베 총리는 의회 연설문에 과거사나 위안부 문제 등을 포함시키지 않았지만 언론은 그냥 넘어가지 않았다. 미국 언론은 기자회견장이나 신문 지상을 통해 과거사 문제를 비중 있게 다루어 주었다. 4월 27일에 하버드 대학에서 이루어진 아베 총리의 강연에는 과거사에 관련된 언급이 없었지만 강연 후 질의 시간에 한국계 2세 하버드대 학생 조셉 최씨가 일본 정부가 종군 위안부에 직접 관여한 사실을 부인하느냐고 묻자 아베 총리는 위안부에 대해 가슴이 아프다고 답변하면서 사실 확인과 책임, 사죄에 관련해서는 언급을 거부했다.

다음날인 28일 미일 정상회담 직후에 열린 공동기자회견의 첫 질문도 종군 위안부 문제였다. AFP통신 앤드류 베티 기자는 아베 총리에게 일본군이 20만 명의 여성을 노예화한 것을 포함해 2차대전 중 일본의 행동에 대해 완전한 사죄를 하지 않고 있는데 오늘 사죄하겠냐고 직설적으로 질문했다.[6]

6 / SBS 뉴스, 2015.05.07. 참조.

물론 아베 총리는 일본의 전쟁 범죄를 인정하거나 책임질만한 답변은 전혀 하지 않았다. 미국언론은 과거사에 관련된 질문을 교묘하게 빠져나가는 아베 총리의 태도에 곱지 않은 시선을 보내며 종군 위안부 문제를 집요하게 물고 늘어졌다.

미일 정상회담이 열리던 28일, 로스엔젤레스에서는 미국 대선후보 경선을 선언한 마르쿠 루비오 상원의원이 타운홀에서 열린 대중집회에 나와서 "과거사를 부정하는 행태 때문에 발생한 한일 간의 틈을 중국이 파고 들고 있다"고 지적하면서 아베 총리가 종군 위안부 문제를 깨끗하게 사과해야 한다고 요구했다. 아울러 루비오 의원은 아베 총리의 언급을 "위안부 피해자의 기대에 훨씬 미치지 못하는 것"이라고 분명하게 못박았다.[7]

7 / 박석원 특파원, 한국일보, 2015.04.30.

다음날인 4월 29일, 아베 총리는 의회에서 상하원 합동 연설에 나섰다. 아베 총리에 대한 미국 정부의 공식적인 태도는 비판적인 미국 언론에 비하면 매우 유화적이었다. 존 베이너 미국 하원의장은 "아베 총리는 미국 의회의 상하원 합동 회의에서 연설하는 첫 일본 정상이 될 것"이라며 "우리는 이러한 역사적 행사를 갖게 되어 자랑스럽다"고 환영의 뜻을 밝혔다. 사실 일본 총리의 미국 상하원 합동연설은 2006년 고이즈미 총리 때에 기회가 있었지만 미국 의회가 고이즈미에게 야스쿠니 신사를 참배하지 않겠다는 약속을 조건으로 내걸었기 때문에 무산이 된 적이 있었다. 아베 총리는 미의회에서 과거 아시아에 대한 전쟁과 침략은 전혀 언급하지 않은 채, 미일 동맹강화와 세계 평화와 안보에 기여하겠다는 점만을 강조하였다.

아베 총리가 태평양전쟁에서 적국이었던 미국의 의회에 나와서 일본의 과거사를 언급하지 않은 것은 과거사가 깔끔하게 정리되어 더 이상 거론할 필요가 없었기 때문이 아니었다. 앞에서 보았듯이 아베의 미국 방문 중에 종군 위안부에 관련된 질문이 여러차례 나왔지만 아베 총리는 성의 있는 답변을 내놓지 않았다. 이러한 아베의 행보를 보았을 때, 되도록이면 일본의 과거사를 거론하지 않고 미래의 문제에 집중하겠다는 아베 총리의 의중을 확인할 수 있다. 실제로 미국 언론의 비판적 시각에도 불구하고 미국 방문 일정에서 아베 총리는 과거를 더 이상 문제삼지 않겠다는 태도로 일관했다. 이것은 일본의 과거사를 제대로 풀어내어 동아시아의 화해를 구축해야 한다고 믿는 모두에게 선전포고를 한 것과 다르지 않다.

(3) 과거사 지우기와 망각의 지대

아베 정권의 과거사 정리는 주변의 관련 국가들과 사죄와 용서를 거치면서 형성된 상호 이해를 바탕으로 과거사를 해결하는 화해의 방식이 아니라 사실과 기억을 지워버림으로써 과거 일본의 치부를 완벽하게 망각시키려는 일방통행식 방식을 추구하고 있다. 과거사를 그냥 덮어버리는 것이 아니라 역사의 망각을 통해 애초부터 존재하지도 않았던 사실처럼 만들어 버리려고 하고 있다.

다행인 것은 과거사를 지우는 작업들이 아무리 권력이나 국가의 이름을 빌려 진행된다고 해도 아무런 저항 없이 일사철리로 나아가지는 못한다는 사실이다. 과거사를 부정하는 아베 총리의 언행들이 등장할 때마다 한편에서는 정계나 언론, 민간단체, 지식인들이 끊임 없이 비난과 반대의 목소리들을 표출해왔기 때문이다. 저항하는 쪽은 인류 보편의 가치, 인간의 존엄성, 사회정의, 진정한 화해와 우호 등 떳떳한 명분을 모두 갖고 있는데 반해 과거사를 지우려는 쪽은 어떤 명분도 갖고 있지 못하다. 그렇기 때문에 과거사의 사실, 기록, 기념, 흔적들을 지워버리려는 것이다.

과연 역사에서 어떤 영역의 기억이 모두 사라지고 거기에 망각의 지대가 만들어지는 것이 가능한 일인가. 역사가 궁극적으로 기억에 의존한다고 해도 기억하고 싶지 않은 것들을 선별적으로 지워버리는 일이 가능한가. 아베 정권의 과거사 지우기를 보면서 역사의 기억과 망각에 대한 본질적인 질문을 던지지 않을 수 없다.

아베 정권의 과거사 지우기 작업이 다 방면으로 견고하게 진행되고 있는 반면에 이에 대한 비난과 저항의 목소리들은 아베의 파괴적 행보를 압도하지 못하고 있는 현실이다. 아베 총리로 대표되는 과거사 지우기 작업은 아베 개인의 차원을 떠나서 일본 정부에 의해 명확한 방향성을 갖고 단계적이고 조직적으로 추진되고 있다는 느낌을 지울 수 없다. 일본 정부는 정부 차원에서 과거사의 기억을 지속적으로 지워나가면 결국에는 그러한 목표를 달성할 수 있다고 믿고 있음에 틀림이 없다. 과거사에서 쟁점이 되는 사안들이 시간이 흘러가면서 현재와의 연결고리를 상실해가고 있는 지금의 상황을 아무런 우려 없이 지켜보는 것은 쉬운 일이 아니다.

3) 과거사로 묻혀가는 종군 위안부

종군 위안부나 강제동원, 원폭피해 등이 한일 간의 아무리 뜨거운 문제라도 시간이 흘러 과거사가 되어 버리면 일본 정부는 보상이나 책임 문제로부터 상당부분 자유로워진다. 보상의 대상이 되는 관계자나 주체들이 이 세상에 남아있지 않는 시점이 되면 그들과 관련된 모든 문제들도 더 이상 현재에 머물지 못하고 과거로 묻힐 수밖에 없다. 많은 사람들이 해결의 실마리도 찾지 못한 채, 시간만 흐르는 것을 안타깝게 바라보고 있는 것이 우리의 숨길 수 없는 현실이다. 시간이 흐를수록 일본 정부는 유리한 위치에 서고 피해자 측은 불리해질 수밖에 없다.

과거와 현재의 차이는 존재하는 것과 존재하지 않는 것의 차이만큼이나 크다. 현재는 모든 힘과 권리를 갖고 있고 과거는 이름뿐이지 현실에서는 아무런 힘도 쓰지 못하는 껍데기에 불과하다. 종군 위안부 문제가 한일 간에 뜨거운 쟁점이 될 수 있는 것은 현재 관계자들이 생존해 있었기 때문이다. 현재와의 끈이 완전히 끊어진 조선시대의 어떤 문제가 종군 위안부처럼 강력할 수 있겠는가.

하지만 연로한 관계자들이 세상을 떠나면서 종군 위안부 문제도 점차 과거사의 영역으로 진입할 것이다. 종군 위안부 문제가 완전한 과거사로 묻히기 전에 일본 정부로부터 명확한 책임과 보상을 받아내는 것이 매우 중요하지만 현재 일본 정부의 태도를 보면 크게 기대하기 힘들다. 아베 정권은 다른 과거사처럼 종군 위안부 문제도 망각의 지대로 몰아 넣고자 하고 있다. 이처럼 종군 위안부 문제가 분명한 매듭 없이 망각의 지대에 묻혀버린다면 책임과 보상의 문제도 함께 묻혀버릴 가능성이 매우 높다. 이런 이유로 관계자가 생존해 있는 과거사 문제들은 현재와 과거의 경계에서 절박한 시간 싸움을 벌이고 있다.

(1) 한일 종군 위안부 문제의 합의

아직 현실과 강력한 연결 고리를 갖고 있는 과거사를 현실과의 끈을 잘라버리고 과거로 쫓아내는 황당한 일이 가해자가 아닌 피해자에게서 나왔다. 박근혜 정부와 아베 신조 일본 정부는 12월 28일 한일 외교장관 회담을 열고 일본군 위안부 문제의 해결에 합의했다. 윤병세 대한민국 외교부 장관과 기시다 후미오 일본 외무상은, 12월 28일 오후에 서울특별시 세종로 정부청사 별관에서 외교장관 회담을 연 뒤 공동기자회견을 통해 합의 사항을 발표하였다.

일본은 합의문이 한국과 일본의 고위 관료가 '집중적으로 협의'한 결과라는 점을 거듭 강조함으로써 한국 측이 발을 빼지 못하도록 못을 박아 놓았다. 이것도 불안해서 일본은 이번 합의로 종군 위안부 문제가 "최종적 및 불가역적으로 해결"되었다고 거듭 대못을 박았다. 일본의 철저함은 여기서 그치지 않았다. 일본은 한국이 두번 다시 종군 위안부 문제를 쟁점화시키지 못하도록 "향후 유엔 등 국제사회에서 동 문제에 대해 상호 비난·비판하는 것을 자제"해야 한다는 조항까지 설정해 두었다.

합의문은 한국 정부가 재단을 만들어 종군 위안부의 "명예와 존엄의 회복 및 마음의 상처 치유를" 해결하는 방식을 선택했다. 그리고 일본은 재단 설립에 소요되는 자금을 제공하는 것으로 모든 책임을 다한다는 것이다. 이렇게 일본은 약간의 비용을 들여 난감했던 종군 위안부 문제를 일거에 타결할 수 있게 되었다. 이로써 일본은 종군 위안부에 관련된 모든 보상과 책임에서 벗어나게 되었다.

일본 정부는 종군 위안부의 문제를 한국 측에 떠넘기는 것으로 그치지 않았다. 일본은 한국 정부에 주한일본대사관 앞의 소녀상까지 철거해달라고 요구했으나 한국 정부는 "가능한 대응 방향에 대해 관련 단체와의 협의 등을 통해 적절히 해결되도록 노력"하겠다고 약속하는 선에서 타협을 보았다. 일본 정부는 합의문을 통해 종군 위안부에 관련된 모든 책임과 보상뿐만 아니라 기념물까지 일거에 해소시키고자 했다. 그렇지 않아도 한국 정부에 의해 보상이 이루질 경우, 생존자들은 일본에 항의할 수 있는 근거를 상실하고 만다. 그렇다고 자신의 조국인 한국 정부와 싸울 수도 없다. 그야말로 일본 정부는 한국 정부에게 모든 짐을 떠넘김으로써 손도 안대고 코를 풀어버렸다. 이렇게 일본 정부는 합의문을 통해 종군 위안부와 현재의 모든 연결고리를 끊어버림으로써 종군 위안부를 망각의 구렁텅이로 몰아넣을 수 있게 되었다.

(2) 일본의 지향점 - 역사의 망각

일본 정부가 과거사를 정리하는 방식은 우선 현재와의 관련성을 차단하여 국가 간의 갈등이나 쟁점화 하는 것을 막는 것이다. 이렇게 과거사(전쟁, 침략, 식민지 지배, 강제 동원, 종군 위안부)를 현재와 분리시킴으로써 과거사가 현실 속에서 갖는 파괴력을 약화시킨다. 일본 정부는 사죄, 보상, 용서, 화해를 거치면서 해결되는 순방향을 거부하고 과거의 치부를 적당한 수순을 거쳐 망각의 지대로 몰아넣어 역사의 기억에서 지워버리겠다는 전략을 추구하고 있다. 과거사 지우기 작업을 국가적 차원에서 전방위적으로 진행하고 있는 아베정권의 행태는 바로 일본의 과거사 정리 방식을 여실히 보여주고 있다. 이러한 발상은 골치아픈 현실의 문제가 과거로 넘어가면 문제가 종료된다는 전제에 근거하고 있다.

그렇기 때문에 일본의 과거사를 대하는 동아시아 국가들의 대응 전략도 매우 중요하다. 과거사가 망각의 지대로 사라지는 것을 저지하기 위해서는 일본 정부보다 더한 노력을 기울이지 않으면 안 된다. 인간에게 망각이 자연스런 현상이라면 기억은 노력해야만 유지할 수 있는 훨씬 어려운 일이다. 과거사를 기억의 역사로 남기기 위해서는 정부와 민간 차원에서 운동과 연구, 교육 등 전방위에 걸친 노력이 경주되어야 할 할 것이다. 그렇지 못하면 일본 정부의 과거사 지우기는 훨씬 수월해질 것이다.

2. 독일은 왜 과거사를 지우지 못했는가

자신의 치부를 감추려는 성향은 누구에게나 다 있다. 아무리 인격적 수양을 갖추었다고 해도 자신의 치부를 스스로 드러내고 공개하는 사람은 별로 없다. 그것은 치부를 감추고 싶은 것이 인지상정이기 때문이다. 굳이 드러내 놓아야 한다면 남에게 존경받거나 자랑할 만한 부분을 드러낼 것이다.

개인의 차원을 떠나서 사회나 국가도 별반 다르지 않다. 국제사회에서 국가의 존엄성과 위상을 높임으로써 리더가 되고 싶은 국가가 스스로 치부를 드러내 자국의 위상에 먹칠을 하고 주변 국가들의 비난 속에서 책임과 보상을 자초한다면 국민이 쉽게 동의하기 힘들 것이다. 일본은 침략과 전쟁, 식민지 지배 과정에서 저질렀던 치부들을 이제는 국가가 앞장서서 하나 하나 지워버리는 작업을 집요하게 추진하고 있다. 어쩌면 이것이 국가가 지닌 본성일 수도 있다.

그렇다면 독일은 왜 국가의 본성에 따르지 않고 자신들의 과거사를 기억하려고 했는가.

1) 독일의 과거사 정리

(1) 과거사를 바라보는 독일과 일본의 현주소

3년 전 독일 총리가 일본을 짧게 방문한 적이 있었다. 일본 정부는 2015년 2월 27일, 메르켈 독일 총리가 3월 9일과 10일에 일본을 공식 방문하여 천황을 만나고 아베 총리와 회담할 것이라고 발표하였다.[8] 정부 대변인인 스가 요시히데(菅義偉) 관방장관은 기자회견에서 "미래를 향해 지역 및 세계와 더불어 번영에 공헌하자는 메시지를 발신하는 기회로 삼겠다"고 말했다.[9]

일본 정부는 메르켈 총리와 과거는 불문에 붙이고 미래를 이야기하겠다고 했으나 정작 메르켈 총리는 과거를 정리하지 않으면 미래가 열리지 않는고 하면서 일본의 과거사에 대해 쓴 소리를 뱉어냈다. 메르켈 총리는 아사히신문사가 주체한 강연회에서 "전후 국제사회가 독일을 받아들인 것은 독일이 과거를 직시했기 때문이다"고 강조하면서 1985년 당시 독일 대통령 바이츠제커의 연설 중에서 "과거에 대해 눈을 감는 자는 현재에 대해서도 역시 눈이 멀게 된다"는 대목을 인용했다. 메르켈 총리는 의도적으로 30년전 자국 대통령의 발언을 인용함으로써 과거사를 직시하는 독일 정부의 태도가 어제 오늘의 일이 아니라는 것을 간단명료하게 보여 주었다.

강연후 질의 응답에서 메르켈은 "독일은 제2차 세계대전 중 나치와 홀로코스트(유대인 학살)라는 과오를 저질렀고 세계는 그로 인해 끔찍한 경험을 했다, 그럼에도 전후 주변국가들이 독일을 다시 받아들여줬다는 점에서 독일은 운이 좋았다"고 전쟁 중에 자행했던 학살을 인정했다.[10]

이어서 "전후 70년을 맞은 일본이 중국 및 한국과의 역사 문제 갈등을

8 / 日本外務省 홈페이지

9 / 한겨레신문, 2015.02.28. 참조.

10 / 조선일보, 2015.03.09. 참조.

어떻게 극복해야 하느냐"는 질문에는 프랑스와의 화해를 예로 들었다. 메르켈은 "독일이 자신의 과거를 제대로 인정하고 사죄했을 뿐 아니라 전후 독일을 지배한 연합국들이 독일에게 지속적으로 과거를 직시하는 것이 대단히 중요하다는 사실을 일깨워주었다"면서 그 과정에서 "독일뿐 아니라 프랑스도 소중한 기여를 했다"고 강조했다.

메르켈은 독일의 과거사 반성과 사죄가 독일 스스로의 자각만으로 이루지지 않았다는 놀라운 사실을 고백하고 있다. 화해는 당연히 사죄와 그에 대한 용서로 이루어지는 것이지만 연합국과 주변국가들이 지속적으로 독일의 반성과 사죄를 촉구하지 않았다면 독일도 과거사를 직시하지 못했을 것이라 말이다.

메르켈 총리는 나치 정권과는 전혀 연이 닿지 않는 독일 정부조차도 과거사를 사죄하기까지는 밖으로부터의 압박이 결정적인 조건이었다고 자인한 것이다. 하물며 과거사를 망각의 지대에 몰아넣어 기억에서 지워버리고자 앞장서는 일본 정부가 스스로 반성과 사죄에 이르기를 바라는 것은 물고기를 잡으러 나무위로 올라가는 것과 같다.

세계가 메르켈 총리의 한마디 한마디에 무게를 두고 신뢰하는 이유는 독일 정부뿐만 아니라 그녀 자신도 공식적으로 독일의 과거사에 대해 일관성을 견지해 왔기 때문이다. 2008년 3월, 메르켈은 독일 총리로는 최초로 이스라엘 의회에서 "쇼아(홀로코스트의 히브리어)는 독일인에게 가장 큰 수치"라며 희생자와 생존자 모두에게 "머리를 숙인다"고 사죄했다. 2014년 7월, 메르켈 총리는 중국 방문시 칭화(淸華)대 연설에서 독일인들의 과거사 반성이 "고통스러웠지만, 옳았다"면서 "역사의 전철을 다시 밟지 않는 것이 중요하다"고 강조했다. 가해자가 과거사를 반성하고 사죄할 때에도 고통이 따르고 고통 없이 과거사는 정리되지 않는다는 사실을 메르켈 총리의 입을 통해 확인할 수 있다.

2014년 11월, 메르켈 총리는 베를린장벽 붕괴 25주년 기념 연설에서 나치의 유대인 학살이 본격화한 시점 역시 1938년 '11월 9일(장벽 붕괴 기념일)'이었다며 이날을 "수치와 불명예의 날"로도 규정했다. 메르켈 총리는 "바로 이 때문에 오늘, 우리는 기쁨만이 아니라 독일의 역사가 우리에게 지워주는 책임도 함께 느낄 수밖에 없다"고 하여 통일을 기념하는 자리에서조차 지울 수 없는 과거사를 반성했다. 2015년 1월, 베를린에서 열린 아우슈비츠 수용소 해방 70돌 연설에서도 메르켈 총리는 "나치 만행을 되새겨 기억하는 것은 독일인의 항구적 책임"이라고 못박았다. 2015년 5월 2일, 종전 기념 메시지에서도 메르켈 총리는 과거사에 대해 "역사에 마침표는 없다"고 하여 과거를 직시해야 하고 과거사의 망각은 있을 수 없다는 그녀의 입장을 재확인했다.

세계가 독일의 과거사 정리를 신뢰하는 이유는 정부 차원에서 과거사의 반성, 사죄, 보상에 대한 발언이 일관성 있게 지속적으로 누적되어 왔기 때문이다. 과거사에 대해 사죄와 망언 사이를 오락가락하는 일본의 경우와 크게 다르다. 일본의 우익들이 일본은 이미 충분히 과거사에 대해 사죄했다고 주장하는 것에 대해 메르켈은 "주변국가들이 우리에게 화해정책을 채택해야 한다고 거듭 강조했다"며 "이웃의 이런 태도가 아니었다면 화해는 불가능했을 것"이라고 말해 독일은 주변 국가들이 화해정책을 취할 때까지 반성과 사죄를 되풀이해 왔다는 사실을 우회적으로 언급했다.[11]

11 / 조선일보, 2015.03.09.
참조.

(2) 독일과 일본의 극단적인 전후

2차 세계대전과 21세기에 이르는 전후를 살펴보면 독일과 일본은 많은 공통점을 지니고 있다. 참혹한 전쟁을 자행했고, 완전한 패전, 그 후 연합군에 의한 점령과 군정, 전범재판, 이후 급속한 경제 성장까지 독일과 일본은 거의 동일한 패턴과 경험을 거치면서 21세기에 들어섰다. 앞에서 본 바와 같이 독일은 지속된 사죄와 보상을 통해 이웃의 용서, 화해, 평화를 이끌어내는데 성공했고 반면에 일본은 어리석게도 과거사 지우기를 강행하면서 이웃과 갈등과 대립의 골만 더욱 키워왔다. 왜 이런 양국의 차이가 생겨난 것일까. 독일과 일본의 전후를 세밀하게 살펴보면 커다란 차이점이 보인다는 주장도 있고 독일과 일본의 문화적 차이 때문에 양국의 전후에도 차이가 생겨났다고 하는 설명도 있지만 어째든 과거사 문제에 대한 독일과 일본의 상반된 처리방식은 패전 후 반세기를 지나면서 양국의 이미지에 극단적인 차이를 만들어내었다.

2차 세계대전 패전 60주년이 되는 2005년 5월 8일은 독일과 일본의 상반된 국가상을 보여주는 상징적인 날이기도 했다. 이날 독일 정부는 베를린의 상징인 브란덴부르크 광장과 제국의회 의사당 사이에 5년에 걸쳐 준비한 유태인 추모공원을 공개했다. 서로 다른 크기의 2,711개의 직육면체 콘크리트 기둥은 아무런 설명도 없지만 그 사이를 거니는 사람들을 압도하면서 2차 대전 중에 학살된 600만 명의 유태인을 추모하기에 충분했다.

한편, 일본에서는 아키히토(明仁) 천황이 패전 60주년을 맞이해 6월 27일, 남태평양의 미국령 사이판을 찾아 일본군 전몰자들을 추모했다. 아키히토 천황은 하네다 공항을 출발하기 앞서 발표한 출국사에서 "지난 대전 중 해외에서 목숨을 잃은 모든 이들을 추도하고 세계의 평화를 위해 기도하겠다"점과 "오늘의 일본이 이처럼 많은 사람들의 희생 위에서 구축된 점을 늘 유념하겠다"점을 강조했다. 천황은 일본군이 해외에서 조국을 위해 희생한 과거가 있었기에 오늘날 일본의 번영이 있다는 대국민 메세지를 던지며 장도에 올랐다. 패전60주년 기념을 위해 일본은 태평양 전쟁 시 가장 넓게 점령했던 지역에까지 천황을 보내 '대일본제국'의 건설을 위해 전사한 일본군을 추모하게 했다. 사이판에서 천황은 일본군 전몰자의 비뿐만 아니라 원주민의 위령비, 미군 전몰자 위령비 그리고 예정에도 없던 한국인 위령비에까지 헌화했지만 본론은 일본군에 있었다.

패전의 날인 8월 15일에 고이즈미 준이치로 수상이 "식민지 지배와 침략을 통해 많은 나라, 특히 아시아의 여러 나라의 사람들에게 막대한 손해와 고통을 주었습니다" 또 "역사의 사실을 겸허하게 받아들이고, 여기에 다시 한번 통절한 반성의 뜻을 표하고 진심으로 깊이 사과드리는 마음을 표명합니다"는 10년 전 무라야마 담화를 계승하는 담화를 발표하는 시간에 야스쿠니 신사에서는 전현직 국회의원 83명의 참배가 이루어졌다. 무라야마 담화를 계승했다고 하는 고이즈미 총리조차 일본의 과거사에 대해 "일본의 전후 역사는 그야말로 전쟁에의 반성을 행동으로 보여준 평화의 60년"이었다고 자화자찬으로 결론을 내리고 있다.

(3) 프랑스의 과거사 정리

동아시아에서는 과거사 정리의 주체와 대상이 주로 침략 전쟁을 주도한 일본에 한정되어 있지만 사실 과거사 정리는 침략을 받은 국가라고 해서 예외가 아니다. 프랑스에서는 제2차 세계대전 시기, 나치에 협력한 인물을 처벌하는 작업을 대대적으로 진행했다. 나치 협력자에 대한 심판과 처벌에는 시효가 없어서 현재 200만 명 가까이 조사를 받았고 3만 명 이상이 실제로 구금되었다. 그중에 1만 명 가까이 사형선고를 받았고 사형이 집행된 사례만도 수천 건에 이르고 있다. 프랑스에서 나치 협력자를 처벌하는 배경에는 조국을 배신하고 적국에 협력한 매국행위를 용납할 수 없다는 민족주의와 유태인 학살이라는 반인륜적 범죄를 묵과할 수 없다는 인간의 존엄성에 대한 믿음이 자리잡고 있다.

그러나 독일 점령하에서 이루어진 프랑스 관료의 단순한 행정적 조치가 결과적으로 유태인 학살로 이어졌다고 해서 모두 처벌할 수 있느냐는 결코 쉽게 단정할 수 있는 문제가 아니었다. 이처럼 칼로 두부 가르듯 명확하지 못한 현실의 사례들을 심판할 명확한 기준이 만들어지는 데는 피해국인 프랑스에서도 수십 년의 시간이 필요했다. 1995년 우파의 자크 시라크 대통령은 독일 점령기 프랑스의 괴뢰정부가 1만 명 이상의 유태인을 독일 수용소로 보내 학살당하게 한 사실을 놓고 프랑스 국가의 범죄라고 인정하고 공식사과했다. 시라크는 좌파의 미테랑 대통령도 하지 못한 일을 했다. 시라크 대통령의 엄격한 기준 설정으로 그 동안 처벌하지 못한 사례들에 대해 엄정한 법의 심판이 내려지게 되었다.[12]

적국에 점령당한 상황에서 이루어진 괴뢰정부의 행위조차 프랑스 국가의 행위로 규정한 선언은 그 후에도 지속되어 2012년 프랑수아 올랑드 프랑스 대통령은 2차 대전 중 프랑스가 유대인 4만2천여 명을 나치 수용소로 보낸 것을 놓고 "프랑스에서 프랑스가 저지른 범죄"라며 공식 사과했다. 침략을 당한 피해국에서조차 과거사를 정리하는 데는 적지 않은 시일이 걸렸다. 다행히도 프랑스는 공동체의 정의와 보편적 가치를 구현하는 방향으로 친나치 세력과 괴뢰 정부의 행위를 심판할 수 있게 되었다는 점에서 지금까지도 친일파 문제를 제대로 해결하지 못한 한국에 비하면 과거사 정리

12 / 파리 경찰국장까지 지낸 모리스 파퐁은 과거 친나치 경력으로 1983년 정식 기소되었으나 시라크 대통령의 선언이 나오고 나서 1997년에서야 징역 10년형이 내려졌다. 그의 과거의 행적을 밝히는데는 역사학자까지 나섰다.

역사의 기억과 망각은 과거사 정리의 해답이 될 수 있는가 / 조영철

에 성공적이라고 하겠다.

(4) 독일 과거사 정리의 출발

과거사 정리가 피해국이 아닌 가해국에서는 자신들의 과거를 어떻게 심판했는가. 독일 사회도 과거사에 눈을 감고 입을 닫아 '침묵의 공동체'라고 불리던 시기를 거쳤다. 또 총리나 대통령마저 나치와 연결된 인사들이 등극하던 시절이 있었다. 1966~69년 재임한 쿠르트 게오르크 키징거 전 총리는 29세 나이로 나치에 합류하고 군에 복무한 전력이 있었고, 하인리히 뤼브케 전 대통령은 나치 강제수용소를 설계한 이력이 있었을 정도다. 그밖에 적지 않은 정부 인사들이 나치 배경을 가졌다. 하지만 '침묵의 공동체'는 탈 나치를 열망하는 6,8세대 등 진보세력의 과거사를 청산하려는 저항 운동과 유대인 사회 등 피해 주체 및 전승 연합국의 국제적 압력을 받으면서 변화하기 시작했다.

여기에 빌리 브란트 전 총리의 동방정책, 강렬하고도 진정성 있는 역사 사죄 행위 및 외부와의 경제 관계 확장 요구가 맞물리면서 비로소 '침묵'은 깨졌고, 이후 독일의 과거사 직시와 사죄의 행로는 크게 열렸다. 독일이 과거사 문제를 사죄의 방향으로 갖고 가기 시작한 결정적인 계기는 역시 1970년 12월 7일, 폴란드의 수도 바르샤바를 방문한 독일의 빌리 브란트 총리가 유태인 위령탑 앞에서 무릎 꿇은 사건일 것이다. 이 때부터 독일의 과거사 정리는 본격적으로 사죄와 반성의 방향을 걷기 시작했다.

물론 그해 2월에 브란트 총리가 폴란드 영토에 포함된 독일의 옛 영토를 포기한다는 선언함으로써 화해의 물꼬를 텄지만 TV중계를 통해 전세계가 지켜보는 가운데 비에 젖은 바닥에 무릎을 꿇고 고개를 숙인 사건은 새로운 화해의 시대를 알리기에 충분했다. 당시 나치 강제수용소 생존자인 유제프 치란키에비치 폴란드 수상은 다음 행선지로 이동하던 차 안에서 브란트를 끌어안고 통곡하며 "용서한다. 그러나 잊지는 않겠다"고 감격했다. 독일과 폴란드의 과거사는 독일의 사죄와 폴란드의 용서를 통해 감동적으로 정리되었다.

이러한 독일 총리의 역사적인 결단도 동서독 통일이라는 절박한 과제가 없었다면 과연 일어날 수 있었을까. 통일에 대한 국제적 지지를 얻어야만 했던 독일로서는 주변국가와의 화해가 최선의 선택이었을지도 모른다. 여기에 점증되는 유태인 학살에 대한 문제들도 독일의 과거사 정리를 사죄의 방향으로 몰고가는 주요 변수가 되었다. 국가 안보와 경제에 있어서 미국과의 관계만 풀어가면 아쉬울 게 없는 일본의 경우, 기본적인 조건에서 독일과 크게 다르다고 하겠다.

(5) 독일의 과거사 보상 과정

그동안 독일 정부는 1953년 전후 처리의 방향을 결정한 런던채무협정에 따라 국가배상(보상) 문제를 유보했지만, 이후 점차 보상 행위를 확대해 왔다. 1950년대 나치 피해자 연방 보상법을 통해 자국 거주자 위주의 속지주의에 근거해 개인 보상을 했고, 이스라엘로 이주하는 유대인을 지원하는 법률 등으로 홀로코스트 피해에 대한 책임을 이행했다. 1959~1964년에는 룩셈부르크, 노르웨이, 덴마크, 그리스, 네덜란드, 프랑스, 벨기에, 이탈리아, 스위스, 오스트리아, 영국, 스웨덴 등 서구 피해국과 개별 협정을 맺어 보상하고, 1990년 통일 이후에는 폴란드 등 동유럽 나치 피해자 대상의 화해기금을 만들어 보상을 이어갔다. 2000년 들어선 정부와 당시 강제노동 관련 기업들이 함께 100억 마르크(6조원) 재원의 '기억, 책임 그리고 미래 재단'을 만들어 여러 국가의 징용 피해자들에게 개인 보상을 시행하면서 호평을 받았다.

독일은 보상과 함께 유태인 학살에 관련된 책임자들에 대한 추궁도 멈추지 않았다. 2015년 7월, 2차 세계대전 기간 아우슈비츠 30만 학살 방조 혐의로 기소된 나치 친위대원(SS) 오스카어 그뢰닝에게 징역 4년이 선고된 것이다. 94세 고령자에 대한 70여 년만의 단죄였다. 슈림 수석은 기소 검토 대상자들이 모두 90세 전후의 노령이라며 "단 한 사람의 나치 전범이라도 남아있다면, 또 그가 100세까지 살더라도 끝까지 우리의 조사는 지속할 것"이라고 했다.[13] 독일은 이미 주변 국가들과 과거사 문제를 놓고 화해가 이루어졌음에도 전쟁 범죄에 대한 청산을 중단하지 않고 있다. 이렇게 해서 쌓인 신뢰가 있었기 때문에 독일은 이웃 국가들과의 화해를 넘어서

13 / 연합뉴스, 2015.08.10. 참조

지도적 위치에까지 오를 수 있었다.

3. 기억과 망각의 사이

1) 망각과 기억

이미 기억된 과거사를 지워가는 것이나 과거사의 기억을 유지하는 것이나 모두 부단한 노력과 시간, 비용과 인력이 동원되어야 가능하다. 2015년 4월 아베 수상이 미일 정상회담에 앞서서 하버드 대학에서 강연했을 때도 일본의 과거사와 종군 위안부 문제는 전혀 언급되지 않았기 때문에 그냥 지나갈 수도 있었다. 하지만 질의 시간에 이민 2세의 한국계 학생의 질문이 있었기 때문에 그것이 언론을 통해 확산되었고 많은 미국 사람들에게 새롭게 기억되는 기회가 만들어졌다. 종군 위안부들이 일본에 의해 강제로 끌려간 사실을 인정하느냐는 질문에 아베 총리는 '인신매매의 희생자들에 대해 가슴 아프게 생각'한다고 답변하면서 일본 정부의 관련성을 전혀 언급하지 않았다. 종군 위안부는 민간인의 사업이었지 국가가 관여한 사업이 아니었다는 식의 답변은 오히려 학생들의 분노를 사기에 충분했다.

보다 중요한 것은 일부 하버드 학생들이 아베 수상의 강연에 오지 못하는 학생들에게 종군위안부의 문제를 알리기 위해 강연장 밖에서 시위를 벌였다는 사실이다. 20여명을 목표로 한 시위는 마지막에 100명 이상이 모이는 예상치 못한 성황을 이루었고 이에 언론도 주목하여 주요 뉴스로 취급해주었다.[14]

망각의 지평을 넓히는 일도 쉽지 않지만 역사의 기억을 확장하는 일도 결코 만만치 않다. 특히 국가적 차원에서 진행되는 과거사 지우기 작업을 저지하는 일은 더욱 힘들 수밖에 없다. 그렇다고 과거사 문제에서 자유로울 수 없는 일본에게 이웃 국가들이 일본의 눈치를 보며 침묵한다면 과거사는 더 이상 기억되지 않고 사라질 것이다.

2) 기억의 조건

침략과 전쟁범죄, 학살, 강제동원, 종군위안부 등 치부를 스스로 사죄하고 보상하는 국가는 어디에도 없다. 독일이 과거사를 인간의 양심과 정의에 근거해서 정리할 수 있었던 것은 주변의 국가와 유태인 사회의 끊임없는 압박, 국내 양심세력의 줄기찬 문제제기, 통일이라는 자국의 절박한 과제가 있었기 때문이다. 이러한 안팎의 요소들이 독일의 치부를 묻어버리고자 하는 유혹으로부터 독일 정부를 지켜낸 것이다.

독일 정부를 압박한 외적 요소와 내적 요소를 정확히 파악하여 각 요소들이 어떻게 작동했는가를 밝히는 것은 매우 중요하다. 이 부분이 명확해져야만 독일과 일본의 과거사 정리에 있어서 차이점과 공통점을 밝힐 수 있고 나아가 일본의 과거사 문제를 바람직하게 정리할 수 있는 방법론도 수립할 수 있다.

독일의 과거사에 대한 사죄와 보상이 반복적으로 지속되었고 철저했기 때문에 모범 사례로서 거론되지만 자세히 살펴보면 사죄와 보상이 서유럽 국가와 유태인에 집중되어 있다는 사실을 쉽게 확인할 수 있다. 2차 세계대전 중에 저질러진 독일의 전쟁 범죄 중에서 유태인 학살이 무엇보다 크다고 하겠지만 국내외적으로 독일을 사죄하도록 가장 강하게 압박한 것도 역시 유태인이었다. 한편 독일의 전쟁범죄로 인해 학살당한 사람은 유태인 이외에도 집시들도 있었다. 하지만 집시들은 자신들을 대변해서 독일을 압박해주는 세력이 없었기 때문에 현재까지도 희생당한 집시에 관련된 사죄와 보상은 차치하고 그 실상도 제대로 밝혀져 있지 못한 실정이다. 가해 국가가 과거사를 사죄하는데 이르기까지는 역시 부단한 문제제기와 다양한 차원의 압박이 필수적이라는 사실이 독일의 사례를 통해서 확인할 수 있다.

3) 과거사 지우기의 실례

일본 정부는 2003년 5월, 과거의 재해의 상황과 그것이 국민 생활과 경제에 미친 영향 등을 체계적으로 정리하기 위해 '재해 교훈의 계승에 관한 전문조사회'를 설치하고 10년간의 활동을 개시했다. 이 조사회는 2005

년부터 자료를 정리하여 보고서를 작성했는데 순차적으로 제2차와 제3차 보고서가 작성되었다. 특히 2009년의 제2차보고서에는 관동대지진에서 발생한 살상 사건에서 다수의 조선인이 학살되었다고 기록하고 있다.

> 간토 대지진에서는 관헌, 피해자와 주변의 주민에 의한 살상행위가 다수 발생했다. 무기를 지닌 다수자가 비무장의 수소자를 폭행해서 살해하는 학살이라는 표현이 타당한 예가 많았다. 살상의 대상은 조선인이 가장 많았지만 중국인, 내지인도 적지 않게 살해되었다. (중략)
> 살상사건에 의한 희생자의 정확한 수는 파악할 수 없으나 재해의 사망자수(10만5천명)의 1에서 수 퍼센트에 해당되어 인적 손실의 원인으로서 경시할 수 없다.[15]

15 / 災害教訓の継承に関する専門調査会報告書, 2008.03

간토 대지진은 1923년 9월 1일, 도쿄 등 간토 지방에서 발생한 규모 7.9의 대지진이다. 당시 '조선인이 우물에 독을 풀었다'는 등의 유언비어가 퍼지자, 자경단·경찰·군인이 재일 조선인 등 6000명을 학살한 것으로 알려졌다. 일본 정부의 공식적인 조사 결과에서도 대지진에서 수천 명의 조선인이 학살되었다는 사실이 밝혀졌다. 이 내용은 일본 정부 홈페이지에 공개되어 가장 공신력 있는 자료로 제공되었다. 전체 보고서의 내용 중 유독 조선인 학살 부분이 2017년 4월 19일 홈페이지에서 삭제되는 일이 일어났다. 같은 날, 아사히 신문은 재해보고서 중에서 조선인 학살 부분이 삭제되었다는 사실을 기사로 내보냈다.[16] 이에 당황한 일본 정부는 홈페이지 쇄신에 따른 기술적인 문제로서 삭제할 의도는 없었다고 해명했다. 이후 전문조사회의 보고서는 부분적인 삭제 없이 정부 홈페이지에 공개되어 누구나 확인할 수 있게 되었다. 만약 양심적인 언론의 문제제기가 없었다면 일본 정부는 재해 보고서 중에서 조선인 학살 기록만을 삭제해버렸을 것이다.

16 / 2017.04.19. 朝日新聞 참조.

기억은 이벤트, 예술, 기념물 등 다양한 형태를 통해 유지되지만 무엇보다 기록에 가장 크게 의존할 수밖에 없다. 그렇기 때문에 기록을 지우는 것은 망각의 첫 단계이자 기억에 가장 치명타를 입히는 작업이기도 하다. 일본 정부가 의뢰해서 일본인으로 구성된 '재해 교훈의 계승에 관한 전문조사회'가 최종적으로 밝힌 보고서조차 대지진의 사망자(10만5000명) 중에서

1%에서 수%가 피살되었는데 피살이라기 보다는 "학살이라는 표현이 타당한 예가 많았다"고 못박아 학살이 자행되었음을 자인했다. 이러한 기록이 존재하는 한, 일본 정부는 조선인 학살이라는 엄연한 사실로부터 영원히 자유로울 수 없다. 이것이 기록이 갖는 파괴력이라고 하겠다.

2) 일본의 과거사 어디로 가는가

일본 과거사 중에는 종군 위안부, 강제 동원, 원폭피해 등은 관련 피해자들이 생존해 있다는 점에서 현재와 강력한 연결고리를 갖고 있다. 이런 과거사는 박물관에 진열된 유물과 달리 경우에 따라서는 한일 양국의 관계를 좌우할 정도로 엄청난 폭발력을 갖고 있다. 하지만 현재와의 연결고리인 관련자들이 세상을 떠나면서 위의 과거사 문제는 역사 속으로 사라져 가고 있다. 이렇게 되면 일본 정부는 종군 위안부에 관련된 현실적인 문제로부터 자유로워질 것이다. 법적인 책임문제, 생존자에 대한 보상문제 등. 그렇다고 일본이 종군 위안부와 강제동원, 침략전쟁의 역사적인 사실로부터 자유로워지는 것은 아니다. 역사는 계속 종군 위안부를 이야기하고 새롭게 서술할 것이다. 이것이 역사이다. 역사가 기억하고 있는 이상 종군 위안부의 존재와 역사적 의미는 사라지지 않을 것이다.

과거 일본이 주변 국가들에게 엄청난 피해와 상처를 입힌 것은 우호관계를 통한 것이 아니라 주로 전쟁을 통해서 자행된 결과였다. 이것이 일본의 과거사의 핵심이다. 과거사에 대한 일본 정부의 입장은 앞에서 보았듯이 너무도 분명하다. 이제 일본은 진정한 사죄와 보상도 없이 자신들이 자행했던 수치스런 과거사를 하나하나 지워가는 작업을 하고 있고 주변 국가들은 계속 일본의 반성과 보상을 요구하고 있다.

이제 아시아는 과거사 죽이기와 과거사 살리기를 놓고 가해자였던 일본과 피해자였던 아시아 국가들 사이에 총성은 없지만 그 이상으로 격렬한 전쟁이 전개되고 있다. 이것은 역사의 진실, 정의, 인간의 존엄성, 보편적 가치가 걸려있는 명백한 전쟁이다. 아시아 국가들이 이 전쟁에 패할 경우, 아시아는 일본에 의해 또다시 정의와 인간의 존엄성과 보편적 가치가 짓밟히는 참상을 겪게 될 것이다.

일본의 교육사 교육·연구의 동향

한용진 | 韓龍震 Hahn, Yong-Jin

고려대학교 대학원 교육사철학 전공으로 박사학위를 받았고, 현재 고려대학교 교육학과에 재직 중이다. 한일비교교육을 비롯하여 동아시아 교육사상과 교육개념사에 관심을 갖고 근대 이래 우리나라에 들어오는 서구적 교육개념이 한자로 번역되며 일본을 통해 우리나라에 들어오는 현상에 주목하고 있다. 이 과정에서 전통적 교육개념이 어떻게 단절되거나 변화되는가를 확인하며 교육의 본질에 접근하고자 한다.

주요 논저에 『일본의 지역교육력』(공저, 학지사, 2017) 『비교교육학: 접근과 방법』(공역서, 교육과학사, 2017), 한용진, 「관제기(1894-1906) 관립 외국어학교 연구」(『한국교육학연구』 23-1, 2017), 한용진, 「『조선왕조실록』에 나타난 교육 관련 용어 분석」(『민족문화연구』 74, 2017), 한용진·조문숙, 「근대 '학교' 개념의 수용에 관한 개념사적 고찰 – 대한제국기 중학교 개념을 중심으로–」(『한국교육사학』 39-2, 2017), 한용진, 「일본국 군주호칭에 관한 일고」(『한국교육사학』 38-2, 2016) 등이 있다.

1. 개관: 동전의 양면인 '교육'과 '연구'

　　일본과 한국은 외모상으로는 매우 유사하지만 어떤 사건이 발생할 때의 대처방식을 보면 상당히 다르다는 느낌이 든다. 이는 후천적 환경의 영향이 선천적인 유전자보다 더 강하게 작용하였기 때문이 아닌가 생각된다. 그런 의미에서 '교육'은 이러한 후천적 환경을 구성하는 핵심적인 요소라 하지 않을 수 없다. 특히 교육을 담당할 교사가 되고자 하는 사람들은 대학에서 교직과정을 이수하여야 하고, 이러한 교직과정의 과목으로 교육사나 교육철학 등이 있다. 그중에서 교육사는 교직을 이수하고자 하는 사람들 이외에 교육학 전공자들에게도 교육학을 이해하는 기초과목이다. 일본의 교육사 과목의 내용이나 이를 연구하는 분위기를 이해하는 것은 일본의 교육을 이해하는 지름길이 될 수 있을 것이다. 이 글에서는 일본의 교육사 교육·연구의 동향과 특징을 살펴보고자 한다. 교육의 역사인 '교육사(教育史)'를 연구하는 사람들의 전공 명칭은 '교육사학(教育史學)'이다. 또한 교육학이라는 학문의 역사를 탐구하는 '교육학사(教育學史)'를 연구하는 것도 교육사학자들의 몫이다.

　　마침 2016년도 10월 1일 일본 요코하마대학(横浜大学)에서 개최된 일본 '교육사학회'의 연차학술대회 주제는 "교육사연구의 새로운 출항; 교육사 연구는 어디로 가야하는가(教育史研究の新たな船出: 教育史研究はどこに向かうべきか)"였으며, 한 달여 뒤인 11월 26일 우리나라 연세대학교에서 개최된 '한국교육사학회'의 연차학술대회 주제는 "지구촌, 교육사 교육의 역사"였다. 일본의 교육사학회가 '향후' 교육사 연구가 나아갈 방향을 다루고 있는데 반해, 한국은 '그동안' 세계 각국은 교육사를 어떻게 가르쳐 왔는가를 다루고 있다. 시간적 관점에서 보면 미래지향의 일본에 대해 이제까지라는 한국의 차이는 있지만, 공통적인 것은 한국과 일본 모두 "교육사란 무엇을 위해 존재하는 과목인가?", 그리고 "앞으로 교육사는 어디로 가야하는가?"에 대한 학문적 고민을 '교육'과 '연구'라는 용어 속에 담고 있음을 알 수 있다. 모든 학문이 그렇듯이 '교육'과 '연구'는 동전의 양면과 같아 분리해서 생각할 수 없을 것이다.

이 글에서는 교육학사적 쟁점 분석의 관점에서 먼저 2장에서 메이지기(明治期) 서구 교육학의 수용과 교육사에 관하여 살펴보고, 3장에서는 다이쇼(大正) 자유교육운동과 '8대 교육주장'을, 그리고 4장에서는 전후 일본 교육사 연구에 관한 시대진단과 일본 교육사 연구의 특징을 살펴보고자 한다. "교육은 백년지대계(百年之大計)"라는 말이 있지만, 근대 일본의 메이지유신이 성공하였다고 평가할 수 있는 이유는 바로 국가주도의 공교육 제도가 빠르게 형성될 수 있었기 때문이다. 하지만 오늘날 교육현장은 이러한 압축적 성장으로 인한 후유증에 시달리고 있는 것도 사실이다. 따라서 마지막 장은 맺음말로 21세기 교육학의 역할과 관련하여 교육사 교육과 연구의 전망과 우리나라 교육에 대한 시사점을 제안해 보고자 한다.

2. 메이지기(明治期) 서구 교육학의 수용과 교육사

일본 근대 공교육의 역사는 1872년(明治5) 메이지 정부가 공포한 「학제(學制)」에서 시작된다. 즉 모든 국민이 신분이나 성별에 관계없이 교육을 받게 하는 것으로, 이를 위해 같은 해 10월에는 도쿄에 사범학교와 부속소학교를 설립하였다. 당시 교사는 미국인 스코트(Marion McCarrell Scott, 1843~1922)로 그는 버지니아대학교를 졸업하고, 샌프란시스코의 중등학교에서 교사경험을 하다가 1871년 일본에 와서 랭카스터 학교의 일제교수 방법을 전수하였다.[1] 이후 1875년부터 78년 사이에 일본은 이자와 슈지(伊沢修二: 1851~1917)를 브릿지워터 사범학교에, 다카미네 히데오(高嶺秀夫:1854~1910)를 오스웨고 사범학교에 유학 보냈다. 따라서 이들이 귀국하여 소개·이식한 교육학은 주로 미국에서의 교원양성을 위한 교수법이었다. 그런 의미에서 1870년대 일본에 가장 먼저 소개되는 서구 교육학은 미국을 통하여 전래된 페스탈로치(J. H. Pestalozzi, 1746~1827) 교육학이었고, 이어서 영국인 스펜서(H. Spencer, 1820~1903)의 지육·덕육·체육의 삼육론(三育論)이었다. 페스탈로치는 개발주의 교수법의 선구자로 미국의 사범학교에 많이 소개되어 있었기에 일본의 교육계에서도 관심을 두고 있던 인물

1 / 中野光·平原春好 저 (2004), 『敎育學』(補訂版), 有備閣, 55쪽.

이었다. 또한 스펜서의 삼육론은 독자적이고 고유한 이론이라기보다는 그 이전의 교육사상가 혹은 교육실천가들의 이론적 영향을 받은 것이다. 예를 들어 영국의 로크(John Locke, 1632~1704)는 *Some Thoughts Concerning Education*(1693)에서 비록 삼육을 명시적으로 제시하고 있지는 않지만, 체육과 덕육, 지육에 관한 내용을 비롯하여 신사(紳士)에게 요구되는 소양(素養)을 언급한 바 있다. 스펜서의 교육론은 1880년 세키 신바치(尺振八)에 의해 『사씨교육론(斯氏教育論)』[2]으로 번역되었는데, 중국의 경우 엄복(嚴復)이 『명민요론(明民要論)』(1880년)으로, 이후 안영경(顔永京)이 『이업요람(肄業要覽)』(1882)이라는 제목으로 제1장만을 번역·출판하기도 하였다.[3] 한편 페스탈로치는 『게르트루트는 어떻게 그의 자녀를 가르치는가』(1801)에서 머리(Head)·가슴(Heart)·손(Hand)의 전인적 교육을 통해 지적교육과 윤리적·종교적 교육, 그리고 수작업교육을 강조함으로써 '삼육' 개념의 단초를 제공하였다.

하지만 1881년의 이른바 '메이지14년의 정변' 이후, 일본 정부는 급속하게 확산되던 자유민권운동을 억압하기 위하여 개인주의적이고 자유로운 영미계통의 교육학보다 국가주의적이고 도덕성을 강조하는 독일 교육학에 주목하게 되었다. 이미 1880년대 후반에는 헤르바르트(J. F. Herbart, 1776~1841), 케른(H. Kern, 1823~1891), 린드너(G. A. Lindner, 1828~1887), 라인(W. Rein, 1847~1929) 등의 교육학 저작이 일본어로 번역·출간되었다.[4] 독일의 헤르만 케른의 1873년책은 사와야나기 마사타로(澤柳政太郎)와 다치바나 센지로(立花銑三郎)의 공동번역에 의해 『격씨교육학(格氏教育學)』(東京: 富山房)으로 1892년(明治25)에 간행되었고, 오스트리아인 린드너의 책은 야마구치(山口) 고등중학교 교사인 유하라 모토이치(湯原元一)의 역보(譯補)로 『윤씨교육학(倫氏教育學)』(東京: 金港堂書籍)으로 1893년(明治26)에, 그리고 라인의 교육학은 노세 사카에(能勢榮) 역주로 『래인씨교육학(萊因氏教育學)』(東京: 金港堂書籍)으로 1895년(明治28)에 각기 번역·출간되었다.[5] 초기 외국 교육학자들은 그 이름을 일본어 발음의 한자로 적었는데, 책 제목으로는 이름의 앞 한 두 글자에 씨(氏)를 붙이고 있다.

2 / 이 밖에도 스펜서의 교육에 관한 책으로 오다 다카오(小田貴雄) 번역의 『스펜서교육론 강의(斯氏鎖氏教育論講義)』(1885)와 아리가 나가오(有賀長雄) 역주의 『표주 스펜서교육론(標揮氏教育論)』(1886) 등이 있다. 한용진·최정희(2014), "일본 메이지기(明治期) 삼육 개념의 도입과 전개", 『비교교육연구』 제24권 1호, 256쪽 참고.

3 / 우남숙(2011), "사회진화론의 동아시아 수용에 관한 연구", 『동양정치사상사』, 10(-), 한국동양정치사상사학회, 127쪽.

4 / 박균섭(2000), 『근대 일본의 헤르바르트 이해와 교육』, 『일본학보』 44, 501-502쪽.

5 / 仲新·稻垣忠彦·佐藤秀夫 編著(1981), 『近代日本 教科書敎授去資料集成』 第3卷 敎授去書3, 東京: 東京書籍 株], 昭和57年(1982), 298-376쪽 및 明治敎育古典叢書26, 東京:國書刊行會 참조.

6 / 한용진·김자중, "대한제국기 교육학 교재 분석", 『한국교육학연구』 제15권 3호, 2009, 10~11쪽.

7 / 仲新·稻垣忠彦·佐藤秀夫 編著, 『近代日本 敎科書敎授去資料集成』 第4卷 敎授去4, 東京: 東京書籍株式會社, 昭和57年(1982), 683쪽.

8 / 藤原喜代藏 『明治敎育思想史』, 東京: 富山房, 明治42(1909)을 원본으로 하여, 唐澤富太郞 (藏版解說·別卷)가 明治敎育古典叢書33권으로 東京:國書刊行會에서 1981년에 재발행. 707~714쪽.

9 / 平松秋夫『明治時代 における小學校敎授法の硏 究』, 東京:理想社. 昭和50(1985). 목차 참조.

10 / 미국인 제임스 조호노트의 1878년 책을 다카미네 히데오(高嶺秀夫)가 번역하여 『敎育新論』, 東京: 普及舍, 明治18(1885)로 간행하고 있다. 仲新· 稻垣忠彦·佐藤秀夫 編著, 『近代日本 敎科書敎授去 資料集成』(全12卷) 第2卷 敎授去2, 東京: 東京書籍株 式會社, 昭和57年(1982), 414~686쪽.

11 / 伊澤修二, 『敎育學』(白梅書屋藏版), 明治15(1882) 上卷原本發行, 明治16(1883) 下卷原本發行 (明治敎育古典叢書 I~8), 東京: 國書刊行會,昭和55(1980)

12 / 노세는 프랑스 고등사범학교 교수인 콩페 이레(J. G. Compayré) 원저에 미국인 페인(W. H. Payne)이 역주를 단 책을 중역(重譯)하며 『根氏敎授論(上·下)로 東京: 金港堂書 籍會社에서 간행하고 있다.

특히 헤르바르트 교육학이 일본에 도입된 것은 1887년 메이지 정부의 요청으로 제국대학(현 도쿄대학)의 교육학과 독일 문학의 교관으로 초빙된 하우스크네히트(E. Hausknecht, 1853~1927)[6]에 의해서였다. 그는 베를린 대학에서 어학과 역사학을 배우고, 실과김나지움(독일의 중등학교)에서 교사로 근무한 인물이었는데, 그는 교사를 지망하는 학생들을 교육특약과(敎育特約科) 특약생으로 모집하여 케른(H. Kern)의 교육학 저작을 영어로 강술하였다. 이때, 그의 강의를 수강한 제자들은 다니모토 도메리(谷本富, 1867~1946), 유하라 모토이치(湯原元一) 등 12명으로, 이들은 졸업 후 헤르바르트 교육학을 일본 전역에 보급하는 데 지대한 영향을 끼쳤다. 당시 일본의 교육학계는 1880년대 후반 무렵 도쿄대학인 '제국대학'이 중심이 되어 헤르바르트 교육학을 주도하였지만, 1890년대 후반부터는 도쿄사범학교(東京師範學校: 현 쓰쿠바대학) 및 사범학교의 부속학교 관계자들의 영향력이 커져가게 되었다.[7] 이들은 헤르바르트의 후계자로 예나대학에 근무하던 라인의 영향을 받았으며, 고등사범학교 관계자들의 저작은 지방에 있는 다른 사범학교 교사들이 책을 쓸 때에도 기본적인 전형이 되었다.

이처럼 메이지기 일본에 수용되는 서구 교육사상의 흐름을 후지와라 기요조(藤原喜代藏, 1883~1959)는 〈표1〉과 같이 네 시기로 설명하고 있는데,[8] 특히 히라마쓰 아키오(平松秋夫)는 소학교 교수법에 주목하여 ① 모색시대, ② 개발주의시대, ③ 헤르바르트주의 시대, ④ 헤르바르트주의 반동시대로도 표현하였다.[9] 제1기에는 메이지유신 직후 문부성을 중심으로 미국의 교육학이 적극적으로 번역되고 소개되었던 시기로 주로 페스탈로치 교육학을 토대로 미국의 놀썬트(Charles Northend), 페이지(D. P. Page) 등 직접 관찰을 중시하는 실학주의적이고 자연주의 교수론의 도입이었으며, 제2기는 스펜서와 조호노트,[10] 페이지 등의 교육학이 소개되었다. 일본인으로 이사와 슈지(伊澤修二)의 교육학[11]과 노세 사카에(能勢栄: 1852~1895)의 『근씨교수론(根氏敎授論)』[12]이 간행되었다. 제3기는 헤르바르트 학풍의 전성시대로, 과학적·계통적인 교육학에 관심을 갖게 되었고 교육원리에 관해서는 도덕주의로, 교수법에 있어서는 다방면의 흥미, 5단계교수법 등이 제시되었다. 그리고 제4기는 헤르바르트의 주지적이고 개인주의적인 교육학설을 비판하며 나토르프(Paul Gerhard Natorp, 1854~1924)의 사회적 교육학설과 베르게만(Paul Bergemann, 1862~1946)의 실증주의 교육학설이 소개되었다. 이러한 교육설이 강화되는 배경으로 야마즈미 마사미(山住正己)는 러일전쟁 이후 교육정책의 특징으로 학교의 통제뿐만 아니라 모든 국민을 정부 지배하에 놓고자 하던 정부의 정책[13]을 들고 있다. 특히 군부는 1910년 재향군인회를 조직하여 군대와 국민을 연결시키며, 군국주의 사상을 국민에게 침투시키는 역할을 하였다. 그러나 사회주의를 탄압하고, 경신숭조(敬神崇祖)의 국민 도덕을 보급함으로써 나라 전체를 통제하려는 메이지 정부의 정책은 점차 민중의 저항을 키우게 되었다.

13 / 山住正己(1987), 『日本敎育小史』, (岩波新書363), 80~81쪽.

[표1] 메이지기 일본의 교육사상사적 흐름[14]

시기	후지와라 기요조(藤原喜代藏)의 구분		히라마쓰 아키오(平松秋夫)의 구분
	교육원리	교수학설	
제1기(1868~1882) 메이지 초년~15년경	상식적 실리주의	주입주의, 자연주의	모색시대
제2기(1882~1892) 메이지 15년~25년경	실리적 교육설 절충적 교육설	개발주의(開發主義)	개발주의 시대
제3기(1892~1902) 메이지 25년~35년경	도덕적 교육설	개발주의, 헤르바르트파 교수설, 활동주의	헤르바르트주의 시대
제4기(1902~1909) 메이지 35년~42년경	사회적 교육설	활동주의, 실험적 교수설, 개별적 교수설	헤르바르트주의 반동시대

14 / 한용진(2012), "개화기 사범학교 『교육학』 교재 연구: 기무라 도모지(木村知治)의 『신찬교육학』을 중심으로", 『한국교육학연구』 18-1, 54쪽 참조.

메이지시대 일본 교육학의 주류를 이루었던 헤르바르트주의 교육학은 일본에 소개된 뒤, 일본식으로 변용되면서 일본의 학교에 획일적이고 정적(靜的)인 교육실천이라는 폐해를 가져왔고 결국 비판의 대상이 되고 말았다. 즉 헤르바르트는 도덕성을 '내적 자유, 완전성, 호의, 권리, 공정'이라는 다섯 가지의 근대적 이념으로 나누었다. 이는 기독교나 프랑스 계몽사상을 배경으로 한 이념이지만, 유바라 모투이치나 다니모토 도메리는 이를 유교적 '오륜오상(五倫五常)'에 가까운 것으로 해석하거나, 「교육칙어」에서 말하는 덕목으로 환원하여 해석하였다.[15] 그리고 헤르바르트의 도덕성은 헤르바르트의 이론에서 떨어져서, 덕육중심 교육정책의 바탕으로 이를 합리화하는 수단으로 응용되었던 것이다.

한편 일본에서 최초로 간행된 『교육사』는 미국인 필로빌리우스

15 / 田中智志·橋本美保 『大正新敎育の思想』, 東信堂, 2015, 10쪽.

(Philobiblius)의 *History and Progress of Education*(1869)을 니시무라 시게키(西村茂樹, 1828~1902)가 1875년(明治8)에 번역한 『교육의 역사와 진보(教育の歷史と進步)』이다. 니시무라는 1873년(明治6) 모리 아리노리(森有礼), 후쿠자와 유키치(福沢諭吉), 나카무라 마사나오(中村正直), 가토 히로유키(加藤弘之), 쓰다 마미치(津田真道), 니시 아마네(西周), 미쓰쿠리 쇼헤이(箕作秋坪) 등과 '메이로쿠샤(明六社)'를 결성하여 서양의 새로운 학설을 소개하고, 『메이로쿠잡지(明六雑誌)』를 통해 민중 교화에도 힘쓴 인물로, 1873년(明治6)에는 문부성 5등 출사(出仕) 편서과장, 1880년(明治13) 문부성 편집국장이 되었다.[16] 가라사와 도미타로(唐沢富太郎)는 메이지시대 교육고전 해설서를 통해 "상권의 예문에서는 1875년(明治8) 2월로 되어있지만, 천사당(天賜堂)에서 번각(翻刻)하여 간행한 것은 1881년(明治14)이고, 그 다음해인 1882년에는 오가사와라서방(小笠原書房)에서도 간행될 정도로 주목 받은 책"[17]이라 하였다. 해설서에 소개된 이 책의 목차를 보면 아래와 같은데, 대홍수 시대부터 인도, 이집트, 중국, 바빌로니아 페르시아 등 4대 문명권의 교육에서 시작하여 유럽 및 세계 교육 전반을 통사적으로 다루고 있다.

〈상권〉: 제1 교육의 의(義), 대홍수 전후의 교육, 인도인의 교육,
　　　　제2 이집트인과 아랍인의 교육, 중국인의 교육,
　　　　제3 일본인, 고대의 바빌로니아인 앗수르인, 고대의 페르시아인
　　　　　　　　(…중략…)
　　　　제13 서유럽인의 신리학(神理學) 및 신비학, 게르맨[일이만(日耳曼)]의 학교까지.
〈하권〉: 제14 훈족과 그 교육상의 관계, 제15세기 무렵 이탈리아에 있어서 문학의 재흥(再興)
　　　　　　　　(…중략…)
　　　　제22 세계 유명한 여러 나라의 교육,
　　　　제23 세계 유명한 여러 나라의 교육(二)
　　　　제24 세계 유명한 여러 나라의 교육(三)
　　　　부록 「미국 교육통계표」로 구성되어 있다.

16 / 唐沢富太郎, 『明治教育古典叢書(一) 解兑』, 東京: 株式會社 國書刊行會, 1980(昭和55), 15~16쪽.

17 / 위의 책, 14~15쪽.

또한 일본인에 의해 일본의 교육 역사를 다룬 최초의 책은 1877년(明治 10) 문부성 인행(印行)으로 발간된 『일본교육사략(日本敎育史略)』(全)[18] 이다. 가라사와는 이 책이 1876년의 미국독립100주년을 기념하기 위하여 필라델피아에서 개최되는 만국박람회에 출품하려고 만든 *An Outline History of Japanese Education*(1876)을 초고로 하여 일본어로 번역·간행 된 것이라 하였다. 전체 목차는 제1부 서론, 제2부 교육지략(敎育志略), 제 3부 문예지략(文藝志略), 제4부 문부성 연혁약기(沿革略記) 등 전체 4부 로 구성되어 있다.

가라사와의 해설서에 의하면, 이 책의 서론은 당시 문부성에 초빙된 미국인 데이비드 머레이(David Murray, 1830~1905)가 상고부터 메이지 시 기까지 개관한 것을 고바야시 노리히데(小林儀秀, 1848~1904)가 번역한 것이며, 2부는 오쓰키 슈지(大槻修二, 1845~1931)가 쓰고, 나카 쓰코(那珂 通高, 1828~1879)가 수정한 것으로 이 책의 핵심 부분이다. 그리고 3부는 사카키바라 요시노(榊原芳野)가 썼으며, 4부는 쓰마키 요리노리(妻木頼 矩)가 편집한 것이라 한다. 그 내용은 교육기관을 주로 서술한 소박하고 간 단한 내용에 불과하지만, 일본의 교육사 연구에 자극을 준 것으로, 이후 문 부성이 교육사 연구를 위한 자료 수집에 힘을 쏟게 되는 계기가 되었다고 한다. 또한 1890년(明治23)에 사범학교용 교과서로서 간행된 사토 죠지쓰 (佐藤誠實, 1839~1908)가 쓴 『일본교육사(日本敎育史)』(상)[19]의 토대가 되었다는 점에서도 일본 교육사학계에 의미 있는 저술이라 할 수 있다. 그 목차는 다음과 같다.

제1편 총설
제2편 신대(神代)로부터 오진 천황(應神天皇) 15년까지
제3편 오진 천황 16년부터 지토 천황(持統天皇) 7년까지
제4편 몬무 천황(文武天皇) 원년부터 안도쿠 천황(安德天皇) 주에이(壽永) 3년까지
제5편 고토바 천황(後鳥羽天皇) 분지(文治) 원년부터 고요제이 천황(後 陽成天皇) 게이초(慶長) 4년까지

18 / 唐沢富太郎, 『明治教育古典叢書(二)解兌』, 東京: 株式會社 國書刊行會, 1981(昭和56), 9쪽.

19 / 佐藤誠実 저, 나카 아라타(仲新), 사카이 유타카(酒井豊) 교정(校訂), 『日本敎育史』, 平凡社, 1973년(昭和48) 참고.

20 / 唐沢富太郎, 앞의 책, 1981, 37-38쪽.

이 밖에도 메이지시대에 간행된 일본 교육사 책으로는 노세 사카에(能勢榮)의 『내외교육사(內外敎育史)』(1893)[20]와 후지와라 기요조(藤原喜代藏)의 『메이지교육사상사(明治敎育思想史)』(1909)가 있다. 전자는 랑케(L. V. Ranke, 1795~1886) 사학의 영향으로 실증주의적으로 일본 교육사를 세계사적인 시야에서 바라보며 기술한 것이며, 후자는 기존의 사실사(事實史) 중심의 기술 방식에서 벗어나 드디어 교육사상사가 간행되었다는 점에 의미가 있다. 일본에서 랑케의 실증주의 사학은 그 후에도 지대한 영향을 끼쳤는데, 가라사와는 일본 교육사의 특징으로 "에도시대부터의 실증적 전통과 메이지시대 서구의 실증사학의 영향, 그리고 교육학적 소양이 있는 전문가가 부족한 상황에서 교육사상사 연구가 제대로 이루어지지 못했기 때문이라고 분석하며, 그렇기에 교육사상사의 대부분은 1912년 이후에 속

21 / 위의 책, 137쪽.

한다"[21]고 하였다. 교육사상사는 사실사에 비해 학문적 소양이 더 갖춰져야만 집필이 가능함을 보여주는 것이다.

22 / 위의 책, 133-136쪽.

한편 메이지시대 서양 교육사 저술로는 오세 진타로(大瀬甚太郎)·나카에 엔지(中谷延治) 공저의 『교수법연혁사(教授法 沿革史)』(1901)[22]와 오세 진타로(大瀬甚太郎, 1865~1944)가 쓴 『구주교육사(歐洲敎育史)』

23 / 唐沢富太郎, 앞의 책, 1980, 65-66쪽.

(1906), 『속(續)구주교육사』(1907) 등이 있다.[23] 오세 진타로는 일본에서 서양교육사 연구를 개척한 인물로, 1882년(明治15) 도쿄대학 문과대학에 입학하여 철학을 전공하였는데, 1887년(明治20) 무렵 문과의 일부(철학)에 교육학 과목이 필수가 되었을 때, 하우스크네히트의 강의를 들었다고 한다. 『구주교육사』는 주로 독일에서의 교수법의 연혁에 대해서 서술하며, 일본에서의 교수법 변천 같은 것은 특별히 서술할 가치는 없다고 하였다. 또한 『속(續)구주교육사』는 서양 고대로부터 19세기 초기까지를 다룬 것인데, 나중에 『최근세 구미교육사(近世歐米敎育史)』(1916)를 저술하여 이를 보완하고 있다. 그런데 1923년의 관동대지진으로 인해 (인쇄) 지형이 없어지게 되었기에, 이를 계기로 위의 책 세 권을 묶어 1925년에는 『구미교육사(歐米敎育史)』로 간행하고 있다.

3. 다이쇼(大正) 신교육운동과 '8대 교육주장'

한편 1912년 7월 30일 메이지 천황(明治天皇, 1852~1912)이 세상을 떠나고 다이쇼 천황(大正天皇, 1879~1926)이 뒤를 이어 즉위하게 되었다. 이 시기는 급속하게 발전한 자본주의로 인해 새롭게 등장한 도시 중간층들의 교육과 문화에 대한 요구가 높아진 시기이다. 즉 메이지기에 확립된 재산과 교양을 지닌 '시민'으로서의 명망가 중심 질서공동체가 붕괴하고, 대신 도시중간층과 노동자, 농민이 자립하면서 새로운 계층과 계급으로서 기능하기 시작한 시기이다.[24] 특히 제1차 세계대전에 승전국 지위를 얻은 일본이 1929년의 경제대공황과 만주사변(1931)을 시작으로 15년 전시체제로 들어가기 전까지, 일본은 교육사상사적으로 신교육운동이 전개되었다. 우리나라에서 1919년 3·1운동 이후 무단통치방식에서 이른바 문화통치방식으로 전환되었던 것처럼, 일본교육의 흐름에서 일대 전기를 맞게 된 것은 1920년대였다. 이 시기는 세계적인 신교육운동(혹은 교육개혁운동)의 흐름 속에서 일본에서도 다양한 교육학설이 등장하게 되었다. 그 배경에는 의무취학이 어느 정도 이루어지면서, 대다수 자녀들이 보통교육을 마치게 되자 상위 교육에 대한 사회적 요구가 다양하게 분출되었던 현상이 바탕에 깔려 있다. 즉 초등교육은 근면과 정직 등 통속적인 도덕과 충효의 국가도덕을 교화하는 곳에서 점차 사회적 진로선택과 관련된 자격을 갖추는 곳으로 그 중심축이 옮겨지게 되었던 것이다.[25]

야마즈미 마사미(山住正巳)는 신교육운동의 배경을 설명하면서, "교육에 있어서 민중을 중시하는 원칙이 존중될 때, 그러한 민중 한 사람 한 사람의 자녀가 갖고 있는 개성과 능력을 기르려는 주장이 생겨난다"[26]고 하였다. 이러한 주장은 새로운 학교의 창설과 수업방법의 개혁, 그리고 다양한 어린이 문화 활동으로 전개되었다. 그리고 이러한 배경에는 자본주의 발달에 따른 신(新)중간층의 등장과 이들의 교육적 요구를 무시할 수 없다. 가타기리 요시오(片桐芳雄)는 "급여소득자인 신중간층은 제한된 비용과 시간을 1~2명이라는 적은 수의 아이에게 집중적으로 쏟아 붓는 교육전략을 취하였다"[27]고 하였다. 특히 이들 도시에 살고 있는 신중간층의 교육의식은

24 / 森川輝紀(1997), 『大正自由教育と経済恐慌 大衆化社會と学校教育』, 東京: 三元社, 7쪽.

25 / 위의 책, 7–8쪽.

26 / 山住正巳(1987), 앞의 책, 84쪽.

27 / 片桐芳雄·木村元 編著 (2008), 『教育から見る日本の社会と歴史』, 東京 : 八千代出版, 120쪽.

일본의 교육사 교육·연구의 동향 / 한용진

28 / 中島牛次郎,
『教育思想大觀』,
東京: 玉川大学出版部,
1972(昭和47). 원서는
1921년 東京堂書店.

29 / 도쿄고등사범학교는
1886년 4월 일본 최초의
중등교원양성기관인
'고등사범학교'로 설립되어,
1902년 3월
도쿄고등사범학교로
개칭되었다. 그 전신은
1772년에 설립된
사범학교(후에
도쿄사범학교)이며,
1929년부터 1952년까지는
도쿄문리과대학 부설
도쿄고등사범학교가
되었다. 이후
도쿄교육대학으로
통합되고, 1973년에 설립된
쓰쿠바대학(筑波大学)으로
이어지고 있다. 쓰쿠바대학
홈페이지
"創基からの沿革図"
http://www.tsukuba.ac.jp
/about/development.html
(검색일: 2017.6.28)

30 / 中野光(2008;
초판1998). 앞의 책, 147쪽.

31 / 小原國芳 外編(1976).
『八大教育主張』, 東京:
玉川大學出版部., 4~5쪽

크게 세 가지로 정리하였는데, 첫째는 어린이의 순진무구함을 칭찬하여 자발성과 개성을 존중하며 키우려고 하는 동심주의(童心主義)이고, 둘째는 반대로 순진무구하기 때문에 오히려 엄한 예의범절[躾 しつけ]이 필요하다고 하는 엄격주의(嚴格主義)이며, 그리고 셋째는 장래 시험 준비를 중시하려고 하는 학력주의(學歷主義)라는 것이다. 이 시기 교육사상이 단순히 아동중심주의만이 아니었음을 알 수 있다.

1921년 일본에서 간행된 나카지마 한지로(中島牛次郎)의 『교육사상 대관(敎育思想大觀)』에는 당시 교육의 주요한 열 가지 사조(思潮)를 ① 인문주의, ② 실과주의, ③ 종교주의, ④ 이상주의, ⑤ 자연주의, ⑥ 기계주의, ⑦ 개인주의, ⑧ 사회주의, ⑨ 국가주의, ⑩ 국제주의 등 10가지로 제시하고 있다.[28] 이러한 사회 분위기 속에서 1921년(大正10) 대일본학술협회(大日本学術協会) 주최로 8명의 교육학 분야의 신진 연사들을 모시고 8월 1일부터 8일까지 도쿄고등사범학교[29] 강당에서 '8대교육주장 강연회'가 개최되었다. 이 강연회 내용을 나중에 대일본학술협회가 정리하여 책자로 발간하면서 『8대교육주장』이라는 제목을 붙였기에, 일반적으로 '8대 교육주장'이라 불리게 되었다. 『8대교육주장』 책자가 처음 간행된 것은 강연 다음 해인 1922년 1월이었는데, 간행되고 난 후 약 2년 사이에 10쇄를 찍을 정도로 세간의 인기를 얻었다고 한다.[30] 또한 당시 저자는 히구치 초이치(樋口長市, 1871~1945)를 대표 편자로 하였는데, 1976년 다마가와대학출판부(玉川大學出版部)에서 복각(復刻) 인쇄될 때에는 대표편자가 오바라 구니요시(小原國芳, 1887~1977)로 변경되었다. 이는 당시 다마가와대학 총장인 오바라 구니요시가 8대교육주장의 각각에 대하여 다양한 사람들의 해설을 붙인 『8대교육주장(八大敎育主張)』이라는 책자의 복각을 주도하였고, 복각판에 서문도 써 넣게 되었기 때문으로 보인다. 당시 오바라의 나이는 90세로 세상을 떠나기 바로 전 해인 1976년에 쓴 서문에서 "8이라는 숫자는 학문적으로는 어떠한 의미를 갖고 있는 것이 아니고 단지 편의상 그렇게 되었다"고 하였다.[31] 즉 8인의 인선 문제와 관련하여, 오바라는 서일본(西日本)에서 신교육의 중심지 역할을 하고 있는 나라(奈良)여자고등사범학교의 부속소학교 주사인 기노시타 다케지(木下竹次: 1872~1946) 선생과 오차노미즈(お茶の水)의 여자고등사범학교 부속 소학교의 기타자와 다네카즈(北沢種一)[32] 선생이 참여하지 못한 것을 애석해 하고 있다.[33] 강연 참여자와 관련하여 오바라는 가고시마 시절 본인의 은사였던 기노시타 다케지와 관립학교 교수로 천하의 4인에 손꼽히는 기타자와 다네카즈, 그리고 나가노현(長野県) 사범학교 부속 소학교의 주사로 미국에서 실험심리학을 공부하고 돌아온 스기사키 요(杉崎瑤) 등 세 사람을 비롯하여, 아카시(明石) 부속 소학교의 오이카와 헤이지(及川平治, 1875~1939), 치바(千葉) 부속 소학교의 데즈카 기시에(手塚岸衛, 1880~1936), 그리고 세이죠(成城) 소학교 주사로 근무하던 오바라 자신 등이 참여하는 '6대교육'을 생각했었다고 한다.

그런데 결과는 앞의 세 사람이 어떤 이유에서인지 빠지고 대신 와세다대학(早稲田大学) 교수인 이나게 긴시치(稲毛金七, 호는 소후祖風, 1887~1946),[34] 히로시마 부속 소학교 주사 치바 메이키치(千葉命吉, 1887~1959), 히구치 초이치(樋口長市, 1871~1945), 가타카미 노부루(片上伸, 1884~1928), 일본여자대학 부속 소학교 주사 가와노 기요마루(河野清丸) 등으로 구성되었기에 그 중 두 세 명은 무리하게 들어갔다고 보았다.[35] 이렇게 보면 지금은 1920년대 8대 교육주장이 당시 교육계를 대표하는 것으로 보일 수도 있지만, 당시에는 정작 대표적인 몇몇 학자들은 발표에 참여하지 않았고 예상하지 못한 인물들이 우연히 포함되게 되었음을 알 수 있다. 그렇다 하더라도 대회를 주최하였던 대일본교육협회에서 이러한 사람들을 섭외한 데에는 나름 이유가 있었을 것으로 생각된다. 오바라는 발표자 8명에 대하여 '용사(勇士)'라는 표현을 사용하고 있는데, 당시 발표자들의 연령이 대략 30~40대였던 점을 고려해 보면, 오히려 50대 이상의 상당한 지위에 있는 사람들은 발표를 고사하였을 가능성도 있다.[36]

당시 발표된 8대 교육주장을 정리해 보면 다음과 같다.

① 오이카와 헤이지(及川平治)의 동적교육론(動的敎育論: 교육은 정적 수업보다 동적인 것이 되어야 함),
② 이나게 긴시치(稲毛金七)의 창조교육론(創造敎育論: 인생은 가치이

32 / 그가 쓴 책으로는 『作業主義学級経営』(東洋圖書, 1929)가 있다. 이 책의 원문은 일본 国立国会図書館デジタル化資料(http://dl.ndl.go.jp/info:ndljp/pid/1279442)에서 직접 볼 수 있다.

33 / 小原國芳 外編(1976), 『八大敎育主張』, 東京: 玉川大學出版部, 5쪽.

34 / 이나게 긴시치가 와세다대학의 교수로 임용된 것은 1927년이었으므로, 1921년 상황에서 이러한 직함은 맞지 않다. 다만 1976년의 복각판 서문이기에 그대로 인용함.

35 / 小原国芳 외편(1976), 앞의 책, 5쪽 및 小原国芳, 『道徳敎授革新論・学校劇論・理想の学校』 426쪽 참조.

36 / 오바라 구니요시는 대일본학술회의의 주간이었던 아마고(尼子) 씨가 앞에서 언급하였던 기노시타와 기타자와 등에게도 부탁하였을 것이라 하면서도, 아마도 관립학교라는 점과 높은 지위, 나이 많은 등등의 이유로 거절한 것은 아닐까 추측하고 있다. 小原國芳 외편(1976), 앞의 책, 5쪽.

일본의 교육사 교육 · 연구의 동향 / 한용진

며, 살아가는 것은 가치를 창조하는 것임),

③ 히구치 초이치(樋口長市)의 자학교육론(自學教育論: 인간을 키우기 위한 창작주의創作主義를 주장),[37]

④ 데즈카 기시에(手塚岸衛)의 자유교육론(自由教育論: 어린이 스스로가 자신의 힘으로 자기를 개척하여 나가는 힘을 키우는 것이 교육임),[38]

⑤ 가타가미 노부루(片上伸)의 문예교육론(文藝教育論: 문예 정신에 의해 인간의 교육을 해 나갈 것을 역설),

⑥ 치바 메이키치(千葉命吉)의 일체충동개만족론(一切衝動皆滿足論: 참된 교육은 좋아하는 것을 하게 하는 것부터 시작되어야 함),

⑦ 가와노 기요마루(河野清丸)의 자동교육론(自動教育論: 어린이들을 스스로 학습하게 하려면 목적 의식에 눈 뜨게 하는 것이 중요함),

⑧ 오바라 구니요시(小原国芳, 1887~1977)의 전인교육론(全人教育論: 인간은 온전한 인간이 되어야 하며, 이를 위해 진선미성眞善美聖의 교육을 주장) 등.

8대 교육주장의 순서는 오바라 구니요시의 책자를 따랐고, 내용에 대한 추가적인 설명은 신슈대학(信州大学)의 다이쇼자유교육에 관한 인터넷 자료를 참고하였다.[39] 1920년대 이후 일본에 등장한 새로운 교육사조와 교육실천 운동을 '다이쇼 신교육(혹은 자유교육)운동'이라 표현하고 그 대표적인 연구로 나타난 '8대 교육주장'은 기존의 정적이고 교사 중심의 수업현장을 변화시키려는 교육 쇄신운동의 일환이었다. 하지만 1930년대 경제공황과 군국주의로 인하여 1945년까지 이러한 자유교육운동은 침체되었고, 1990년대 이후 최근에 들어와 특히 교사들의 자유롭고 활발한 대안적 교육운동으로 다시 주목받고 있다. 특히 다나카 사토시(田中智志)와 하시모토 미호(橋本美保)가 공동편집한 『다이쇼신교육의 사상(大正新教育の思想)』(2015)은 '생명의 약동'이라는 부제를 통해 신교육의 이론적 배경과 당시의 8대 교육주장을 현대적 시각에서 다시 조명하고 있다.[40]

---

37 / 히게치 초이치의 저서로는 『自學主義の教育法(金港堂, 1919), 『意的生命論に立脚せる余の自學主義の教育』(目黒書店, 1935), 그리고 『生活教育学』(目黒書店, 1935)이 있다.

38 / 데즈카 기시에는 1925년 여름 조선교육사(朝鮮教育社) 주최로 우리나라에 건너와 자유교육론에 관한 하기 강습회를 실시하였다. 7월 21일 대구에서 시작된 강습회는 8월 7일 평양에서 막을 내릴 때까지 한반도 각지를 돌며 이루어졌는데, 강습회 자료는 手塚岸衛(1925), 『自由教育講習錄 自由教育の原理と實際』, 朝鮮教育發行所라는 책자로 발행되었다.

39 / 8대 교육주장의 순서는 ① 樋口長市, 自学教育論 ② 河野清丸, 自動教育論 ③ 手塚岸衛, 自由教育論 ④ 千葉命吉, 一切種動皆満足論 ⑤ 稲毛詛風(金七), 創造教育論 ⑥ 及川平治, 動的教育論 ⑦ 小原國芳, 全人教育論 ⑧ 片上伸, 文芸教育論 등이다. http://cert.shinshu-u.ac.jp/gp_./el/e04b1/class09/taisyojiyukyoiku-sub1.htm

40 / 田中智志·橋本美保, 『大正新教育の思想』, 東信堂, 2015

90

4. 전후 일본 교육사 연구의 시대진단과 특징

전후 일본 교육사 연구의 특징은 무엇인가? 앞에서 살펴본 메이지기와 다이쇼기에 일본은 서구적 교육학만을 받아들인 것이 아니라 이들의 연구방법론도 수용하였다. 즉 17세기 과학혁명의 시대와 18세기 계몽주의 시대를 거치면서, 과학자의 임무는 관찰된 사실로부터 귀납적인 추론과정을 통해서 법칙을 발견하고 확립하는 것이었다. 19세기에는 자연계의 연구에 적용되던 이러한 과학의 방법론이 인간의 문제에 대한 연구에도 적용되기 시작하였다. 역사가 카(E. H. Carr, 1892~1982)는 "19세기는 사실을 숭배하던 위대한 시대였다"(Carr, 2015: 17)라고 하였는데, 오늘날 우리가 사는 시대에는 단지 사실(fact)만이 아니라, 이러한 사실을 의미 있는 것으로 판단하여 선택하게 만드는 역사가의 관점, 즉 가치판단이 중요시 되고 있다. 특히 카는 실증사학자들의 역사철학적 성찰의 결핍을 문제로 지적하였고, 개념으로서 역사란 무엇인가라는 물음을 제기하며, "역사는 현재와 과거의 끝없는 대화"라고도 하였다.

한편, 김기봉은 『히스토리아, 쿠오바디스(Hisotoria, Quobadis)』(2016)에서 "근대에서는 역사가 과학의 한 분과학문으로 자리를 잡는 것이 과제였다면, 탈근대에서는 과학으로서 역사의 정체성 대신에 담론과 서사의 전통으로 회귀하는 경향이 나타난다."[41]고 하였다. 근대는 역사를 과학의 한 분야로 다루기 위하여 노력하였기에 학문적으로 발전한 것은 확실하다. 그러나 과학만으로 인간 역사의 모든 것을 설명하는 것은 불가능하다. 그런 점에서 앨빈 토플러(Alvin Toffler, 1928~2016)는 부인 하이디 토플러(Heidi Toffler)와의 공저인 『부의 미래(Revolutionary wealth)』에서, "프로슈머의 시대가 도래한다"고 하였다. 프로슈머는 생산자(producer)와 소비자(consumer)라는 단어를 조합하여 만든 단어이다. 소비자가 소비는 물론 제품 개발이나 유통과정에도 직접 참여하는 '생산적 소비자', 즉 생산활동을 하는 소비자를 가리킨다. 또한 프로슈머는 상품(product)과 소비자의 단어를 조합한 마케팅 용어로도, 혹은 전문가(professional)와 소비자의 단어를 조합하여 상품을 잘 아는 소비자를 가리키는 의미로 사용되는 경우도 있다.[42] 결국

41 / 김기봉, 『히스토리아, 쿠오바디스』, 서해문집, 2016, 9쪽.

42 / 시마다 로스케(島田陽介), 『プロシューマー入門 ―新消費市場にヒットを生む企業と客の両側に立つ新しい視点』, 第一企画出版, 1987.

일본의 교육사 교육 · 연구의 동향 / 한용진

43 / 김기봉, 앞의 책, 10쪽.

김기봉은 "역사의 과학화를 통해서 지식으로서 역사만을 의미 있는 것으로 인정하던 근대에서는 역사지식의 생산자와 소비자는 분리되었다."[43]고 하였다. 그러나 비전문가도 자신과 관련되는 분야의 지식생산에 참가하는 것처럼, 오늘날 시대는 변화되고 있다. 즉 생산자이며 또한 소비자인 사람들을 늘린다면, 사람들의 관심이나 참여를 이끌어낼 수 있을 것이다. 국가가 모든 교육을 주도하는 공교육시대로부터 개인의 교육권이나 학교선택권을 중시하는 신자유주의시대가 되었다. 최근 교육활동의 주도권은 단지 교사들뿐만 아니라 학생들도 공유하게 되었다. "역사는 역사가들에게만 맡기기에는 너무나 중요하다"는 말처럼, 교육사의 참정권을 교육사학자에게만 맡길 것이 아니라, 교육사에 관심이나 흥미가 있는 모든 사람에게 확대할 필요가 있다. 특히 교육제도사나 교육사상사 분야보다 교육문화사나 교육생활사의 영역이라면 그 가능성은 더욱 높아질 것이다.

또 하나 현대 사회의 새로운 특징으로 스마트폰의 등장을 생각해 볼 수 있다. 스마트폰은 이미 멀티미디어의 총아(寵兒)이다. 스마트폰 시대는 문자를 읽는 시각형 인간보다 복수감각을 지닌 복합형 인간을 요구한다. 선사시대와 역사시대를 구분해 주던 문자의 중요성이 새로운 부호 즉 이모티콘과 같은 다양한 감각적 기호들로 대치되고 있다. 바야흐로 멀티미디어 시대에는 문자 텍스트 이외에도 영상이나 음향, 음성, 도표, 애니메이션 등의 디지털 기술을 다양하게 활용하게 될 것이다. 따라서 멀티미디어시대의 역사는 책을 읽고 배우는 지식의 비율은 점차 낮아지고, 일상적인 문화활동 속에서 유튜브(YouTube)의 시청이나 어플리케이션(프로그램)의 다운로드, 그리고 역사자료를 모아 전시하는 박물관(디지털 박물관도 포함하여)등에서 배우는 기회가 점차 늘어나고 있다. 결국 그림문자나 영상 등 이미지와 관련되는 만화세대에게는 문헌자료뿐만 아니라, 구술(口述)이나 사진, 다큐멘터리 영화 필름 등 다양한 자료를 디지털화한 종합정보 데이터베이스 시스템의 구축이 필요하며, 그러한 빅 데이터로부터 필요한 정보를 찾아내는 디지털 문해력(literacy)이 더욱 중요하게 될 것이다.

그러나 '역사적 지식'이란 일어난 일로서의 '데이터(data)'로부터 사실로서의 '정보(information)'를 거쳐, 역사관이 있는 사람에 의해 의미 부여된 것으로, 그러한 '지식(knowledge)'을 통해서 '지혜(wisdom)'를 만들어내는 것은 또한 시청자이자 독자인 개개인의 능력이다. 교육적으로 현재와 과거의 '대화'를 할 수 있는 사람의 능력은 페스탈로치의 관점을 빌린다면, 단지 머리(head)나 손(hand)의 능력이 아니라, 마음(heart)의 능력이다. 즉 과학화에 의해 배제된 역사적 상상력의 부활이며, 문자의 역사학을 넘어서는 것에 의해 새로운 교육사연구도 열려질 것이다.

전후 일본 교육사 교재와 관련하여 일본의 대학 도서관 도서 목록 검색과 열람을 통해 대략적으로 찾아본 교육사 교재들을 '전공'과 '교직'으로 나누어 간행연도순으로 나열해 보면 다음과 같다.

1) 전공 교육사

이시카와 켄(石川謙), 『근세의 학교(近世の学校)』, 高陵社書店, 1957(昭和32).

모토야마 유키히코(本山幸彦), 『메이지 전기 학교성립사(明治前期學校成立史)』, 未來事, 1965.

우메네 사토루(梅根悟), 『교육사학의 탐구(教育史學の探究)』, 講談社, 1966(昭和41)

오토다케 이와조(乙竹岩造), 『일본교육사의 연구(日本教育史の研究)』, 目黑書店, 1981(昭和56)

시가 다다시(志賀匡), 『일본고대교육사: 교육의 원류를 찾아서(日本古代教育史-教育の源流を求めて)』, 千代田書房, 1982(昭和57)

쓰지모토 마사시(辻本雅史) 편, 『일본의 사회문화사(日本の社會文化史)』, 放送大學教育振興會, 2004.

야마모토 마사미(山本正身), 『일본교육사(日本教育史)』, 慶応義塾大学出版会, 2014

사이토 도시히코(斉藤利彦), 사토 마나부(佐藤学) 편저, 『근현대교육사(近現代教育史)』(신판), 学文社, 2016

이 중에서 가장 최근에 간행된 순서대로 세 권의 목차를 차례로 살펴보면, 먼저 사이토와 사토 편저의 『근현대교육사』(2016)는 그 제목에서도 알 수 있듯이 근대 이전은 제1장에서만 다루고, 공교육제도가 성립된 이후 교육개혁운동과 교육행정개혁의 제도사를 주로 다루고 있다.

제1장 근대 이전의 교육
제2장 공교육제도의 성립과 근대 교육사상의 전개
제3장 각국에 있어서 교육개혁운동의 전개
제4장 근대 일본교육제도의 성립
제5장 다이쇼(大正)·쇼와(昭和) 초기의 교육개혁
제6장 전후 일본의 교육사: 부흥에서 세계화에

두 번째로 야마모토 마사미의 『일본교육사』(2014)는 부제가 교육의 '지금(今)'을 역사로부터 생각하기인데, 고대와 중세를 한 장으로 엮고, 근세가 2장과 3장에 한정되고 4장부터 10장까지가 근대교육 관련내용이다. 이역시 행정제도사 중심이다.

1장 '조직으로서의 교육'의 태동과 진전: 고대·중세,
2장 근세에 있어서 교육조직화의 여러 동향
3장 에도시대의 '배움': '조직으로서의 교육' 단계에서의 배움
4장 근대교육의 발족(1): '학제' 제정과 그 교육이념
5장 근대교육의 발족(2): '교육령'의 제정과 개정
6장 근대교육의 발족(3): 복고주의의 대두
7장 근대교육의 확립(1): 모리 아리노리 문정기(文政期)의 교육개혁
8장 근대교육의 확립(2): '교육칙어'의 환발(渙発)
9장 근대교육의 확립(3): 메이지 후반기의 교육개혁
10장 근대교육의 확립(4): 메이지기의 교수이론 외.

세 번째로 교토대학 교수로 일본 교육사학회장을 역임한 쓰지모토 마사시의 『일본의 사회문화사』(2004)의 목차는 다음과 같다. 사회문화사라는 점에서 제1장이 문자(文字)에 대한 관심에서 시작되고 있으며, 2장부터는 근세 이후 문자 배우기와 출판문화, 민중교화, 그리고 근대의 교육칙어와 경제공황, 식민지교육 등을 다루고 있다.

94

특히 일본교육사학회장을 역임하였던 쓰지모토 마사시(현 대만대학, 전 교토대학)가 편찬한『일본의 사회문화사』(2004)는 기존의 학교제도사와는 달리 교육문화사라는 관점에서 시대구분을 ① '문자사회의 시대'로서의 근세·근대, ② '국가의 시대'로서의 근대, ③ '학교교육의 시대'로서의 근대, ④ 근세의 '배움 문화'로부터 보는 근대교육, ⑤ 미디어와 교육-'근대사회'에서 '학습사회'로 나누고 있는 것이 특징이다.

2) 교직교육사

교사가 되기 위하여 대부분의 자치단체에서 실시하는 교직교양시험에 등장하는 과목 중의 하나가 교육사이다. 통상 선다형 객관식으로 치러지며 교직에 관한 기초지식을 묻는 시험으로, 교육 법규, 교육방법과 교육과정, 학습지도요령, 교육사, 교육심리학 등에서 선택한다. 교직용 교과서는 책 표지에 교직강좌나 교직전문, 교사교육 텍스트 시리즈 등의 부제를 붙여놓고 있다. 눈에 띄는 몇 권의 제목과 목차를 나열하면 다음과 같다.

* 요리타 미치오(寄田啓夫), 야마나카 요시카즈(山中芳和), 『일본교육사(日本敎育史)』(교직전문시리즈②), ミネルヴァ書房, 1993.

　1장 일본교육사의 시작과 고대의 교육(대륙문화의 전파와 학교교육의 시작 등)

　2장 중세의 교육과 교육관(무사의 교육, 사원의 교육 등)

　3장 근세의 교육과 교육관(근세의 사회와 문화, 근세의 아동관과 교육관 등)

　4장 근대교육제도의 성립(메이지정부의 교육정책과 근대교육제도의 창설 등)

　5장 근대 교육사상·교육학설의 수용(사범교육의 성립, 서양교육학설의 수용 등)

　6장 다이쇼 데모크라시와 신교육운동

　7장 국가주의 체제하의 교육

　8장 민주주의와 전후 교육개혁

　9장 현대교육의 동향

* 후루사와 쓰네오(古沢常雄), 요네다 도시히코(米田俊彦), 『교육사(敎育史)』(교사교육텍스트시리즈), 學文社, 2009.

　서양교육사편:

　　1장 유럽 근대사회의 두 가지 교육문제-생활에서의 해방과 사회성원의 형성

　　2장 종교개혁기의 교육사상

　　3장 시민혁명기의 교육사상

　　4장 산업혁명기의 교육사상: 노동하는 사람들과 교육

　　5장 신교육사상·운동·실천: 국민교육제도의 저항하여

　　6장 현대의 교육과제

　일본교육사편:

　　7장 전근대에서 근대로: 1890년 무렵까지의 교육

　　8장 근대교육제도의 정비·확립: 1880년대 후반에서 1900년대

　　9장 근대교육의 전개: 1910~20년대

　　10장 전시체제화 속에서의 교육: 1930~40년대 전반

　　11장 전후의 교육: 1940년대 후반부터

　　교직과정의 교육사 역시 그 내용이 근대 이후에 집중되고 있으며, 서양교육사를 포함하기도 하지만 일본교육사만으로 구성되는 경우도 많다. 이상에서 살펴본 일본 교육사 교재들의 특징을 정리해 보면 대략 다음 3가지로 정리된다.

　　첫째는 교육사 서술에 있어서 '치우친 시간성'으로 고대나 중세보다 근세나 근대 중심이다. 이는 역사서술의 실증주의나 과학주의의 영향 때문으로 보이는데, 입증할 수 없는 내용은 간략하게 하되, 사료가 많은 시대에 대한 논의가 더 많이 이루어지고 있다. 그런 점에서는 근대뿐만 아니라 전후 현대 교육사도 상당한 비중으로 다루고 있다. 그러나 교육활동의 범위를 학교교육에 한정하지 않고, 가정교육이나 사회교육까지 확대한다면, 고대의 교육내용은 보다 풍부하게 될 것이다. 결국 이는 교육사 서술에 있어서 교육의 개념을 무엇으로 보는가와 관련된 문제이기도 하다. 교육을 '인간의 자기성장'으로 본다면, 호기심의 충족과정이 교육일 것이며, 교육을 '사회화'로 본다면, 자신이 속한 집단의 문화를 이어받는 과정이 교육일 것이며, 또한 교육을 인간행동의 '의도적 변화'로 본다면 제도화된 교육체제 속에서의 훈련과정이 교육일 것이다. 우리나라의 경우 교육사상과 교육제도 변화를 균형 있게 다루고 있는데 반해 일본의 교육사 교재는 전반적으

일본의 교육사 교육·연구의 동향 / 한용진

로 근대 이후 교육제도와 정책 변화 등을 집중적으로 다루고 있으며, 특히 전후 현대 교육까지 다루고 있다는 점이 특징이다.

둘째로 전반적으로 학교사나 정책사라는 입장에서 '교육제도사가 중심'이다. 이는 1877년(明治10) 문부성에서 간행한 최초의 『일본교육사』가 문부성 자료에 입각하여 만들어졌고, 이후에 일본교육사 편찬의 큰 흐름을 이루게 되었기 때문으로 보인다. 비록 20세기에 들어와 교육사상사도 포함되고, 최근에는 교육문화사나 교육사회사적 논의가 활발하게 진행되고 있지만 교사가 되고자 하는 사람들을 위한 교직교육사는 여전히 학교사 중심일 수밖에 없다. 그리고 이러한 서술방식은 공교육제도의 등장과 관련되는 것이기에, 첫 번째 특징인 '치우친 시간성'을 더욱 강화하고 있다.

셋째, 교육사 교육에서 '일본교육사 중시'로 구성되어 있다. 근대 역사학의 분류는 유럽 중심주의에 입각하여 서양사, 동양사, 자국사라는 3분 체계를 만들어냈다. 그리고 이러한 3분 체계는 대학에서의 학과 명칭으로도 자리잡아 학문적 소통과 통합적 연구를 가로막는 장애물로 작용하기도 한다. 교육사 연구도 이러한 3분 체계의 영향을 받았지만 보통은 동양교육사를 생략하고 (일본)교육사와 서양교육사라는 이분법이 강하다. 다만 최근에는 일본교육사라고 해도 그 내용에 중국과 한국, 서양과의 관계를 포함하여 글로벌한 시각으로 다루거나, 과목명을 '아시아교육사'로 개설하여 폭넓은 시각을 제공하려는 시도가 나타나고 있는 점은 매우 고무적이라 하겠다.

5. 맺음말

우리는 지금 제4차 산업혁명의 시대를 살고 있다. 인공지능(AI)의 발달과 빅 데이터의 검색엔진 등은 기존의 자료 수집과 외국어 번역에 걸리는 연구자의 노력을 획기적으로 줄여주고 있다. 고등교육의 대중화·보편화 현상, 그리고 평생교육기관에서 자진해서 받는 교육내용은, 점차 엘리트나 전문가와 일반인의 경계를 허물어가고 있다. 프로슈머로서 일반인들의 역량도 점차 전문가 수준으로 높아져 가며, 일방적 가르침 위주의 교육활동도 점차 자기주도적 학습이나 거꾸로 학습(Flipped learning) 등으로 변해

가고 있다. 교육개념의 모호함과 사실(fact)과 소설(fiction)의 경계에 놓인 팩션(faction)이 사람들의 주목을 받는 시기에는, 진부한 것으로 느껴질 수도 있는 '역사'라는 단어의 존재 의미를 되묻지 않을 수 없다. 이제는 교육사연구는 의미뿐만 아니라 재미도 제공할 수 있어야 한다. 이는 교육 대상에 따른 다양한 교육사 연구물이 등장할 때 가능할 것이다. 일본의 교육사 교육·연구의 동향을 통해 얻어지는 우리나라 교육에의 시사점은 다음과 같다.

첫째로 일국사(一国史) 중심의 교육사를 넘어설 필요가 있다. 역사의 3분 체제에서 유래한 서양교육사, 동양교육사, 자국교육사의 틀을 벗어나려는 시도이다. 먼저 역사와 마찬가지로 자국사 중심이라는 한국교육사를 넘어서기 위하여, 두 가지 방향이 있다. 하나는 국가 개념조차 없었던 원시시대의 문화전파·교류의 관점처럼 문명사적 관점으로 교육의 역사를 조명하는 것이다. 예를 들어 한자문화권의 전통을 갖고 있던 '(동)아시아교육사'를 서술하거나 혹은 아시아대륙(세계3대문명의 발상지)에서 확대하여 유럽까지도 포함한 '아시럽교육사'('유라시아'가 아닌)를 상정해 볼 수 있다. 또하나는 지역사회 커뮤니티인 동네나 마을 중심의 지역교육사 혹은 지방교육사 등의 강화를 통해 우리 주변의 일상적 활동에 주목해 볼 수 있다.

둘째로는 교양으로서의 교육사를 고민해 볼 수 있다. 교육사의 대중화를 위한 시도로 단순히 교직이나 전공자 대상의 교육사뿐만 아니라, 일반인이나 대학 교양으로서 교육사를 생각해 보아야 한다. 교육의 역사는 인류 문명의 보고라는 점에서, 예를 들어 결혼하려는 부부들을 위한 '가정교육사'(부부간 대화법이나 젠더이해의 관점, 가훈 등)나 부모들을 위한 '자녀양육사(아동청년발달의 이해)', 대학교양과목으로서 '교육적 인간상의 변천사' 등, 반드시 제목에 '사' 혹은 '교육사'가 붙어야 하는 것은 아니다. 오히려 사람들에게 친숙하고 필요한 내용을 제목으로 정해도 좋을 것이다.

셋째로 위인 위주의 교육사 뿐만 아니라 자기 자신이나 가족의 교육사도 생각해 볼 수 있다. 프로슈머 시대의 교육사는 위대한 교육사상가나 모범적인 학교제도·교육개혁이라는 정형화된 교육사 이외에도 보통사람들의 개인적인 경험에 바탕을 둔 교육사 작성도 가능하다. 사람들은 만들어진 교육사의 일방적 독자의 입장에서 벗어나 스스로 교육사를 만드는 작업에 관여하고, 자신의 기원과 뿌리를 확인하여 자기다움을 찾아가는 자기 실천의 교육을 하게 될 것이다. 2016년도에 일본 NHK방송은 「Family History」라는 프로그램을 통해 유명 연예인들의 조부모대와 부모대, 그리고 자기의 교육적 경험을 그려내는 3대의 가족교육사를 방영한 적이 있다. 사진 앨범을 통해 기록을 남기는 것에 그치는 것이 아니라, 스토리텔링을 통해 자신의 존재 근거를 확인하는 작업이 가능하다. 그리고 이러한 실천으로서 부모나 조부모의 어린 시절의 교육적 경험을 통해 오늘날 교육이 갖는 보편성과 특수성을 다시 되돌아볼 수 있게 될 것이다.

넷째로는 미래를 열어주는 교육사를 생각해 볼 수 있다. 어째서 교육사를 배우고 연구하는가에 관하여, 그 목적이나 바람직한 모습을 다시 생각해 보는 것이다. 교육사 그 자체는 과거의 사실을 다루고 있지만, 교육은 미래 세대를 가르치는 활동이라는 점에서 교육사는 더 나은 미래를 개척하는 내용이 되어야 한다. 지금까지 사용하던 방법뿐만 아니라, 빅 데이터(문헌이나 영상자료를 포함한 데이터 베이스)나 새로운 방법론을 사용하여, 자신이 속하는 다양한 커뮤니티나 지역의 미래에 보탬이 되는 인류 문화 성장발달 변천의 서사(敍事)를 적어보는 것은 가족사와는 또 다른 의미의 교육사를 인류보편사적 관점에서 제공하는 것이 될 것이다.

결국 19세기의 국가주의 시대나 20세기 제국주의 시대에는 국가별 교육사를 통해 민족의식을 높이고, 자국의 독립과 발전을 일신(一身)의 독립보다 우선시하였지만, 이제는 역사인식의 동심원적 연계를 좀 더 세밀하게 계열화하고, 보다 다양한 수준의 공간성을 확보할 필요가 있다. 즉 각 지역에 살고 있는 사람들의 교육적 보편성과 특수성을 고찰하고, 이에 상응하는 교육사가 요구된다. 교육의 역사는 좁게는 개인의 자기 성장과정에 대한 탐구이며, 넓게는 인류 문명사의 일종으로 문화전승과정의 흔적이다. 교육사 교육을 통해, 과거의 교육적 전통으로부터 무엇을 이어받을 것이며, 다음 세대에 무엇을 넘겨줄 것인가를 고민하여야 할 것이다. 그리하여 각 시대마다의 특징과 흔적에 대한 탐구는 단순히 문자나 제도에 한정되지 않고 다양한 문화사적 흔적들을 통해 개개 인간의 생명력이 약동하는 교육의 역사를 다음 세대에 전달한다는 교육사적 사명에도 관심을 갖게 되는 것이다.

참고문헌

김기봉(2016), 『히스토리아, 쿠오바디스(Historia, quobadis)』, 서해문집.

박균섭(2000), "근대 일본의 헤르바르트 이해와 교육", 『일본학보』 제44집.

우남숙(2011), "사회진화론의 동아시아 수용에 관한 연구", 『동양정치사상사』 제10호.

한용진(2012), "개화기 사범학교 『교육학』 교재 연구: 기무라 도모지(木村知治)의 『신찬교육학』을 중심으로", 『한국교육학연구』 18권 1호.

한용진·김자중(2009), "대한제국기 교육학 교재 분석", 『한국교육학연구』 제15권 3호.

한용진·최정희(2014), "일본 메이지기(明治期) 삼육 개념의 도입과 전개", 『비교교육연구』 제24권 1호.

教育史学会(2007), 『教育史研究の最前線』, 日本図書センター.

唐沢富太郎(1980), 『明治教育古典叢書(一)解説』, 東京: 株式會社 國書刊行會.

唐沢富太郎(1981), 『明治教育古典叢書(二)解説』, 東京: 株式會社 國書刊行會.

島田陽介(1987), 『プロシューマー入門 一新消費市場にヒットを生む 企業と客の両側に立つ新しい視点』, 第一企画出版.

藤原喜代蔵(1909), 『明治教育思想史』, 東京: 富山房을 원본으로 唐澤富太郎(1981), 『明治教育古典叢書』 33권, 東京: 國書刊行會.

山田恵吾 編著(2014), 『日本の教育文化史を学ぶ』, ミネルヴァ書房.

山住正己(1987), 『日本教育小史』, (岩波新書363).

森川輝紀(1997), 『大正自由教育と経済恐慌 大衆化社會と学校教育』, 東京: 三元社.

小原國芳 外編(1976), 『八大教育主張』, 東京: 玉川大學出版部.

小原国芳(1980), 『道徳教授革新論·学校劇論·理想の学校』東京: 玉川大學出版部.

手塚岸衛(1925), 『自由教育講習録 自由教育の原理と實際』, 朝鮮教育發行所.

伊澤修二(상권1882, 하권1883), 『教育學』(白梅書屋藏版)을 원본으로 唐澤富太郎(1980), 『明治教育古典叢書 I-8』, 東京: 國書刊行會.

田中智志·橋本美保(2015), 『大正新教育の思想』, 東信堂.

佐藤成実 著, 仲新, 酒井豊 校訂(1973), 『日本教育史』, 平凡社.

中島半次郎(1972: 원서 1921), 『教育思想大觀』, 東京:玉川大学出版部.

仲新 稲垣忠彦·佐藤秀夫 編著(1982), 『近代日本 教科書教授法資料集成』 第2巻 教授法書2, 東京: 東京書籍.

仲新 稲垣忠彦·佐藤秀夫 編著(1982), 『近代日本 教科書教授法資料集成』 第3巻 教授法書3, 東京: 東京書籍.

中野光·平原春好(2004), 『教育學』(補訂版), 有備閣.

片桐芳雄·木村 元 編著(2008), 『教育から見る日本の社会と歴史』, 東京: 八千代出版.

平松秋夫(1985), 『明治時代における小學校教授法の研究』, 東京:理想社.

Carr, E.H., 김택현 역(2015), 『역사란 무엇인가(What is history)』, 까치.

Toffler, Alvin & Toffler, Heidi, 김중웅 역(2006), 『부의 미래(Revolutionary wealth)』, 청림.

쓰쿠바대학 홈페이지 "創基からの沿革図" http://www.tsukuba.ac.jp/about/development.html (검색일: 2017.6.28)

재일코리안 문학의 경계를 사는 이야기

김계자 | 金季杍 Kim, Gae-ja

일본 도쿄대학(東京大学)에서 일본어일본문학 전공으로 박사학위를 받았다. 고려대학교 글로벌일본연구원 HK연구교수로 재직 중이다.
한일문학이 관련된 양상을 중심으로 재일코리안 문학, 일본문학문화를 연구하고 있다. 근대 한국과 일본의 문학은 혼종적인 문화 주체들이 상호 침투하는 문화접변(acculturation)의 공간이었다. 이러한 관점 하에 최근에 한국과 일본문학의 접촉지대(Contact Zone)를 일제강점기부터 해방 이후까지 통시적으로 살펴봄으로써 한국과 일본에서 일본어문학이 형성된 전체상을 드러내는 연구를 진행하고 있다.
주요 논저에 『근대 일본문단과 식민지 조선』(역락, 2015), 「김시종 시의 공간성 표현과 '재일'의 근거」(『동악어문학』 67, 2016.5), 「번안에서 창작으로─구로이와 루이코의 『무참』─」(『일본학보』 95, 2013.5), 『김석범 장편소설 1945년 여름』(역서, 보고사, 2017) 등이 있다.

1. '재일코리안' 문학

　재일코리안 문학을 이야기할 때 제일 먼저 해야 할 일이 개념 규정이다. '재일한국인'으로 할 것인지, '재일조선인'으로 할 것인지, 그것도 아니면 'Korean-Japanese'라는 의미를 번역한 '재일코리안'으로 할 것인지 생각해야 한다. 요즘은 '재일 디아스포라'라는 용어도 많이 쓰인다. 재일 관련 논문이나 책을 보면 이러한 용어들을 각자의 취지에 맞게 정의해 주석을 덧붙이고 나서 이야기를 시작하는 것을 자주 볼 수 있다. 그만큼 이들 '재일'을 살아가는 사람들에 대한 이야기가 간단치 않음을 알 수 있다. 왜냐하면 이들의 삶은 일제의 식민지배에서 남북한의 민족분단으로 이어지는 과정에서 한반도와 일본 열도, 한국과 북한 사이에 근현대사가 복잡하게 얽혀 있어 간단히 정의내릴 수 없기 때문이다.

　재일 2세로 교토(京都) 시에서 태어난 서경식은 자신을 '재일조선인'이라고 소개하며 다음과 같이 이야기하고 있다.

> 　현재의 일본 사회에서는 '재일한국인'이라는 호칭과 '재일조선인'이라는 호칭이 애매하게 뒤섞여 존재하는데, 후자를 일본에 거주하는 '조선민주주의인민공화국 출신자' 혹은 '북한 국민'으로 오해하는 사람들이 적지 않다. 동시에 '재일한국·조선인'이라든가 '한국어'라는 말도 자주 쓰이는데 이들 용어는 모두 재일조선인이 형성된 역사에 대한 무지의 소산이라고 할 수 있다. 또한 '조선'과 '한국'은, 전자는 '민족'을 후자는 '국가'를 나타내는 용어이며 관념의 수위가 다르다. 혼란은 이와 같은 개념상의 구별이 애매한 상황에서 발생하는 것인데, 그 배경에는 '민족'과 '국민'을 동일시하는 것에 의구심을 갖지 않는 단일민족국가 환상이 뿌리 깊게 가로놓여 있다.[1]

　서경식이 정리한 대로 '조선'은 민족명이고 '한국'은 국가명이기 때문에 '재일조선인'과 '재일한국인'은 위상이 다른 호칭이다. 김석범도 남과 북으로 나뉜 현재와 같은 분단된 조국을 부정하고 해방 이전의 상태로 그대로 남아있고자 하는 의미에서 '재일조선인'을 고집한다. 서경식과 김석범이 '재일조선인'이라는 호칭을 고집하는 문맥은 서로 조금 다르지만, '재일한국

1 / 서경식 지음, 김혜신 옮김, 『디아스포라 기행—추방당한 자의 시선』, 돌베개, 2006, p.16.

인과 같이 '재일'을 남북한의 어느 한쪽에 귀속시키는 것을 부정하고 있는 의미에서는 공통된다. 그런데 '조선인'이라는 명칭은 민족명이기도 하지만 동시에 식민지배 이래 일본에서 차별과 편견의 멸칭으로 사용되어 온 문맥이 있어 본고에서는 이를 지양하고자 한다. 아울러 일본으로 귀화한 사람들까지 다양한 상황을 포괄하기 위해 본고에서는 국제적으로 통용되는 '재일코리안' 개념을 사용하기로 한다. 단, 인용문의 경우는 그대로 둔다.

재일코리안 문학은 세대를 거듭하면서 개별적인 다양한 양태로 나타나고 있다. 기존의 재일코리안 문학이 중시해온 정치, 이념, 민족 중심의 이념적인 경향이 현대에 들어와 현실의 실존적 문제가 중시되면서 '재일성'이 해체되었다고 보는 김환기의 견해나,[2] 1990년대 이후 '재일조선인문학'이라는 호칭으로 묶을 수 없는 다양한 양상이 나타나고 있는 것을 들어 '조선인'을 빼고 '〈재일〉문학'이라는 용어로 범주화해야 한다는 이소가이 지로(磯貝治良)의 주장은[3] 다양하게 변모하고 있는 재일코리안 문학의 현재의 모습을 잘 지적하고 있다.

2 / 김환기, 「재일디아스포라 문학의 형성과 분화」, 『일본학보』 74집, 2008.2, p.168.

3 / 磯貝治良, 『〈在日〉文学の変容と継承』, 新幹社, 2015, pp.7-32.

그러나 다양한 개별성의 문학 양태로 나타나는 가운데 여전히 집단적이고 역사적인 의미로 소환되는 '재일코리안 문학'이 엄연히 존재하는 것 또한 사실이고 보면, 위의 두 지적은 석연치 않다. 최근에 송혜원은 『'재일조선인 문학사'를 위해―소리 없는 소리의 폴리포니』에서 재일문학사의 시기를 해방 후부터 1970년까지로 한정하고, 조선어와 일본어가 섞인 탈식민지화의 언어 공간에서 재일의 아이덴티티를 찾으려 한 활동을 정리하면서 '재일조선인'이라는 호칭을 다시 불러들였다.[4]

4 / 宋惠媛 『「在日朝鮮人文学史」のために―声なき声のポリフォニー』, 岩波書店, 2014.

즉, 재일 문학이 다양화되고 있기는 하지만 그렇다고 해서 집단적이고 역사적으로 범주화되는 특징 자체가 없어졌다고 볼 수는 없다. 그리고 이러한 집단적인 개념은 현재의 시점에서 언제든 소환될 수 있다. 재일코리안 문학을 '재일성'이나 민족과 같은 틀 속에서 유형화시키는 방법이 과거에는 괜찮았는데 현재는 맞지 않는 그런 문제는 아닐 것이다. 그보다는 오히려 서사 방법이 다양화된 때문이 아닐까 생각된다.

즉, 종래에 재일코리안 문학을 일본과 한반도의 틈바구니에 낀 지점에서 보거나 정치적이고 민족적인 이데올로기를 주입해 부(負)의 이미지로 읽어온 동시대적 문맥이 달라지고 있는 것이다. 그렇다면 재일코리안 문학을 어디에 시좌(視座)를 두고 볼 것인가? 이를 명확히 하는 것이 곧 '재일'의 근거를 밝히는 것이 될 것이다.

'이산(離散)'을 뜻하는 '디아스포라(Diaspora)'라는 말은 사실 기원으로 회귀하는 것을 의미하는 것이 아니라, '이동'의 의미로 파악하는 것이 적절하다. 제국은 해체되고 식민지는 사라졌지만, 사람과 자본이 이동하고 이에 따른 언어 문제가 여전히 남아 있다. 재일코리안 문학을 경계를 넘는 이동의 관점에서 파악할 필요가 있다. 이에 공간의 이동과 상상이 방법화된 서사물을 통해 확장되는 재일코리안 문학의 의미를 생각해보고자 한다.

2. '재일'의 근거

제주도 4·3항쟁을 중심으로 해방 직후의 정국을 서사화한 김석범의 『화산도(火山島)』(전7권, 文藝春秋社, 1997)가 해방 70년의 시점에 한국에서 완역된(전12권, 보고사, 2015.10) 것에 이어, 일본에서도 주문제작 형태로 재출간되어(전3권, 岩波, 2015.10) 화제를 모으고 있다. 같은 숫자만큼의 재일을 살고 있는 한 노작가의 총결산으로서 재일코리안문학의 의미를 새삼 생각하게 한다.

『화산도』는 제주도를 중심으로 서울, 목포, 일본의 오사카, 교토, 도쿄를 오가며 식민과 해방, 이후 여전히 남은 한일 간의 문제를 그리고 있다. 한국어 번역판의 출간에 부쳐 김석범은 다음과 같이 말했다.

나는 『화산도』를 존재 그 자체로서 어딘가의 고장, 디아스포라로서 자리 잡으면 좋겠다고 생각한다. 『화산도』를 포함한 김석범 문학은 망명문학의 성격을 띠는 것이며, 내가 조국의 '남'이나 '북'의 어느 한쪽 땅에서 살았으면 도저히 쓸 수 없었던 작품들이다. 원한의 땅, 조국상실, 망국의 유랑민, 디아스포라의 존재, 그 삶의 터인 일본이 아니었으면 『화산도』도 탄생하지 못했을 작품이다. 가혹한 역사의 아이러니![5]

5 / 김환가·김학동 옮김, 『김석범 대하소설 火山島』 1권, 보고사, 2015, p.5.

'해방'과 '패전'을 가로지르며 어느 한쪽에 동화되기보다는 차이를 만들어가며 공존의 방식을 찾아온 재일코리안의 삶이기에 남북한 어느 쪽에도 가담하지 않고 조국으로부터 상대적 거리 두기가 가능한 '재일'의 존재규명이 보이는 대목이다. 그리고 '재일'의 위치에서 거리두기를 하고 있기 때문에 해방정국의 정치사회적인 문제를 그릴 수 있었다는 말은 아이러니지만 매우 중요한 지적이다.

『화산도』의 작중인물 이방근이 누이동생 유원을 일본에 밀항시킬 준비를 하면서 "일제의 지배, 그리고 계속되는 미국의 지배. 병든 조국을 버리고 패전한 과거의 종주국 일본으로" 떠나는 사람들을 언급하며 "폐허의 땅"에서 "신생의 숨결, 창조에 대한 희망"을 이야기하는 부분은[6] 해방기에 민족적 정체성으로 복귀하는 귀환서사와 다른 이동의 정치학을 보여주고 있다. 김석범은 실제로 1945년 11월에 일본에서 해방된 조국으로 돌아오지만, 1946년 여름에 한 달 예정으로 일본으로 건너갔다가 그대로 재일의 삶을 살았다. 김석범은 '재일'의 위치에 대해 다음과 같이 말했다.

6 / 위의 책 7권, p.153.

> '재일'은 남북에 대해서 창조적인 위치에 있다. 이는 남북을 초월한 입장에서 조선을 봐야한다는 의미이고, 또 의식적으로 그 위치 즉 장(場)에 적합한 스스로의 창조적인 성격을 형성할 필요가 있다. / 창조적인 성격이라는 것은 조국분단의 상황 하에서 '재일'이라는 위치에서 통일을 위해 어떤 형태의 힘, 탄력이 될 수 있는 것을 말한다. 환언하면, 북에서도 남에서도 할 수 없는 것을 할 수 있을 뿐만 아니라, 남북을 총체적으로 혹은 객관적으로 볼 수 있는 장소에 있기 때문에 그 독자성이 남북통일을 위해 긍정적으로 작동하지 않으면 안 된다.[7]

7 / 金石範
「「在日」とはなにか」,
『季刊三千里』18号, 1979.
夏. p.35.

즉, 김석범은 '재일'을 남북을 초월해 확장된 위치에 놓고 있음을 알 수 있다. '재일'의 위치에 있기 때문에 『화산도』의 집필도 가능했으며, 또 남북통일의 단초도 마련할 수 있다는 것으로, 남과 북을 아우르는 근거를 '재일'이라는 삶 속에서 찾고 있다. 남북분단은 식민지배에서 비롯되어 한국전쟁으로 이어지는 속에서 고착화되었기 때문에 '재일'이라는 한일 근현대사가 얽힌 삶 자체와 궤를 같이 한다. 따라서 분단을 푸는 문제도 남과 북을 확장된 시각에서 볼 수 있는 '재일'이라는 관점에서 가능하다고 말하고 있는 것이다.

해방 이후에 한반도에서 일본으로 이동한 '재일'의 의미는 김시종 시인의 시 창작을 통해서도 살펴볼 수 있다. 해방 이후 제주 4·3항쟁에 가담했다가 탄압을 피해 1949년 5월에 일본으로 밀항해 오사카의 조선인 거주지 이카이노(猪飼野)에 정착한 망명자 김시종의 시세계는 조국이나 민족과 같은 추상적인 개념과 단절된 지점에서 시작된다. 그는 해방 후의 망명자기에 스스로를 '순수한 在日'이 아니라고 하면서, 그러나 "재일이라는 것은 일본에서 태어나고 자란 것만이 재일이 아니라 과거 일본과의 관계에서 일본으로 어쩔 수 없이 되돌아온 사람도 그 바탕을 이루고 있는 '在日'의 囚子입니다"[8]고 말하고, 망명자가 갖는 노스탤지어를 끊어내고 재일의 실존적 의미를 찾으려 했다.

김시종은 『장편시집 니이가타』(1970)가 한국에서 번역 간행되었을 때, 「시인의 말」에서 다음과 같이 적고 있다.

> 남북조선을 찢어놓는 분단선인 38도선을 동쪽으로 연장하면 일본 니이가타시(新潟市)의 북측을 통과한다. 본국에서 넘을 수 없었던 38도선을 일본에서 넘는다고 하는 발상이 무엇보다 우선 있었다. (중략) 이른바 『장편시집 니이가타』는 내가 살아남아 생활하고 있는 일본에서 또다시 일본어에 맞붙어서 살아야만 하는 "재일을 살아가는(在日を生きる)" 것이 갖는 의미를 자신에게 계속해서 물었던 시집이다.[9]

위의 말에 김시종이 '재일'하는 근거가 잘 나타나 있다. 즉, 일본에서 한반도의 남북이 하나의 사정권으로 부감되고, 나아가 분단의 경계를 넘는다는 발상을 하고 있는데, 이는 '재일'하고 있기 때문에 가능한 상상의 공간 확장이라고 할 수 있다. 김시종의 경계 넘기는 확장된 공간에 대한 상상에 의해 이루어지고 있는 것이다. 김시종은 '재일을 산다'고 종종 표현하는데, 일본에 거주한다는 의미에 머무르지 않고, '산다'는 말을 덧붙임으로써 재일하는 삶에 대해 적극적으로 의미를 부여하고 있음을 알 수 있다.

8 / 김석범·김시종 저, 이경원·오정은 역, 『왜 계속 써왔는가 왜 침묵해 왔는가』, 제주대학교 출판부, 2007, pp.162-163.

9 / 곽형덕 역, 『김시종 장편시집 니이가타』, 글누림, 2014, 쪽수 표기 없음.

재일코리안 문학의 경계를 사는 이야기 / 김계자

이와 같이 김석범과 김시종이 보여준 '재일'의 의미는 분단된 조국의 남북을 뛰어넘는 확장된 공간이다. 이는 한반도와 일본 사이에 끼인 틈바구니가 아니라, 한반도와 일본을 포괄적으로 아우르는 '재일'하는 삶이기에 가능한 발상의 전환이며 상상된 공간이라고 할 수 있다. '재일'의 삶을 살아가는 두 노 작가의 공간 상상력이 경계를 살아가는 재일코리안 이야기를 새롭게 인식하도록 해주고 있다.

3. 재일코리안 문학의 탄생

일본 사회에 '재일코리안 문학'이 널리 알려지게 된 것은 1960년대 후반부터이다. 1955년에 결성된 재일본조선인총연합회(총련)의 문예정책으로 조선어 창작물이 많이 나왔는데, 1960년대 후반에 이르면 총련의 권위적이고 획일적인 의식의 동일화 요구에 맞서, 김석범, 김태생, 고사명, 오임준, 김시종 등과 같이 일본문단에 일본어로 글을 발표하는 사람들이 많아지면서 재일코리안 문학이 널리 알려진다. 그리고 1972년 1월에 이회성의 『다듬이질하는 여인』이 외국인으로서는 처음으로 아쿠타가와상(芥川賞) 수상작(1971년도 하반기)으로 결정되면서 재일코리안 문학 논의는 더욱 활발해졌다. 윤건차는 1970년대에 들어와서 재일조선인 문필가가 다양한 분야에서 활약해 일본사회에서 재일조선인 문학이 명확한 형태로 의식되게 되었다고 말했다.[10]

이회성은 가라후토(樺太, 현 사할린)의 마오카초(眞岡町)에서 재일코리안 2세로 태어났다. 일본이 패전한 후 1947년에 소련이 사할린을 점령하면서 이회성의 가족은 일본인으로 가장해 홋카이도로 들어가지만 미점령군의 강제송환처분을 받아 규슈의 하리오(針尾) 수용소에 수감되어 있던 중에 GHQ 사세보(佐世保) 사령부와 절충이 되어 홋카이도의 삿포로(札幌)에 정착해 재일의 삶을 살았다. 문단에 데뷔해 몇 편의 단편작을 발표한 후에 『다듬이질하는 여인(砧をうつ女)』(『季刊藝術』, 1971.6)을 발표했는데, 이회성의 초기작은 자신의 유년시절과 청년시절을 회고하는 자전적 성

10 / 윤건차, 『자이니치의 정신사』, 한겨레출판, 2016, p.596.

격이 강해 아버지의 난폭함과 어두운 '집'의 문제, 재일코리안의 정체성 문제 등을 다루고 있다. 아쿠타가와상을 수상한 이후는 한국을 방문하면서 남한 정권에 대해 비판하는 등 이후의 작품 경향은 달라진다.

『다듬이질하는 여인』은 성인이 된 '내'가 어린 시절 어머니 장술이에 대한 기억을 떠올리며 이야기하는 형식으로, 패전을 10개월 앞둔 시점에서 어머니와 사별하는 9살 된 '나'의 기억으로 시작해 유년 시절로 거슬러 올라간다. 문어 춤으로 사람을 웃기고, 야뇨증으로 소금을 얻으러 다니던 기억 속에 있던 어머니의 모습과 화를 잘 내던 아버지의 기억, '동굴'이라고 칭한 조부모 집에서 할머니의 신세타령으로 들은 어머니의 젊은 시절의 모습과 조선에서 일본으로 건너가 결혼하고 홋카이도에서 가라후토에 이르는 일가족의 유맹(流氓)의 세월을 이야기한다. 그리고 1939년에 조선의 친정에 기모노를 입고 파라솔을 쓰고 돌아온 어머니를 따라왔을 때의 기억을 '나'는 떠올리고, 33살에 죽은 어머니의 나이에 도달한 현재의 자신을 되돌아본다. 그리고 다시 어릴 적 회상으로 돌아가 어머니와 아버지가 싸우던 모습, 어머니의 다듬이질하던 소리, 그리고 어머니의 죽음에 대한 아버지의 자책을 회상하는 '나'의 술회로 소설은 끝난다.

즉, 이 소설은 장대한 이동의 이야기이다. 소설 속에서 '나'의 아버지가 조선에서 일본의 시모노세키로, 그리고 혼슈를 거쳐 홋카이도, 가라후토로 이동해 살아온 삶은 작자인 이회성의 삶이기도 하다. 작중에서 유일하게 이름이 주어진 '장술이'는 이회성의 어머니의 실제 이름으로, 소설의 인물 설정이나 이동의 경로가 이회성의 개인의 체험에 바탕을 두고 있기 때문에, 『다듬이질하는 여인』을 '사소설(私小說)'의 일종으로 읽을 우려가 있다. 그런데 이 소설은 작자 이회성 개인의 체험을 쓴 사소설이라기보다, 재일코리안의 유맹의 삶을 표상하는 재일코리안 문학의 대표성을 띤다. 왜 그러한가?

장술이에 대한 이야기는 자식인 '나', '나'의 할머니, 그리고 '나'의 아버지의 세 축으로 진행된다. 할머니의 내레이션에 의해 회상되는 딸 술이의 모습은 1920년대 식민지 조선을 배경으로 매우 활동적인 처녀적 시절의 이야기가 많다. 이에 비해, 아버지가 회상하는 아내 술이에 대한 이야기는

1930년대 이후에 일본으로 건너가 각지를 전전하다 당시 일본 점령지의 최북단인 가라후토까지 이동하면서 겪는 이야기를 보여준다. 그리고 '나'는 자신이 어릴 적 어머니 술이의 모습을 플래시백해 회상하거나, 할머니와 아버지의 회상을 종합하면서 전후 일본으로 시점을 이동시킨다. 즉, 소설의 시공간이 1920년대의 조선, 1930~40년대의 일본, 그리고 전후의 일본으로 이어지는 그야말로 재일코리안의 삶의 궤적을 그대로 보여주고 있는 것이다.

다시 말해 '나'는 할머니가 신세타령으로 회상해 들려주는 딸 술이에 대한 이야기를 전해 들으며 자신이 모르는 어머니의 젊은 시절을 그리고, 또 아버지가 들려주는 이야기를 통해 일제 말기에 조선인이 처해있던 상황을 떠올리면서, 전후 일본에서 어머니에 대한 기억을 거슬러 올라가 이야기해가는 구조이다. 할머니의 신세타령과 같은 전통적인 내레이션을 자신은 흉내낼 수 없지만 평범한 방법으로 어머니 이야기를 계승해가겠다는 '나'의 내레이션은 재일코리안 문학이 갖는 의미를 잘 보여주고 있다.

이회성이 『다듬이질하는 여인』으로 아쿠타가와상을 수상해 일본사회에 재일코리안 문학을 새롭게 발견하게 한 것도 중요하지만, 개인의 내레이션이 집단적인 재일코리안 서사로 전환되는 양태를 이 소설의 구조와 내레이션 방식이 잘 나타내고 있다.

재일코리안 문학을 이야기할 때 '사소설' 논의가 언급되는 경우가 종종 있다. 이는 일본사회에서 재일코리언문학에 대해 내리고 있는 평가와 관련되는 문제이기도 하다. 한국근대사의 정치사회적인 측면에 중점을 두고 『화산도』를 집중 분석한 나카무라 후쿠지(中村福治)의 연구에 작자 김석범은 발문에 다음과 같이 적고 있다.

> 『화산도』를 '일본식 사소설(私小說)'이라고 보는 지적도 있었는데, 이런 얼토당토 않는 경우는 사정을 모르는 무지에서 오는 것이었다. 한마디로 '재일조선인문학'이 일본의 문학 주류이자 전통인 사소설의 영향을 받고 그 품안에서 성장·'공존'해 온 것이라면, 유독 일본의 사소설에 거리를 두고 그 영향권 밖에서 문학세계를 구축해 온 것이 '김석범'의 문학이었다. 대체로 당시(1988년에 제1부 한국어판 『화산도』가 출판되었을 때-인용자 주)의 『화산도』평은 나로 하여금 한국문학계에 『화산도』에 대한 문학적

수용력이 없지 않는가 하는 의문을 가지게 한 것이 사실이다.[11]

위의 인용에서 김석범이 하고 있는 말의 요지는 재일코리안 문학이 '일본식 사소설'의 성격을 가지고 있는데 『화산도』는 그렇지 않다는 주장이다. 『화산도』가 사소설이 아니라는 이야기를 굳이 언급해야할 정도로 사소설로 보는 사람이 많다는 것도 이상하지만, 재일코리안 문학이 사소설적 성격을 갖는다고 작자 스스로 전제하고 있는 점이 사실 더 문제적이다. 김석범은 2015년에 『화산도』 한국어 번역이 나왔을 때 출간사에 부치는 글에서도 위의 내용을 그대로 전재(轉載)하고 있다.[12] 그런데 이러한 관점은 한국문학계에 한정된 문제가 아니다. 가와무라 미나토(川村湊)의 글을 보자.

11 / 김석범, 「발문」, 나카무라 후쿠지(中林福治) 지음, 『김석범 『화산도』 읽기–제주 4·3 항쟁과 재일한국인 문학』, 삼인, 2001, p.268.

12 / 김환가·김학동 옮김, 『김석범 대하소설 火山島』 1권, 보고사, 2015, p.6.

> 김석범 문학을 단순히 둘로 나누면 대표적인 장편소설 『화산도』와 같이 제주도를 무대로 한 작품군과 일본사회의 '재일조선인' 세계를 그린 작품군이 있다. 전자는 특히 해방 직후의 제주도 4·3사건을 테마로 다룬 것으로, 초기작 『까마귀의 죽음』부터 『화산도』에 이르기까지 필생의 테마라고 할 수 있다. 후자는 제주도출신 이주자의 '재일세계'를 그린 것으로, 작가 자신의 사소설적 계열과 '재일군상'이라고 할 수 있는 작품의 계열이 있다. 그러나 어느 쪽도 '고향'이나 '고국'에 안주하는 것은 물론이고, 정주 혹은 거주하는 '사회' 속에서도 귀속성을 가질 수 없는 이른바 "타향살이" 생활을 영위해야 하는 사람들이라는 사실은 공통적으로 있다.[13]

13 / 川村湊 「金石範の文学世界」 「재일 디아스포라 문학의 글로컬리즘과 문화 정치학–김석범 「화산도」–」 (동국대학교 문화학술원 일본학연구소 제52회 국제학술심포지엄 프로시딩), p.70.

위의 인용에서 보듯이, 『화산도』 계열의 소설을 사소설로 보지 않는다고 하면서도 결국은 '타향살이'를 살 수밖에 없는 부(負)의 관점에서 뭉뚱그리며 이주자로서 재일코리안의 삶을 그린 문학을 사소설로 보는 경향은 가와무라 미나토에게도 보인다. 사실 나카무라 후쿠지의 연구를 비롯해 『화산도』를 별도로 취급하는 시각에는 제주도에서 일어난 한국 근대사의 문제로 한정하며 '일본'을 소거하는 레토릭이 작용하고 있음을 간과해서는 안 된다. 『화산도』에 그려진 것이 해방 이후의 제주도만은 아니지 않은가. 요컨대, 『화산도』 계열과 그 외를 나누고 이를 사소설인지 아닌지 구분 짓는 것에 앞서, 재일코리안 문학을 사소설로 축소해 보는 전제의 오류가 먼저 지적되어야 할 것이다.

일본문단에서 한국인의 문학을 사소설로 언급하는 것은 일제강점기에 김사량의 『빛 속으로』(『文藝首都』, 1939.10)가 아쿠타가와상 후보에 올랐을 때 선자(選者)였던 사토 하루오(佐藤春夫)가 "사소설 속에 민족의 비통한 운명을 마음껏 짜 넣어"[14] 그렸다고 한 평가 이래 계속되고 있는 현상이다. 사소설 논의의 문제는 사소설이라고 규정하는 순간 문학의 형식이나 표현이 침잠해가는 내면에 가린다는 데에 문제의 소지가 있다. 사소설의 잣대를 들이대는 것만이 능사는 아니다. 재일코리안 문학이 문학 텍스트인 이상, 형식이나 표현에 대한 분석이 기초가 된 위에서 그 의미가 비로소 정위(正位)될 수 있을 것이다.

14 / 『芥川賞全集』 2권, 『文藝春秋』, 1982, p.397.

일견 개인의 자전적인 이야기로 보이는 것일지라도 문학의 언어로 되는 순간 더 이상 개인의 이야기가 아니다. 왜냐하면 어떤 구성이나 방법을 취하고 있느냐에 따라 표현되는 내용은 얼마든지 달라지기 때문이다. 또 내용의 모순을 작자의 의도와 관계없이 형식이 폭로하기도 한다. 예를 들어, 화자의 내면을 그대로 보여주는 듯한 일기 형식으로 적은 내용도 연기(演技)하고 가장(假裝)하는 내레이션 기법은 얼마든지 가능하고, 또 목적성을 띨 경우 오히려 효율적으로 기능하기도 한다. 특히 그 이야기가 소수자의 문학일 경우는 지배적인 담론에 이의를 제기하고 새롭게 확장될 수 공간성을 만들어내기 때문에 여러 층위에서 보려는 시각이 필요하다. 일본의 '사소설' 담론의 폐해가 재일코리안 문학의 의미와 가능성을 축소시키는 것을 경계하고자 한다.

4. 재일코리안 문학은 귀문(鬼門)을 넘는가

'귀문'은 김석범이 『화산도』 완결을 위해 제주도로 취재를 가고자 했으나 80년대 당시 군부독재의 한국 땅에 마음대로 드나들 수 없었던 고국 상실자로서의 고통을 비유해 쓴 말로, 정치가 미치지 않는 부분에서의 문학적 성과를 포함해 넓게 포괄하며 정치와 문학의 문제를 이야기하기 위해

쓴 화두이다.[15]

　90년대를 지나면서 재일코리안에게 한국의 정치 상황이 조금 편해진 시기도 있었지만 30년이 지난 현재에도 경색된 상황이 크게 달라지지 않은 것 또한 사실이다. 2015년 10월에 『화산도』 완역 출판기념 학술대회가 동국대에서 예정되어 있었는데, 여기에 저자인 김석범이 한국정부의 입국 거부 결정으로 참석하지 못했다. 애초에 제주 4·3항쟁을 소설로 쓴 현기영과 대담 형식으로 진행하려던 코너는 현기영 단독으로 김석범을 회고하는 형태로 마무리 지어졌다. 아흔을 넘긴 데다 건강 상태도 좋지 못한 김석범은 이것으로 죽을 때까지 조국 방문은 어렵겠다는 통한의 눈물을 흘린 것으로 나중에 일본의 지인에게 전해 들었다. 이 일만 봐도 김석범과 같이 정치적 성향이 강한 재일코리안에게 한국행은 여전히 '귀문'으로 남아있는지도 모른다.

　그런데 김석범의 경우와는 다른 의미에서 '귀문'의 한국행을 이야기하는 작품으로 이양지(李良枝)의 『유희(由熙)』(『群像』 1988. 11)를 들 수 있다. 재일코리안 '유희'가 서울에 와서 모국의 언어와 문화를 체험하는 과정에 갈등이 고조되며 결국 중도에 일본으로 돌아가 버리고 마는 과정을 한국인 '나'의 시점에서 그리고 있다. 작중인물 '유희'를 통해 제기되는 언어에 대한 문제의식은 모어와 모국어 사이에서 분열하는 모습을 통한 정체성의 혼란이나,[16] 내셔널한 경계 설정 자체가 무의미한 언어의 문제[17] 등, 다양하게 논의되어 왔다. 그런데 이러한 논의에는 재일코리안이 한국과 일본 사이에 놓여있는 존재라는 인식이 전제되어 있음을 알 수 있다. 이는 '유희'를 바라보는 '나'의 시각에 잘 드러나는데, 정체성의 혼란이나 경계 설정의 문제로 논의가 귀결되는 것도 이러한 '나'의 시각을 따라가고 있기 때문으로 사료된다.

　환기시키고 싶은 점은 '유희'는 일본어로 살아가는 존재라는 사실이다. 일본어로 살아가는 '유희'가 한국으로 이동해 다른 언어 체험을 하는 과정은 '사이'의 문제라기보다 공간의 '확장'으로 보는 것이 더 설득력 있다. '말의 지팡이(ことばの杖)'를 '아'로 잡으면 'あいうえお'의 일본어 세계가 펼쳐지는데, '아'로 잡으면 '아야어여'의 한국어 세계가 새롭게 펼쳐지는 것이

15 / 金石範 『国境を越えるもの一「在日」の文学と政治一』, 文藝春秋, 2004, p.126.

16 / 이덕화, 「이양지의 새로운 디아스포라 의식, '있는 그대로 보기'」, 『세계한국어문학』 5집, 2011.4, p.65.

17 / 심정명, 「경계는 어디에 존재하는가?: 유희 다시 읽기」, 『순천향 인문과학논총』 제30집, 2011, p.64.

재일코리안 문학의 경계를 사는 이야기 / 김계자

다. 물론 '유희'는 자신이 어느 지팡이를 잡는지 분명하게 깨달은 날이 없고 점점 알 수 없어져 지팡이를 잡을 수 없다고 '나'에게 토로하지만, '유희'는 분명 일본어로 4백 매가 넘는 원고를 '나'에게 남긴다. 읽을 수 없는 것이 '나'의 문제로 남는다. '나'는 "'야'의 여운만이 목구멍에 뒤엉킨 채 '아'에 이어지는 소리가 나오지 않"고,[18] 소설은 끝난다.

18 / 李良枝, 「由熙」, 『〈在日〉文学全集』 8巻, 勉誠出版, 2006, p.336.

즉, '귀문'을 만들고 있는 것은 오히려 '나'인 것이다. 유희의 한국어 발음이 이상하다든가 띄어쓰기를 못한다고 지적하고, 일본어 책을 주로 읽는다고 화를 내는 '나'의 시선이 이동의 상상을 막고 있는 것이다. '유희'가 남긴 일본어 원고를 재일코리안 문학의 비유로 생각해보면, '귀문'은 정치사회적인 외부적 요인뿐만 아니라 독자의 제한된 심상에 서사를 가두는 행위이기도 하다.

이러한 의미에서 보면 재일코리안 유희가 아니라 한국인 '나'의 시점에서 이야기를 전개하는 형식은 매우 시사적이다. 재일코리안 유희에 대해 한국인 '나'가 어떻게 느끼는지, 그리고 이러한 '나'의 시각을 작자가 어떻게 대상화하고 있는지 복수의 층위에서 읽을 필요가 있다.

5. 이동하는 복수의 내러티브

현재 재일코리안은 5세대까지 이어지면서 일제강점기에 일본으로 건너가 처음에 '조선적'으로 살다가 이후 남북 분단의 갈등 속에서 '한국적'으로 바꾸어 살고 있는 재일(在日)의 의미를 현재를 살아가는 젊은 세대의 감각으로 그리고 있는 문학이 나오고 있다. 후카자와 우시오(深沢潮)의 장편 『녹색과 적색(緑と赤)』(実業之日本社, 2015)은 한국 국적을 가진 재일코리안 4세 '지영(知英)'을 통해 이러한 재일코리안의 통시적인 흐름을 보여주고 있는데, 헤이트스피치(특정 집단에 대한 공개적 차별·혐오 발언)의 문제를 중심으로 재일코리안이 일본 내에서 곤란을 겪고 있는 상황을 초점화하면서 일본인과 재일코리안, 그리고 재일코리안과 한국인 사이의 심리적 갈등을 작중인물들의 한일 간의 이동을 통해 그리고 있는 시공간이 매우 넓은 소설이다.

특히 흥미로운 점은 6장 구성에 관련된 5인의 작중인물이 각 장의 제목에 각각 배치되어 이들의 시점을 따라 이야기가 연쇄되고 있는 점이다. 이들 5인은 전원이 서로 알고 지내는 사이가 아니라 일부가 서로 연결되며 이야기가 전개된다. 이야기의 전개는 주로 작중인물들의 공간 이동을 따라 이루어진다. 작중인물의 동선을 따라 시점과 공간이 연쇄되고 한일 간에 왕복 이동이 이어지면서 두셋이 한국에서 만나기도 하고 또 일본에서 만나기도 한다. 주인공 격인 지영은 1장과 6장에 나오는데, 1장에서는 지영의 일본어 발음인 'Chie'로, 6장에서는 한국어 발음 그대로 'Jiyoung'으로 등장한다. 보기에 따라서는 재일코리안의 아이덴티티 찾기로 읽힐 수도 있겠으나, 전형적인 서사방식을 따르고 있지는 않다.

아이덴티티 문제로 고민하는 지영에게 어머니는 "재일이라는 사실에서 도망쳐도 괜찮아. 그러나 좌절해서는 안 돼"(p. 227)라고 조언하기도 하고, 또 K-POP 가수들이 계속 화제에 오르기 때문에 가네시로 가즈키(金城一紀)의 『GO』 이상으로 신파성은 찾아보기 어렵다. 그 밖의 네 개의 장에서 일본인도 등장하고, 원래 한국 국적이었는데 일본으로 귀화한 뒤 한국에 유학 간 류헤이(龍平, 나중에 지영의 남자친구가 됨), 그리고 한국 유학생도 등장해 한일 간의 문제나 재일코리안 문제를 다양한 각도에서 보여주고 있다.

이상에서 짐작할 수 있듯이, 작중인물의 설정 및 관계나 소설의 공간 구성이 작위적이고 복잡해 산만한 느낌마저 주는 것이 사실이다. 그러나 이들 인물들이 계속 이동하면서 연쇄되고, 처음과 끝이 'Chie'와 'Jiyoung'으로 이어져 있기 때문에 순환되는 구조이다. 제명의 '녹색과 적색'은 한국과 일본의 패스포트 색깔을 나타내는 것으로, 한일 간의 공간 이동을 상징적으로 보여주고 있다.

류헤이가 한국으로 관광 온 'Chie'를 처음 만났을 때 그녀를 일본인이라고 생각하고 자신은 원래 재일한국인이었다고 가볍게 밝히면서 이야기하는 장면을 보자.

19 / 深沢潮『緑と赤』, 実業之日本社, 2015, p.36.

류헤이가 한국에 오려고 생각한 것은 (일본으로-인용자주)귀화하고 나서라고 한다. 늘 갖고 싶었던 일본의 패스포트를 손에 넣자, 역으로 한국이 너무 신경 쓰이고 말도 배우고 싶어진 것 같다.

"이상하지? 그때까지는 일본인이 너무 되고 싶었는데 말이야. 한국인으로 낳아놨다고 부모를 원망했는데. 취직이나 결혼을 생각해 일본으로 귀화했는데, 귀화하고 나니 한국만 계속 생각하게 되었어."[19]

위의 인용에서 보듯이, 작중인물 사이의 관계뿐만 아니라 개별 인물 안에서도 공간을 잇는 사고는 계속 일어난다. 이와 같이 공간을 잇고 이동하는 현상은 지영을 비롯한 다른 인물에게도 보인다. 즉, 지영을 비롯한 재일코리안의 묘사는 사이에 낀 정형화된 아이덴티티의 불안이 아니라, 공간을 잇고 이동함으로써 여러 관계 속에서 유동적이고 상대적으로 생성되고 있는 것이다. 이 소설의 연쇄되는 복수의 내러티브는 재일코리안이 갖고 있는 '이동'의 모티브를 표현해내는 효과적인 전략으로 기능하고 있음을 알 수 있다.

6. 재일코리안 문학의 달라지는 북한 표상

20 / 제50회 군조(群像)신인문학상 선자인 쓰지하라 노보루(辻原登)가 평한 말.

2016년에 재일코리안 문학계에 '초신인의 출현!'[20]을 알리는 작품이 탄생했다. 최실(崔實)의『지니의 퍼즐(ジニのパズル)』(『군조(群像)』2016. 6)이다. 한국 국적의 지니가 조선학교에 다니면서 겪은 일을 그리고 있는 소설인데, 경계를 그리는 방법이 달라진 최근의 경향을 알 수 있다.

이야기는 2003년의 시점에서 시작된다. 미국 오리건 주의 한 고등학교에 유학하고 있는 박지니가 하숙집 주인 스테파니에게 5년 전인 1998년 중학교 1학년 때 도쿄에서 있었던 일을 이야기하는 구조이다. 지니는 일본의 소학교를 졸업하고 나서 중학교를 조선학교에 입학하는데, 입학식에서 김일성 김정일 부자의 초상화를 보고 위화감을 느낀다. 이어 지니는 조선어를 잘 못한다는 것 때문에 학교 친구들 사이에서 오해도 생기고 학급 친구들과 잘 어울리지 못하는 자신을 발견한다. 그런데 여름방학이 끝날 무렵, 북한의 미사일 발사 소식이 들려오고, 조선학교 학생들은 일본인에게 보복성 공격을 받을지도 모른다는 위험에 노출된다. 어느 날 지니는 치마저고리를 입고 학교에 가는 길에 경찰이라고 자칭한 남자 셋에게 폭언과 성폭행을 당하게 되고, 이날 이후 지니는 외부와의 대화를 차단하고 혼자만의 공간에 틀어박힌다. 이윽고 그녀는 교실에 걸려있는 김일성 김정일 부자의 초상화를 밖으로 내던지고 "북조선은 김 정권의 것이 아니다", "북조선의 국기를 탈환하자"며 '혁명'을 일으킨다. 그리고 다시 이야기는 미국의 오리건 주로 돌아와 자신을 이해해주는 스테파니와의 교감을 통해 구원받고 소설은 끝난다.

작중의 지니의 이야기는 작자 최실의 이력과 겹치는 부분이 있다. 즉 최실은 재일코리안 3세로, 『지니의 퍼즐』이 데뷔작이다. 최실은 한국 국적을 갖고 있으면서 중학교를 조선학교에서 다니고 고등학교는 미국에서 졸업했다. 전술했듯이 이야기의 시작과 끝은 미국이 배경으로, 미국에서 일본의 재일코리안, 그중에서도 조선학교를 다니고 있는 한국 국적의 중학생을 이야기하는 구조로 전개된다.

그런데 이야기 속의 조선학교 시점은 북한이 대포동 미사일을 발사했던 1998년이고 이를 미국에서 회상하는 때도 2003년인데, 소설 전체에서 주는 느낌은 작품이 발표된 2016년 현재시점을 방불케 한다. 우선, 미국이라는 공간에서 한국 국적의 재일코리안을 통해 조선학교 내지는 북한 문제를 그리고 있는 구조는 기존의 재일코리안 문학에서 보여 온 북한 문제를 다루는 방식과 다르다. 예를 들면, 가네시로 가즈키(金城一記)가 『GO』(2000)에서 재일코리안이 조선학교를 다니면서 겪는 문제를 재일코리안의 시각에서 그리고 있는 작풍과 다르게, 『지니의 퍼즐』은 마치 한국이나 미국에서 북한 문제를 바라보고 있는 듯한 느낌을 준다. 그만큼 조선학교에 대한 시각이나 표현이 과격해졌고 재일코리안과 조선학교의 상대적 거리도 멀어졌다. 여기에 북한으로 귀국한 지니의 할아버지가 보내준 편지가 중간에 몇 군데 삽입되는데, 북한이 살기 좋은 곳이라는 내용에서 점차 절망적인 곳으로 묘사되고, 마지막 편지에는 할아버지가 비참한 최후를 맞이했다는 소식이 전해진다. 할아버지 소식을 전하는 편지는 북한의 실정을 바로 전해주는 이야기로, 일본의 조선학교와 북한의 상황에 대한 경계를 무화시키며 조선학교에 대한 지니의 분노 폭발에 박차를 가한다. 오늘날 북한을 악의 축으로 보는 미국과 일본의 시각이 그대로 노골화된 모습을 볼 수 있다.

가네시로 가즈키의 『GO』와 비교해보면 그 차이를 분명하게 알 수 있다. 『GO』의 주인공 스기하라는 무국적 상태였는데 하와이에 가기 위해 한국 국적을 취득해야 한다는 아버지의 의견대로 한국 국적을 취득한 후 일본학교로 전학을 간다. 즉, 국적문제를 개인의 선택으로 간단히 바꿀 수 있는 것으로 치부하고 폐쇄적인 국민국가 체제에 균열을 일으켜 경계를 무화시킴으로써 새로운 정체성을 모색해가는 모습을 그리고 있다. 스기하라 식 경계를 살아가는 이야기에서 보자면, 지니의 이야기는 물리적인 신체는 유동적이고 불안한 이동을 보이는데, 경계에 대한 인식은 오히려 고정적이고 소설 바깥의 북한에 대한 관점을 그대로 작품에 들여놓고 있는 느낌이다.

『지니의 퍼즐』을 군조 신인상으로 선정한 선자들이 만장일치로 평가하며, 경계를 살아가는 긴장감이나 생명력, 시련과 구제의 요소를 평가하고 있는데, 근대 국민국가의 단위를 지양하고 경계를 걸치고, 경계를 이동하는 관점에서 보면 기존의 작품에 비해 경계를 살아가는 이야기로서는 후퇴한 느낌도 든다. 재일코리안 사회의 조선학교나 민족의 문제가 한국이나 미국에서 바라보는 북한 문제와 다르다는 것은 말할 것도 없다. 최근에 북핵문제를 둘러싸고 남북한 관계나 동아시아, 나아가 미국까지 국제사회의 복잡한 역학 관계가 얽혀 있는데, 이러한 힘의 논리가 재일코리안 사회를 바라보는 시각에 그대로 연동되는 것을 경계할 필요가 있다.

7. 재일코리안 문학의 향후 전망, 혹은 원점 찾기

2015년을 지나며 한국과 일본은 각각 '해방 70년'과 '전후 70년'을 맞이했고, 재일코리안도 '재일 70년'을 맞이했다. 그런데 70년이라는 시간차가 무색할 정도로 최근 일본에서는 패전 직후에 대한 연구가 활발하다.

GHQ 점령기의 검열문제를 살펴볼 수 있는 프랑게문고의 자료 연구를 비롯해, 전후문화운동 서클 잡지의 복각이 이어지고 관련 연구도 괄목할 만한 성과를 내고 있다.[21] 제국이 해체되고 냉전과 탈냉전을 지나온 현재, '기록'과 '기억'을 둘러싼 또 다른 전쟁이 시작되고 있는 것이다.

　　최근에 재일코리안 문학의 서사방식은 분명 다양해지고 달라지고 있지만, 그럼에도 불구하고 개별화될 수 없는 '재일코리안 문학'으로 호출되는 것이 있다면, 이를 재일코리안 문학의 '원점(原點)'으로 볼 수 있을 것이다. 재일코리안 문학이 다양화되고 변화하고 있기 때문에, 원초적이고 집단적 총화로 시작된 원형의 기록을 복원하는 작업과 자료의 축적이 더욱 중요하다. 이러한 기록과 기억의 서사는 일본 내에 소수성으로 존재하는 재일코리안 문학의 원점이 남북한과 일본을 아울러 포괄하는 확장된 공간 인식의 기점(起點)에 있다는 사실을 밝혀줌으로써 재일코리안 문학에 대한 인식의 지평을 넓혀줄 것으로 기대된다.

21 / 대표적인 연구성과로 재일조선인 서클운동을 포함해 전후 일본의 문화운동을 종합적으로 검토한 우노다 쇼야 외의 연구가 있다(宇野田尚哉 外, 『「サークルの時代」を読む ―戦後文化運動への招待―』, 影書房, 2016).

참고문헌

곽형덕 역, 『김시종 장편시집 니이가타』, 글누림, 2014.

김석범·김시종 저, 이경원·오정은 역, 『왜 계속 써왔는가 왜 침묵해 왔는가』, 제주대학교 출판부, 2007.

김환기·김학동 옮김, 『김석범 대하소설 火山島』1권, 보고사, 2015.

김환기, 「재일 디아스포라 문학의 형성과 분화」, 『일본학보』 74집, 2008.2.

나카무라 후쿠지(中村福治) 지음, 『김석범 『화산도』 읽기-제주 4·3 항쟁과 재일한국인 문학-』, 삼인, 2001.

서경식 지음, 김혜신 옮김, 『디아스포라 기행-추방당한 자의 시선』, 돌베개, 2006.

심정명, 「경계는 어디에 존재하는가?: 유희 다시 읽기」, 『순천향 인문과학논총』 제30집, 2011.

윤건차, 『자이니치의 정신사』, 한겨레출판, 2016.

이덕화, 「이양지의 새로운 디아스포라 의식, '있는 그대로 보기'」, 『세계한국어문학』 5집, 2011.4.

『芥川賞全集』 2권, 『文藝春秋』, 1982.

磯貝治良, 『＜在日＞文学の変容と継承』, 新幹社, 2015.

李良枝, 「由熙」, 『〈在日〉文学全集』 8卷, 勉誠出版, 2006.

宇野田尚哉 外, 『「サークルの時代」を読む―戦後文化運動への招待―』, 影書房, 2016.

金石範, 『国境を越えるもの―「在日」の文学と政治―』, 文藝春秋, 2004.

金石範, 「「在日」とはなにか」, 『季刊三千里』 18号, 1979.夏.

宋惠媛, 『「在日朝鮮人文学史」のために―声なき声のポリフォニー』, 岩波書店, 2014.

崔實, 「ジニのパズル」, 『群像』, 2016.6.

深沢潮 『緑と赤』, 実業之日本社, 2015.

대중문화

한류 콘텐츠의 대일 유통과 전망

김영덕 | 金泳德 Kim, Yung-duk

일본 조치대학에서 박사(신문학 전공)과정을 수료하였고 이후 한국방송영상산업진흥원 연구원, 한국콘텐츠진흥원 수석연구원, 일본사무소 소장을 거쳐 해외사업진흥팀장으로 재직하고 있다. 전공분야는 한국 내 일류, 일본 내 한류, 드라마 제작환경, 콘텐츠 해외진출정책 등이다.

한국어 단행본으로는 '한류 FOREVER'(국제문화산업교류재단,2009, 공저), '한류 아시아를 넘어 세계로'(국제문화산업교류재단, 2010, 공저), '한류 포에버 일본편'(한국문화산업교류재단, 2012, 공저), '2014 대한민국 한류백서'(한국문화산업교류재단, 2015, 공저) '2015 대한민국 한류백서'(한국문화산업교류재단, 2016, 공저) 등이 있으며 일본어 단행본으로는 '일본대중문화와 일한관계'(2002, 일본어, 공저), 한류핸드북'(2007, 일본어, 공저), 미디어 문화와 상호이미지형성'(2010, 일본어, 공저), '일중한의 전후미디어사'(2012, 일본어, 공저) 등이 있다.

연구보고서로는 일본방송개방과 전략'(2005, 한국방송영상산업진흥원), 국내 드라마제작산업 경쟁력 강화연구'(2007, 한국방송영상산업진흥원)등 다수의 저작이 있다.

1. 대중문화산업의 중요성

미국과 소련으로 대표되는 동서 냉전 이데올로기가 종언을 고한 이후 1990년대부터 새로운 파워축으로 부상한 것이 문화이다. 세계적인 정치학자인 미국 하버드 대학의 조셉 나이(Joseph S. Nye)교수는 사람의 마음을 끄는 힘을 '소프트 파워(Soft Power)'라 부르며 이것이 냉전을 종식시킨 결정적인 계기가 되었다고 주장했다. 저명한 경제학자 피터 드러커(Peter F. Drucker)도 "21세기는 문화산업에서 각국의 승패가 결정될 것"이라고 진단하고 있다.

이러한 세계 질서의 변화에 대응하고자 각국 정부는 소프트파워의 핵심이라고 할 수 있는 자국의 문화산업을 육성하기 위해 팔을 걷어 부치고 있다. 미국, 영국, 프랑스, 일본과 같은 선진국은 물론이고 중국, 인도네시아, 태국 등도 이 대열에 뛰어들고 있다.

미국은 일찌감치 1920년대부터 "무역은 영화를 따라간다(Trade follows the films)"라는 슬로건을 통해 엔터테인먼트 산업의 중요성을 간파했고 영국은 1990년대부터 'Cool Britannia', 일본은 2010년부터 'Cool Japan'이라는 캐치프레이즈를 내걸고 국가전략산업으로 콘텐츠산업을 키우고 있다. 우리 정부 역시 1990년대 후반부터 법과 추진체계를 마련하고 콘텐츠산업 육성에 열심이다.

후발주자 개발도상국의 추격도 만만치 않다. 특히 1990년대 중반이후 아시아를 중심으로 일어난 한류 드라마, 그리고 K-POP 붐은 각국의 문화산업 경쟁을 촉발시켰다. 중국, 인도네시아, 태국 정부도 한국정부의 콘텐츠산업 진흥정책과 추진체계, 노하우를 벤치마킹중이고 선진국 일본도 한국사례를 참고하고 있다. 각국정부가 정치적 관점이든 산업적 관점이든 한류의 성공을 통해 콘텐츠산업진흥의 중요성과 이의 파워를 실감하게 된 것이다.

본고에서는 한국대중문화콘텐츠의 일본진출에 주목하고 2000년 이후 우리 콘텐츠의 수출 및 유통 현황을 시계열적으로 파악하고 그 특징과 전망을 진단하고자 한다.

2. 한류와 한일관계의 특수성

콘텐츠는 산업적 시스템을 활용하여 수출되는 만큼, 경제활동의 일환으로 이해되는 것이 일반론적인 시각이다. 하지만 한국 대중문화의 대일 수출은 다른 국가에게는 없는 일본에게만 적용되는 몇 가지 정치 외교적 특수성이 존재한다. 첫째는 일본문화개방 문제이다. 이것은 일본식민지로 해방된 이후 50년이 넘었지만, 지금도 이어지고 있는 가해자와 피해자라는 식민지 관계성에 뿌리를 두고 있는 이슈이다. 한일관계라고 했을 때 주로 정치 외교 분야의 현안으로 규정되기 쉽지만, 1990년대 후반이후 사실 일본문화개방도 한일관계의 중요한 현안으로 부상했다.

한국정부는 1990년대 후반부터 일부를 제외하고 4차례에 걸쳐 단계적으로 일본문화를 개방해왔다. 하지만, 지상파방송에서의 일본 드라마나 오락프로그램 등은 여전히 금지하고 있어 완전개방단계는 아닌 상태이다.

반면 일본은 한국에게만 적용되는 제도적 정책적 장벽이 없고 우리 콘텐츠가 자유롭게 유통되고 있으며 더구나 한국 드라마나 K-POP 등을 중심으로 계속적으로 인기를 끌고 있다. 일본이 한국정부에 일본문화개방을 지속적으로 요구해왔던 만큼, 상호주의적 관점에서 논쟁의 여지는 남아있다.

두 번째는 한국대중문화가 미치는 일본인의 대한국 여론과의 상관관계성이다. 일본과의 콘텐츠비즈니스는 본래의 산업과 문화영역에서만 머무르는 것이 아니라 이미 한일관계라는 정치 외교적 벡터가 될 만큼 커졌다. 이는 이전에는 볼 수 없었던 2000년대 이후에 새롭게 나타난 현상이라고 할 수 있는데, 대표적으로는 고이즈미 총리가 겨울연가 여주인공 최지우를 만난다거나 아베총리의 아키에 부인이 박용하팬이었다는 점, 한류를 배척하는 혐한류가 정치세력화되는 점 등을 꼽을 수 있다. 한국대중문화가 일본 내 대한여론 형성에 영향을 주고 있음을 반증한다.

한국대중문화의 존재는 개별적 장면에서만이 아니라 일본내각부의 대한 여론조사결과 추이에서도 확인된다. 아래의 여론조사결과에서 알 수 있듯이 1996년의 경우 한일관계[1]가 양호하다는 의견과 한국에 친근감을 느낀다는 답변은 거의 비슷한 수준에서 형성되었다. 그러나 2006년과 2014년의

<aside>
1/ 여기서 말하는 한일관계란 독도영유권, 일본분 위안부, 교과서 왜곡, 야스쿠니 신사참배 등 한일정부간 정치 외교적 현안에 대한 인식이나 여론을 의미(저자주)
</aside>

조사결과에서는 두 가지 질문에 대한 응답 간에 의미 있는 격차가 나타나고 있다. 가령 2006년에서는 한일관계가 양호하다고 한 응답자와 친근감을 느낀다고 한 응답자간에 14.1%, 한일관계가 역대 최악이었던 2014년에는 19.5%의 격차를 보였다. 다시 말해 한일관계가 악화되었다고 응답했지만, 친근하다고 답한 사람도 상당수 존재했다는 것이고 이러한 격차는 여성층에서 보다 뚜렷했는데 여기에는 한국대중문화가 상당부분 영향을 미쳤을 것으로 보인다. 특히 겨울연가붐이 있었던 2003년, 2004년은 대한국 친근감이 55%, 56.7%로 크게 상승했고, K-POP붐이 불던 2010년 전후에는 60%대까지 올라가 한류붐과 친근감과의 상관관계가 뚜렷하게 나타나고 있다.

일본내각부의 여론조사결과가 시사하고 있는 점은 한국 대중문화가 일본인의 대한국 친근감 형성에 영향을 주고 있으며 또한 양국정부의 정치외교 현안 중심의 '한일관계'라는 인식과 정서적 문화적 요인이 영향을 주는 '친근감'은 별개라는 인식을 확장시키고 있음을 시사하고 있다.

[표-1] 일본인의 대한국 여론 추이 (단위: %)

	한일관계가 양호하다	친근감을 느낀다	한일관계가 양호하지 않다	친근감을 느끼지 못한다
1996년	35.6	35.8	54.9	59.9
2006년	34.4	48.5	57.1	47.1
2014년	12.2	31.5	77.2	66.4

출처: 日本內閣府, 外交に関する世論調査, 1997년/2007년/2015년

3. 일본내 한류콘텐츠 개요

해방이후 식민지와 피식민지의 관계성 속에서 지금과 같은 활발한 양국 콘텐츠산업간 비즈니스 교류를 기대하기는 어려웠다. 한국정부는 국민정서, 산업 경쟁력, 문화적 부작용 측면에서 일본문화개방을 전면 금지하고 있는 상황이었고 우리 업체들도 자국의 소비자를 위해 만든 국내적(Domestic) 콘텐츠를 해외에 수출한다는 개념도 매우 약했다. 그럼에도 일본문화는 1990년대 후반까지 극히 예외적이거나 음성적으로 유통[2]되었고

2/ 한국으로 일본의 TV애니메이션이 대량으로 유입되던 1960년대 후반 이후부터 본격화되었을 것으로 여겨진다. 물론 그 이전에도 전파 월경 형태로 부산/경남지역에서 일본방송 프로그램이 국내에서 수신되어 사회적 문제가 되었다는 기록도 있으며 표절이라는 형태로 일본프로그램이 간접적으로 국내에 유입된 경우도 포함될 수 있다.

3/ 1970년대 이후 이성애, 조용필, 김연자, 계은숙 등이 일본에 진출해 활동했고 1990년 중반에는 영화 서편제가 화제를 불러일으키기도 했으나 현재와 같은 한류 붐에 비견될 정도는 아니었다.

한국 대중문화 역시 높디높은 일본시장을 좀처럼 넘어서지 못했다.[3] 그 이후 1990년대 말부터 4차에 걸쳐 한국정부의 단계적 일본대중문화 개방 조치가 이어졌는데, 이를 계기로 한국 극장에서 일본영화를 볼 수 있게 되었고 러브레터(ラブレター), 센과 치히로의 행방불명(千と千尋の神隱し) 등은 흥행에서도 큰 성공을 거두었다. 한국도 2002년 한일월드컵축구 공동 개최를 모멘텀으로 한국 드라마가 잇따라 일본방송의 전파를 타게 되었고 겨울연가, 대장금 등이 히트하면서 지금과 같은 한류붐을 만들어냈다. 1990년대만 하더라도 일본대중문화가 국내에 음성적으로 유통되어 일방적으로 우리 문화산업에 큰 영향을 주었던 구조였다면 2000년대 중반부터는 겨울연가를 계기로 우리 대중문화도 일본에 수출되어 영향을 미치는 쌍방향적 교류의 토대가 만들어졌다고 할 수 있다.

한편 우리 콘텐츠가 언제부터 일본시장에 유입되었는지는 정확하게 알 수는 없지만, 한일국교가 정상화된 1964년 이후부터 제한적 이나마 이루어진 것으로 추정된다.

방송의 경우 이 시기를 즈음해 애니메이션 '황금박쥐'가 양국 공동제작형태로 완성되어 일본에서도 방송되었으며 당시의 KBS, MBC, TBC 등이 일본방송국에게 뉴스를 제공했다는 기록도 발견된다.

4/ 스포츠조선, 2005년 1월 16일자

드라마의 대일 수출은 훨씬 이후에 진행된 것으로 추정된다. 1992년에 NHK에서 MBC의 임진왜란을 6회로 축소해 방송했다거나 1993년엔 여명의 눈동자, 질투 등이 수출되었다[4]고 알려져 있다. 그러나 이때만 하더라도 우리 프로그램의 대일 수출이란 간헐적이었고 그 규모도 크지 않았다.

한국드라마가 일본시장에 본격적으로 수출되기 시작한 것은 1990년대 중반에 도입된 CS디지털방송[5]이 촉매제가 되었다. 1996년에 일본에서 다채널형 CS디지털방송이 시작되면서 한국 방송콘텐츠 만을 전문적으로 방송하는 KNTV, K-ch 등과 같은 채널이 생겨났고 이를 유통거점으로 한국의 드라마, 교양, 오락프로그램 등이 본격적으로 일본에 수출되기에 이르렀다.

5/ 통신위성 (Communication Satellite) 을 이용하여 실시하는 방송을 말한다. 다채널, 고음질 및 고화질 방송이 가능한 장점이 있다.

한편, 유료서비스인 CS 한국어전문채널이 아닌 지역의 지상파 민간방송국에서 한국드라마를 편성한 적도 있다. 일본남부 규슈지역을 커버리지(Coverage)로 하는 'TVQ'라는 지역민간 방송국이 1996년부터 3편의 한국

드라마를 연속해서 심야시간대에 편성해 그 지역 내에서는 나름대로 반향을 불러일으켰다. 다만 해당지역한정의 '한류' 가능성은 엿보였지만, 전국구로는 확대되지 못했다.

그 이후에 한국드라마 유입의 기폭제가 된 것은 2002년 한일월드컵축구 공동개최이다. 한일 공동의 대형 이벤트를 계기로 일본에서 상대국인 한국에 대한 관심이 자연스레 고조되었고 이런 흐름을 반영하여 1999년 영화 '쉬리', 그리고 2002년 한일공동제작 드라마 '프렌즈'가 소개되었는데 이것이 히트로 이어진 것이다. 이때부터 한국드라마는 유료방송인 CS한국어 전문채널에서 벗어나 BS[6]방송, 지역 민간방송국, 케이블TV 등과 같은 다양한 방송매체를 통해 일본 시청자들에게 널리 노출되기 시작했다. 급기야 '이브의 모든 것'은 2002년 하반기에 전국네트워크인 TV아사히에서 방송되기에 이르렀다.

이러한 상승기운 속에서 2003년 4월에 NHK 산하의 BS방송에서 '겨울연가'가 방송되자 중년 여성층을 중심으로 뜨거운 반응을 보였고 급기야 이듬해인 2004년 4월에는 NHK종합에서 일본전역에 방송되면서 일종의 '사회현상'으로 발전하였다.

'겨울연가' 이후에도 NHK BS 및 NHK종합에서 아름다운 날들, 올인, 다모, 대장금 등이 계속해서 편성되어 한국 드라마 붐은 이어졌고 2004년 말부터는 전국네트워크의 민간지상파방송인 후지TV, 니혼TV도 한국 드라마 편성대열에 동참하면서 한류저변은 크게 확대되었다.

니혼TV는 2004년부터 '드라마틱 한류(ドラマチック韓流)', 후지TV가 '토요와이드, 한류 아우어(土曜ワイド 韓流アワー)'라는 정규시간대를 편성했다. 하지만 아쉽게도 그 이후 시청률부진, 장시간편성 부담[7]이 가중되면서 2005년 9월에 중단되었다.

민간지상파방송의 한국드라마 편성중단에 이어 2005년 한일관계 악화의 여파, 겨울연가, 대장금을 잇는 킬러콘텐츠의 부재 등이 이어지면서 한류콘텐츠 시장은 한동안 정체국면을 맞이한다. 그 와중에서 내이름은 김삼순, 커피프린스 등의 러브코미디물과 대하사극 주몽 등이 인기리에 방송되면서 반짝 상승기류를 타지만, 전반적인 붐으로까지는 커지지 못했다.

6 / BS란 방송위성(Broadcasting Satellite)을 이용한 방송을 말한다. 유료방송인 CS방송보다 먼저 도입되어 가입자를 선점했기 때문에 매체 가입자 수나 파워는 CS방송보다 훨씬 크다.

7 / 일본은 보통 드라마 한 작품당 11화, 편당 방송시간이 46분 정도이나 우리나라 미니시리즈의 경우 대개 70분 이상이며 16화, 20화, 24화로 일본에 비해 길다.

하지만 2010년을 전후해 동방신기, 빅뱅, 소녀시대, 카라 등에 의한 K-POP붐과 드라마 미남이시네요의 히트 등에 힘입어 한류는 제2의 전성기를 맞이한다.

2000년 이후 활동무대가 일본이었던 보아와 동방신기의 맹활약과 더불어 2000년대 후반 일본에 진출한 빅뱅, 그리고 2010년 이후 불붙은 소녀시대, 카라 등의 인기가 가세되면서 K-POP열기는 한동안 최고조에 달했다.

하지만 2013년 이후부터 혐한 및 엔화가치 하락 등의 악재 등이 겹치면서 다소 침체국면에 있다. 게다가 정상급 아이돌 그룹 동방신기, 빅뱅 멤버 등의 군입대로 일본 활동을 잠시 중단한 상태다. 다행히 EXO, 방탄소년단, iKON 등과 같은 후발그룹이 급부상하면서 K-POP 인기를 이어가고 있다.

한편 한류드라마붐의 신파역을 담당했던 NHK도 2014년 11월 이후 한국드라마의 정기편성을 중단했고 민간방송인 TBS도 2014년 2월에 한류드라마에서 손을 뗐다. 현재는 한류의 중심축이었던 한류드라마는 다소 위축된 상황이며, K-POP이 일본 한류를 견인하고 있는 구조다.

4. 대일 콘텐츠 수출액 추이

1) 2006년 이전 수출 추이

2006년 이전의 한국콘텐츠 대일 수출을 파악할 수 있는 통계자료는 방송수출분야가 거의 유일하다. K-POP붐이 불기 전까지 일본 내 한류를 주도한 것은 드라마였다는 점에서 방송수출액 추이를 통해 2006년 이전의 상황을 가늠해보기로 한다.

당시 문화관광부가 발표한 방송콘텐츠의 대일수출액 추이를 살펴보면, 1998년 171만 달러에서 시작하여 2002년까지 100만 달러대에서 200만 달러대를 오가다가 2003년부터 급격하게 상승하고 있음을 알 수 있다. 이때 NHK BS에서 방송된 겨울연가가 크게 히트했고 이듬해인 2004년에 NHK본체에서 겨울연가가 방송되어 한국드라마 붐으로 확대되는 과정에서 드라마 수입량이 증가하고 편당 단가도 크게 상승한 것으로 보인다.

[그림-1] 대일 방송콘텐츠 수출추이　　　　　　　　　　(단위: 만 달러)

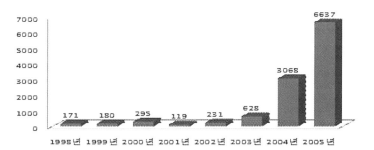

출처: 문화관광부, 해외교포방송 및 비디오 판매실적은 제외

　　겨울연가붐은 방송수출증가로만 그치지 않았다. 문화콘텐츠 특성상 하나의 드라마가 히트하면 여기에 등장하는 스타나 노래, 스토리 등에 대한 궁금증이 유발되는데 한국드라마 OST CD 발매 및 OST콘서트 개최, 한국어붐, 스타 관련 MD나 화보집 발간 등의 부대 비즈니스가 활발해져 전체적으로 콘텐츠 수출을 부양시켰다.

2) 2006년 이후 수출 추이

　　우리 콘텐츠의 대일콘텐츠수출은 2006년 당시 12.6억 달러였으나 10년이 지난 2015년 현재 약 54.6억 달러까지 약 4.3배나 크게 늘어났다.[8] 10년 동안 전년대비 적자를 기록한 적이 없이 계속해서 성장을 거듭해왔다. 이러한 성장기조는 일본 수출에서도 유지되어왔으나 2015년에 들어와 게임과 방송콘텐츠 수출 등이 줄어들면서 처음으로 전년대비 약 2억 달러가 감소했다.

　　사실 일본수출의 상당부분을 차지하는 것은 게임콘텐츠다. 2006년 당시에는 게임 비중이 63.3%였으며 2015년 시점에서는 약 14%가 줄었으나 절반 가까이를 게임콘텐츠에 의존하고 있다. 다만 수출금액은 2006년에는 약 2.18억 달러에서 2015년에는 약 6.91억 달러로 3배 이상 크게 상승했다. 게임이 대일수출을 리드하고 있는 것은 변함없다.

　　한편 2010년을 전후로 일어난 K-POP붐의 영향과 더불어 한국드라마 인기도 상승하면서 크게 수출이 증가했다.

8 / 문화체육관광부가 국가별로 방송, 게임, 음악, 애니메이션, 만화 등 수출통계를 집계하기 시작한 시점은 2000년대 중반부터이다.

2012년 아베 보수 정권의 등장에 따른 일본 내 혐한정서 확산, 엔화 가치의 약세, '별에서 온 그대'이후 중국시장의 급성장 등이 맞물리면서 2015년 방송콘텐츠 수출이 격감했고 온라인게임도 모바일게임에로의 급격한 구조변화에 적극 대응하지 못하는 등 대일 수출이 크게 감소했다. 이로 인해 전체 수출점유율에서 줄곧 1위를 달리던 일본은 2015년에 중국에 그 자리를 내주고 2위로 떨어졌다.

2015년의 경우 전체 수출액 54.6억 달러 가운데, 일본수출은 25.6%에 해당하는 13억 9,849만 달러를 기록했다. 대일수출은 전년보다 약 2억 달러가 감소했는데 가장 큰 원인은 게임수출이 2014년의 9.1억 달러에서 6.9억 달러로 떨어졌기 때문이다.

[그림-2] 대일 콘텐츠수출액 추이(2006년~2015년)　　　　(단위: 억 달러)

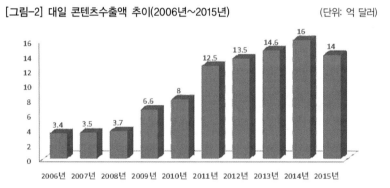

출처: 문화체육관광부, 2007년~2016년 〈콘텐츠산업통계〉를 토대로 재작성

[표-2] 한국콘텐츠 수출액 추이　　　　(단위: 천 달러)

	2006년	2007년	2008년	2009년	2010년	2011년	2012년	2013년	2014년	2015년
출판	28,864	24888	25147	31362	30204	62790	61289	74560	60584	55026
만화	770	638	616	597	1527	6639	5507	6766	7015	8165
음악	14309	9431	11215	21638	67267	157938	189512	221739	235481	242370
게임	217726	242892	227524	328827	435254	652556	703368	725012	910064	690722
영화	10385	5189	8990	5945	2258	3663	9679	8085	4474	4956
애니메이션	15014	12692	16851	17369	18810	21688	21421	19969	20169	23529
방송	47632	53494	65627	65279	49713	102058	112088	138687	79017	70975
캐릭터	6536	4638	12782	14631	16457	20256	22868	25200	30233	34742
지식정보				139338	141322	176925	178686	189563	199543	214002
콘텐츠솔루션				36332	37426	43469	43474	46256	50887	54005
에듀테인먼트	2,706	351131	368752							

전체	343942	353862	371873	661318	800,238	1247982	1347892	1455837	1597467	1398492
비중(%)	27.2	25.3	20.6	27.2	26.2	30.1	30.2	30.6	31.2	25.6

출처: 문화체육관광부, 2007년~2016년 〈콘텐츠산업통계〉를 토대로 재작성

4. 방송 콘텐츠 수출과 일본내 유통 실태

1) 대일 수출 개요

앞서 언급했듯이 대일수출이 크게 늘어난 것은 2003년 NHK에서 겨울연가가 방송된 이후라고 할 수 있다. 그 이후 몇 년 동안 가파른 오름세를 보이다가 아래 그림에서 알 수 있듯이 2006년 4,763만 달러, 2007년 5,349만(독립제작사 포함), 2008년 6,563만 달러로 다소 증가율이 완화되었고 2009년과 2010년에는 반대로 하락세를 거듭했다. 하지만, 2010년 이후 K-POP붐, 미남이시네요 등의 히트로 다시금 한국드라마 붐이 이어지면서 2011년에는 수출액이 배 이상의 증가를 보이며 처음으로 1억 달러대에 진입했다. 그 이후 증가세를 이어오다가 혐한 정서의 확산, 엔화 가치의 하락, 최대수익원인 DVD 판매부진 등이 겹치면서 대일수출액은 2013년 1.4억불에서 2014년과 2015년에는 크게 감소해 7천만 달러 선에서 유지되고 있는 실정이다.

이렇게 한국드라마가 위축된 원인은 다양하게 찾을 수 있을 것이다. 국내에서 제작하는 드라마와 일본에서 구매하려는 드라마 수요의 불일치, 한일관계 악화와 혐한정서 등의 사회적 분위기, 최대 수입원이었던 DVD시장의 구조적 축소 등을 들 수 있을 것이다. 현재는 중장년층이 많이 보는 BS방송이나 유료방송인 CS 채널에 가입한 한류드라마팬 중심으로 한국드라마가 시청되고 있는 상태로 불특정 다수를 대상으로 하는 지상파방송에서는 TV도쿄를 제외하고 방송되지 않고 있다.

[그림-3] 대일 방송콘텐츠 수출 추이 (단위: 만 달러)

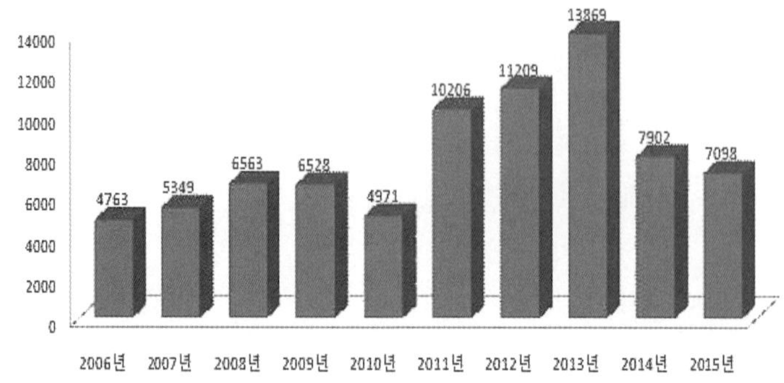

출처: 문화체육관광부, 2007년~2016년 〈콘텐츠산업통계〉를 토대로 재작성

2) 한국드라마 유통실태

(1) 한국드라마 편성 추이

일본에서 한국드라마 붐의 중심에는 겨울연가, 대장금, 주몽, 미남이시네요 등과 같은 킬러 콘텐츠가 그때그때 존재했고 전반적으로 한류드라마의 인기를 생성시키고 확산시키는데 큰 역할을 했다. 하지만, 문제는 2010년 미남이시네요 이후 이렇다 할 빅 히트 작품이 나타나지 않고 있다는 점이다. 앞에서 언급했듯이 혐한 무드가 지속되는 가운데, NHK와 전국네트워크를 가진 민간방송국에서도 한국 드라마 편성을 중단함에 따라 TV도쿄를 제외하고는 한류드라마의 새로운 트렌드와 히트를 만들어내는 강력한 '플랫폼'이 부재한 상태이다.

현재는 비교적 시청계층이 특화되어 있는 BS와 CS 유료 채널에서 이른바 한류드라마팬을 중심으로 한류드라마가 편성되고 있다.

방송매체별로 한국 드라마의 편성현황을 살펴보면, 지상파TV의 경우 한일관계가 악화되기 전인 2012년 7월 시점만 하더라도 전국방송급 지상파TV방송국 7개 채널 가운데, NHK, 후지TV, TBS, TV도쿄가 한국 드라마를 정규로 편성했을 만큼 인기가 높았다. 그러나 2012년 8월 이후 이명박 대통령의 독도상륙이 단초가 되어 악화된 한일관계와 엔화 가치 하락이 본격화되면서 후지TV가 2012년 8월, 이어 TBS 2014년 3월, NHK 2014년 11월에 잇따라 한국 드라마 편성을 중단했다. 2014년 5월부터 2017년 6월 현재까지 지상파TV에서 TV도쿄[9]만이 유일하게 방송하고 있을 뿐이다. 특히 한류 붐의 출발점이 된 겨울연가, 사극 붐의 계기가 된 대장금, 2010년 이후 이산, 동이, 해를 품은 달 등을 방송해 지금까지 한국 드라마 붐의 산실이었던 NHK의 편성중단은 한류드라마의 전도를 어둡게 하고 있다.

위성방송인 BS디지털방송[10]의 경우, 2017년 6월 현재 11개 채널에서 50편이 방송되고 있다. 이는 2006년 5개 채널 9편이었던 시점과 비교해 채널은 2배 이상, 편성량은 5배 이상 크게 늘었다고 볼 수 있다. 작년 1월 시점과 비교해도 채널은 1개, 편수는 5개나 늘어나 아래 표를 기준으로 한다면 계속해서 편성채널과 편수가 증가하고 있는 추세에 있다고 할 수 있다. 지상파TV에서 편성을 중단하는 바람에 한류드라마를 시청할 기회가 줄어들었고 상대적으로 한류드라마를 즐겨보는 중장년층이 선호하는 BS디지털방송에 한류드라마 편성이 집중되고 있는 현상으로 풀이된다.

CS방송[11]의 경우, 한국드라마를 정기적으로 편성하고 있는 채널은 16채널 202편으로 나타났다. 이는 2016년 1월 시점과 비교해 채널은 5개, 편수는 5개가 줄어든 수치이다. 2006년 시점과 비교하면 채널은 2배, 편수는 3.7배 가까이 증가했고 한일관계가 나빠지기 직전인 2012년 7월 시점보다도 채널과 편수 모두 증가했으나 최근에 들어와 다소 주춤하고 있는 상황을 나타내고 있다. 2014년과 2015년 대일 수출이 크게 감소한 점과 맞물려 주로 로열티가 높은 팬들이 가입되어 있는 채널에서 한국드라마 라인업이 줄어든 것은 한류드라마 판권시장에도 영향을 미칠 것으로 보인다.

9 / TV도쿄는 2017년 6월 중순부터 월요일부터 금요일까지 오전 8시15분부터 〈기황후〉를 방송하고 있다.

10 / 일본 총무성의 발표에 따르면, BS디지털방송이 수신 가능한 가구는 2016년 말 현재 4,064만 가구로 전체 시청 가능한 가구의 약 71.7%에 보급되어 있다.

11 / 일본 총무성의 발표에 따르면, CS디지털방송의 경우, 2015년 현재 동경 110도 위성의 경우 213만 건, 동경 124/128도 위성의 경우, 121만건이 가입되어 있다. 케이블TV의 경우 2014년도말 현재 2,918만 가구에 보급되어 있으며 보급률은 52.2%이다.

[표-3] 일본방송에서의 한국드라마 편성실태 추이

매체	2006년 2월	2012년 7월	2014년 5월	2016년 1월	2017년 6월
도쿄지상파TV	1개 채널 1편	4개 채널 4편	1개 채널 1편	1개 채널 1편	1개 채널 1편
BS디지털	5채널 9편	8채널 41편	10채널 42편	10채널 45편	11개 채널 50편
CS채널	8채널/55편	15채널 179편	15채널 164편	17채널 207편	16채널 202편

(2) 한국드라마 DVD시장 추이

일본의 한국드라마 배급 및 유통업자에게 있어 최대 수익원은 DVD비즈니스이다. 일본에 콘텐츠를 수출하는 우리 기업의 최대 수익원이 판권거래와 로열티라고 한다면, 일본내 배급과 유통을 담당하는 업체에게 있어 돈벌이가 되는 것은 DVD를 배급하고 유통시키는 비즈니스라고 할 수 있다. 하지만 최근 몇 년 사이에 이러한 한류드라마 비즈니스모델에 중대한 변화가 생기고 있다. 2008년 180억 엔까지 올라섰던 한류 드라마 DVD 매출이 2010년 이후 미남이시네요의 열풍과 K-POP 붐에 힘입어 회복되는 듯하다가 다시금 크게 감소하고 있다. 아래 그림-4[12]에서 알 수 있듯이, 한류 드라마의 인기와 K-POP 붐이 한창이던 2011년에는 약 154억 엔까지 올라섰으나, 2012년 이후부터 계속해서 하락세를 거듭하고 있으며 2015년에는 97억 엔, 2016년에는 83억 엔 규모로 급감하고 있다. 영상패키지 시장은 인터넷 VOD의 성장으로 구조 조정중인 시장으로 축소가 불가피하다고는 하지만, 한국드라마의 DVD매출감소폭이 예상치를 뛰어넘어 큰 폭으로 하락을 거듭하고 있다. 참고로 2016년의 경우 전체 영상소프트 매출액은 전년대비 6.1%감소를 보였지만, 한국드라마 관련 매출은 2배 이상인 14.2%나 떨어졌다.

특히 소장용 DVD를 구입하는 셀 매출은 큰 폭으로 감소하고 있다. 2014년 셀 매출 27억 엔, 2015년 24억 엔, 2016년 20억 엔을 기록했다. 한편 DVD 대여매출은 2014년 약 74억 엔을 기록해 전년대비 약 2% 떨어졌고 2015년에는 73억 엔, 2016년에는 63억 엔으로 계속적인 감소를 보이고 있다. 셀 매출에 비해 그 동안 대여매출 만은 크게 떨어지지 않고 선전해왔으나 2016년에는 전년대비 13.5%나 줄어들었다.

한류드라마 DVD시장은 한일관계 악화, 엔화가치 하락과 같은 대외변수는 물론 일본 내에서 OTT서비스 및 스마트폰의 보급 등으로 점차 영상패키지 시장이 축소되고 있는 상황에서 한류드라마 비즈니스 모델도 변화의 기로에 서 있다.

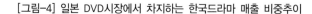

[그림-4] 일본 DVD시장에서 차지하는 한국드라마 매출 비중추이　　　(단위: 백만 엔)

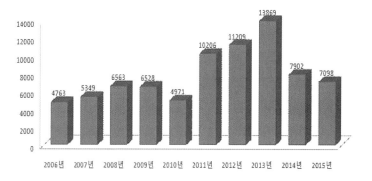

출처: 日本映像ソフト協会 연간매출통계 URL: http://jva-net.or.jp/report/

5. 음악 콘텐츠 수출과 일본내 유통 실태

1) 음악콘텐츠 대일 수출추이

2011년, 2012년 절정기였던 K-POP 시장의 기세에는 미치지 못하지만, 라이브 시장을 중심으로 그 열기는 이어지고 있다. 특히 EXO의 경우, 한일 관계가 악화된 이후에 일본에 데뷔했고 혐한무드 속에서 일본 내 프로모션이 여의치 않은 상황에서도 2015년 11월에 이어 2016년 11월에도 약 5만 명 규모의 도쿄돔 공연을 연속 성공시킨 쾌거를 이뤄냈다. 또한 빅뱅은 2016년 라이브콘서트 동원력 랭킹에서 일본 가수를 제치고 K-POP가수로는 처음으로 1위를 차지했다.

동방신기와 빅뱅 멤버의 군입대 공백을 메우고 있는 K-POP후발주자도 눈에 띤다. EXO는 물론, 방탄소년단, BTOB, iKON등이 일본에서 맹활약중이며 최근 트와이스도 일본에 성공적으로 데뷔했다. K-POP붐을 이어나갈 후발주자의 연착륙여부가 시험대에 오르고 있다.

문화체육관광부의 통계[13]에 따르면, 2015년 K-POP의 해외수출액은 전년보다 약 18.1% 증가한 3억 8,102만 달러를 기록했다. 이 가운데 2015년 대일 수출액은 2억 4,237만 달러로 2014년의 2억 3,528만 달러보다 약

13 / 문화체육 관광부 (2016), 〈2016 콘텐츠 산업 통계〉

3.0%의 증가를 보였다. 전체 수출증가율 18.1%를 크게 밑도는 3%대로 2014년의 6%대에 이어 최근 들어와 대일수출 성장률이 큰 폭으로 둔화되고 있음을 알 수 있다. 이에 따라 일본이 전체 수출액에서 차지하는 비중도 2014년의 70%대에서 약 6% 내려앉은 약 63.6%를 기록했다. 전년대비 수출액이 증가했음에도 2015년 수출에서 일본시장의 비중이 감소한 것은 중국지역의 수출액이 크게 늘어났기 때문으로 풀이된다.

아래 그림에서 알 수 있듯이, 대일 수출액은 K-POP 붐 이전인 2009년에는 약 2,164만 달러에 불과했으나, K-POP 붐이 일어난 2010년에는 6,727만 달러로 전년보다 2배나 늘어났고, 절정기였던 2011년에는 1억 5,794만 달러로 1.3배나 증가했다. 그 이후에도 2013년까지는 증가율이 두 자리수를 유지했으나 2014년에는 2억 3,548만 달러, 2015년 2억 4,237만 달러로 수출액은 늘어났지만, 증가율은 각각 6%, 3%대로 계속해서 떨어지고 있는 추세이다.

[그림-5] K-POP의 대일수출액 추이　　　　　　　　　(단위: 만 달러)

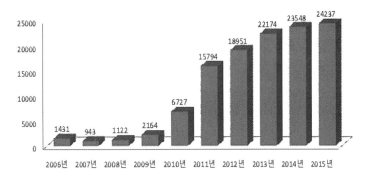

출처: 문화체육관광부, 2007년~2016년 〈콘텐츠산업통계〉

14 / 출처 : ORICON, 2014년~2016년 연간 CD싱글랭킹 URL: http://www.oricon.co.jp/rank/js/y/2015/

2) 일본 K-POP 패키지 유통실태
(1) K-POP 패키지 유통 실적

대일 수출액에 비해 일본 현지에서 K-POP 아티스트의 실적은 어떠했을까? 일본 ORICON이 발표한 2016년 CD싱글 랭킹[14]에 따르면, 100위 안에 든 K-POP CD싱글은 8건으로 이는 2015년의 14건보다 6건이나 줄었다.

[그림-6] 연도별 100위권에 랭크인한 K-POP 건수(2004년~2016년)　　(단위: 건 수)

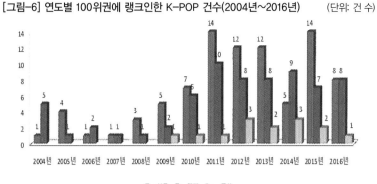

출처: ORICON

　　가장 높은 순위를 기록한 아티스트는 EXO로 전체에서 41위를 차지했으며 이어 방탄소년단(45위), BTOB(55위, 67위), 2PM(61위), SHINee(77위), 슈퍼주니어(85위), iKON(93위) 등이 100위안에 랭크되었다. EXO는 작년에 이어 K-POP아티스트로는 최고의 성적을 거둬 정상급으로 확고하게 자리매김을 했으며 방탄소년단, BTOB도 2년 연속 100위에 진입하는 등 신구 교체가 뚜렷해지고 있는 것으로 보인다. K-POP 인기판도 변화와 더불어 저변 확대도 예고되고 있다.

[표-4] 2014년~2016년 K-POP CD싱글 랭킹 비교(100위)

2016년		2015년		2014년	
순위	아티스트명	순위	아티스트명	순위	아티스트명
41	EXO	34	EXO	48	동방신기
45	방탄소년단	42	동방신기	59	동방신기
55	BTOB	46	JYJ	61	2PM
61	2PM	50	2PM	73	김현중
67	BTOB	53	SHINee	78	슈퍼주니어
77	SHINee	61	2PM		
85	수퍼쥬니어	67	방탄소년단		
93	iKON	70	BTOB		
		74	CROSS GENE		
		80	BTOB		
		83	방탄소년단		
		90	B1A4		
		92	슈퍼주니어		
		100	INFINITE		

출처: ORICON, 2014년~2016년 연간 CD싱글랭킹 URL : http://www.oricon.co.jp/rank/js/y/2015/

한류 콘텐츠의 대일 유통과 전망 / 김영덕

2016년 K-POP CD앨범 실적은 총 8건이 100위안에 랭크되었다. 이는 2015년의 7건보다 1건 많은 수치이며 2014년보다는 1건 적은 수치이다. 2016년 앨범랭킹에서 가장 높은 순위를 차지한 아티스트는 20위의 빅뱅이었다. 2015년은 CD싱글에서 활약이 두드러졌으나 2016년의 K-POP은 CD앨범과 CD싱글 양쪽 모두에서 비슷한 실적을 보였다.

[표-5] 2014년~2016년 K-POP CD앨범 랭킹 비교(100위)

2016년		2015년		2014년	
순위	아티스트명	순위	아티스트명	순위	아티스트명
20	빅뱅	15	동방신기	13	동방신기
36	2PM	58	동해&은혁	22	소녀시대
44	iKON	59	2PM	25	소녀시대
48	방탄소년단	75	EXO	32	빅뱅
72	SHINee	79	MYNAME	63	2PM
88	태민	85	빅뱅	64	D-LITE
90	준호	88	이준호	68	태양
91	EXO			87	SHINee
				94	이준호

출처: ORICON, 2014년~2016년 CD앨범랭킹 URL: http://www.oricon.co.jp/rank/ja/y/2015/

라이브콘서트 공연 영상 및 뮤직비디오 등이 포함된 DVD종합 판매량 랭킹 20위에서는 K-POP계로는 유일하게 15위에 빅뱅이 랭크되었다. 10위권 랭킹이 2014년에는 3건이었으나 2015년 2건, 2016년 1건으로 매년 줄어들고 있는 추세를 보이고 있다.

[표-6] 2014년~2016년 K-POP DVD종합 랭킹 비교(20위)

2016년		2015년		2014년	
순위	아티스트	순위	아티스트	순위	아티스트
15	빅뱅	16	동방신기	8	동방신기
		17	빅뱅	10	빅뱅
				13	동방신기

출처: ORICON, 2014년~2016년 DVD종합랭킹 URL: http://www.oricon.co.jp/rank/dg/y/2015/

(2) K-POP 아티스트 매출 실적

2016년 일본 K-POP아티스트 가운데 가장 많은 매출을 기록한 K-POP 아티스트는 빅뱅으로 나타났다.[15] ORICON 조사에 따르면, 2016년에

15 / 참고로 2013년 이후 계속해서 매년 세일즈랭킹 TOP10에 진입했던 동방신기는 군입대 등으로 2015년 이후 잠시 활동을 중단한 상태여서 2016년 세일즈 랭킹 TOP100에는 들지 못했다.

K-POP아티스트로 가장 많은 매출을 기록한 빅뱅은 38.4억 엔을 벌어들여 일본 아티스트를 포함해 전체 순위에서 7위를 차지했다. 2015년 28.9억 엔의 매출을 거둬 10위를 차지했던 동방신기의 성적에 비해 순위는 세 계단 올라갔다.

[표-7] K-POP아티스트 세일즈 랭킹(10위권)

2012년	2013년	2014년	2015년	2016년
7위 소녀시대 (43.3억 엔)	9위 동방신기 (34.7억 엔)	5위 동방신기 (36.9억 엔)	10위 동방신기 (28.9억 엔)	7위 빅뱅 (38.4억 엔)
9위 KARA (34.1억 엔)				

출처: ORICON, 2012년~2016년 《ORICON エンタメ・マーケット白書》 및 각종 보도자료를 토대로 작성

한편 2009년 이후 세일즈랭킹 10위권에 K-POP아티스트가 랭크된 빈도는 2009년과 2010년에 동방신기 각각 1건, 2011년 3건, 2012년 2건, 그리고 2013년 이후 매년 1건을 기록하고 있다. TOP 100위권까지 확대하면 가장 많이 진입한 연도는 2012년과 2013년 14건이며 이어 2011년 12건, 2015년 9건, 2014년과 2016년 7건의 순이다.

[그림-7] 연도별 K-POP아티스트 세일즈 랭킹 100위권 진입 추이

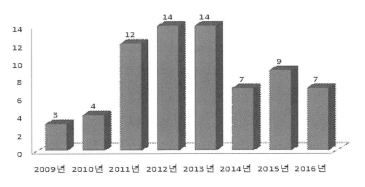

출처: ORICON

3) K-POP 아티스트 라이브 동원 현황

16 / 출처: 일본콘서트 프로
모터스협회, 2014년도
기초조사 기본데이터
http://www.acpc.or.jp/ma
rketing/?year=2014

일본콘서트프로모터스협회(一般社団法人　コンサートプロモーター
ズ協会)의 조사[16]에 따르면, 2016년 K-POP을 포함한 한국음악 공연건수는
843건이며 약 381만 명을 동원한 것으로 나타났다. 2015년에 비해 공연건
수는 약 3% 감소했으며 동원 수는 약 16%나 줄었다. 한편 일본 라이브시
장에서 차지하는 한국음악의 비중은 어느 정도일까? 동협회자료에 따르면,
2016년에 개최된 전체 공연건수(2만 9,861건) 가운데 한국음악이 차지하는
비중은 약 2.8%이며 동원 수는 전체의 8%였다. 2015년은 공연건수가 2.9%,
동원수 9.5%을 차지했으나 2016년은 각각 0.1%, 1.5% 감소했다.

아래 그림에서 알 수 있듯이 공연건수 및 동원 수 모두 2013년부터
매년 감소하고 있다. 특히 동원수는 2013년 576만 명을 정점으로 매년 줄
어들어 2016년에는 381만 명으로 당시보다 약 34%나 떨어졌다.

[그림-8] 연도별 K-POP 공연 및 동원 추이

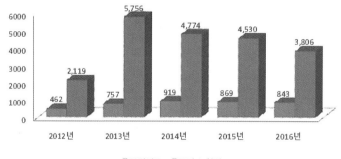

출처: 一般社団法人 コンサートプロモーターズ協会 2012~2016년 기초조사기본데이터
URL: http://www.acpc.or.jp/marketing/index.php

17 / 日本經濟新聞 2015년
12월 28일자

2015년은 콘서트 시장규모가 음악소프트와 음악유료전송을 합친 매출
을 처음으로 앞선 한 해였다. 점점 더 커져가는 라이브 콘서트 시장에서 현
재 가장 높은 동원력을 아티스트는 누구일까? 니혼게이자이신문(日本經濟
新聞)[17]이 발표한 2016년 동원력 랭킹 50위에 따르면, 빅뱅으로 나타났다.
총 60번의 공연을 성사시켜 185.9만 명을 동원했으며 1회 공연당 3.1만 명

을 기록했다. 2위를 기록한 일본 아이돌 그룹 아라시는 총32회 공연에 93.9만 명을 동원하는데 그쳤다.

　　다만 동원랭킹 10위권에서 콘서트당 동원력이 가장 높은 아티스트는 일본 아이돌그룹 Kis-My-Ft2로 11번의 공연에 54.3만 명을 동원해 콘서트당 약 4.8만 명을 기록했다. 한편 동원력 랭킹 50위 가운데 K-POP아티스트는 총 6개 그룹이 랭크되었다. 이 가운데 빅뱅에 이어 가장 많은 동원수를 보인 것은 12위의 샤이니로 45.8만 명, 20위 iKON 34.1만 명, 25위 2PM 30.1만 명, 39위 방탄소년단 20.1만 명, 42위 CNBLUE 18.7만 명이다.

　　다만 2014년 11개 그룹이 50위에 랭크된 라이브 동원실적에 비해 2016년 K-POP아티스트의 동원력은 다소 떨어진 것으로 나타났다.[18] 반면 2015년보다는 동원력이 크게 늘어났으며 군입대 등으로 동방신기, 슈퍼주니어 등이 랭크되지 못한 가운데에서 거둔 성적이라는 점과 더불어 새롭게 iKON과 방탄소년단이 가세하고 있는 점에서 K-POP의 동원력은 보다 강화된 것으로 보인다.

18 / 2014년 50위권 동원합계는 363만 명, 2015년 286.3만 명, 2016년 335.3만 명.

[표-8] 2013년~2016년 K-POP 아티스트 콘서트 동원수 랭킹

	2013년			2014년			2015년			2016년	
순위	아티스트	동원	순위	아티스트	동원	순위	아티스트	동원	순위	아티스트	동원
2	동방신기	89.3만	3	빅뱅	92.7만	6	동방신기	78.6만	1	빅뱅	185.9만
5	빅뱅	71.9만	7	동방신기	69.1만	8	빅뱅	70.8만	12	SHINee	45.8만
15	소녀시대	36.8만	20	EXO	31.8만	11	2PM	45.5만	20	iKON	34.1만
17	G드래곤	36.1만	21	소녀시대	30.8만	12	EXO	44.5만	25	2PM	30.7만
21	2PM	28.3만	27	슈퍼주니어	27.5만	26	슈퍼주니어	28.8만	39	방탄소년단	20.1만
29	SHINee	22.9만	29	SHINee	25.4만	47	CNBLUE	18.1만	42	CNBLUE	18.7만
36	FTISLAND	16.8만	34	2PM	20.2만						
40	슈퍼주니어	15.3만	39	FTISLAND	17.7만						
			41	D-LITE	16.9만						
			48	TEAM-H	15.6만						
			49	초신성	15.3만						

출처: 日經エンタテインメント 2013년 9월호, 2014년 12월호, 2016년 12월호, 日本經濟新聞 2015.12.28일자

　　한편 5만 명 수용이 가능한 도쿄 돔에서 공연을 하는 것은 막강한 동원력을 가진 정상급 아티스트가 아니면 불가능한 일이다. 그런 도쿄 돔에서 공연을 성사시킨 K-POP아티스트는 총 12건으로 나타났다. 도쿄 돔 공

연을 가장 많이 성사시킨 K-POP 그룹은 동방신기이며 총 9회에 걸쳐 라이브를 개최했다. 그밖에 빅뱅 6회, 슈퍼주니어 5회, JYJ, 소녀시대, KARA가 3회로 이어진다. 참고로 상기 공연은 단독공연이 아닌 그룹 공연도 포함되어 있다.

[표-9] 도쿄 돔 공연 한국인 아티스트 현황

아티스트명	횟수	아티스트명	횟수
동방신기	9회	2PM	3회
빅뱅	7회	SHINee	2회
슈퍼주니어	5회	EXO	2회
JYJ	3회	레인	1회
소녀시대	3회	류시원	1회
KARA	2회	장근석	1회

출처: 각종 기사자료를 토대로 작성

6. 전망

2003년 이후 한국드라마로 촉발된 한류 붐은 일본의 중년 여성층을 중심으로 2010년 이후 K-POP 붐은 젊은 여성층을 중심으로 파고들면서 일본내 한류 저변을 크게 확대시켜놓았다. 그 사이 한국의 대일콘텐츠 수출은 2006년 이후 2015년까지 적어도 4배 이상 늘어났고 일본 현지에도 확고하게 한국콘텐츠 마켓과 소비층이 형성되어 있다. 다만 2012년 이후 한일관계 악화, 엔화 가치의 약세라는 잇따른 악재와 조우하면서 일본 내 한류 콘텐츠 수출과 소비가 다소 정체되어 있다.

한국입장에서 우리콘텐츠의 일본 수출은 크게 세 가지 관점에서 의미를 갖는다. 첫째는 앞에서도 언급한 소프트파워라는 관점에서 한국정부의 콘텐츠 산업진흥정책과 밀접하게 맞물려 있다는 점이다. 한국정부는 1990년대 후반부터 콘텐츠산업 육성에 적극 나서왔으며 우리 콘텐츠를 해외에 널리 수출하고 유통시키는 것이 한국에 대한 매력도를 높이고 글로벌 파워를 강화하는 길이라고 생각하고 있다. 한국정부의 '소프트파워' 정책에 있어 일본은 중국과 함께 현재의 한류를 떠받치는 전략국이자 한류 지속과 확대의 랜드마크라고 할 수 있다.

두 번째는 산업적 관점에서 경제적 이득을 가져다 준다는 점이다. 콘텐츠산업 수출통계에서 알 수 있듯이 한국은 매년 콘텐츠 수출로만 약 14억 달러를 벌어들이고 있다. 수출통계에 포함되지 않은 금액이나 드라마나 K-POP등이 가져다주는 간접적인 경제효과까지 감안한다면 그 규모는 상당한 금액에 이를 것이다.[19]

세 번째는 일본에 한국콘텐츠를 수출하고 노출하는 것이 결과적으로 현지에서 한국에 대한 관심과 호감도를 높인다는 점이다. 물론 혐한과 같은 반작용이 유발된 측면도 존재하지만, 일본 내각부의 여론조사에서도 나타났듯이 오히려 한류가 일본 내 친한여론 형성에 상당한 기여를 하고 있다고 봐야할 것이다.

다만 한류의 향후에도 한일관계가 계속해서 커다란 변수로 작용할 전망이다. 2012년 8월 이후 한일관계 악화는 한류가 정치외교 레벨에서 얼마나 취약한지를 여실히 보여주었다. 표면적으로는 문화 수용과 양국관계는 별개라고 생각하기 쉬우나 실제로는 그렇지 못했다. 로열티가 높은 한류팬을 제외하고, 일부 예비 한류 수요자나 초보 팬들은 한류콘텐츠에서 이탈했다. 게다가 일부 기업 및 매스컴도 한일관계의 악화에 따라 차츰 한류로부터 멀어져 갔다. 이런 상황 속에서 한류 프로모션은 위축되고 한류팬의 신규 유입이라는 선순환도 헐거워지고 있는 것이다. 앞으로도 현재와 같은 한일관계 악화가 장기화된다면 한류시장의 축소는 불가피할 것이다.

그렇다고 혐한과 엔저 기조를 콘텐츠 업계가 나서서 해결할 수 있는 사안도 아니다. 결국 콘텐츠 업계에서 할 수 있는 일은 일본인들의 눈과 귀를 사로잡을 킬러콘텐츠를 계속해서 만들고 유통시키는 일이다. 그것이 일본내 한류를 발전시키는 가장 근본적인 해결책이 될 것이다.

19 / 한국문화교류재단은 2015년 기준 한류의 생산유발효과를 15.6조로 부가가치 유발효과를 5.8조원으로 추산하고 있다.

한류 콘텐츠의 대일 유통과 전망 / 김영덕

참고문헌

〈한국어 자료〉
문화체육관광부, 2007년~2016년 〈콘텐츠산업통계〉
문화체육관광부, 1997년~2005년 방송프로그램 수출입 통계

〈한국어 보고서〉
한국방송영상산업진흥원, 일본방송 개방과 대응전략, 2005년
한일문화교류회의, 한일문화교류증진을 위한 정책보고서, 2006년

〈일본어 자료〉
日本内閣府, 外交に関する世論調査, 1997년 / 2007년 / 2015년
日經BP, 日經エンタテインメント, 2013년 9월호, 2014년 12월호, 2016년 12월호
日本映像ソフト協会, 연간매출통계 URL: http://jva-net.or.jp/report/
一般社団法人日本映画製作者連盟, 일본영화산업통계
一般社団法人 コンサートプロモーターズ協会, 2012년~2016년 기초조사
ORICON, 2004년~2016년 연간 CD싱글랭킹
        2004년~2016년 CD앨범랭킹
        2002년~2016년 DVD종합랭킹

〈일본어 온라인 기사〉
NIKKEI TRENDY 2015년 8월 10일자
日本經濟新聞 2015년 12월 28일자
김영덕(한국콘텐츠진흥원 해외사업진흥팀 팀장)

제2부 대중문화 05

일본영화산업의 활황과 전망

강태웅 | 姜泰雄 Kang, Tae-woong

일본 도쿄대학(東京大学)에서 학술박사(표상문화론 전공)학위를 받았다. 현재 광운대학교 동북아문화산업학부 교수로 재직 중이다. 전공분야는 일본 영상문화론, 표상문화론이며, 최근의 주요 연구 주제는 동아시아 속의 일본영화, 일본의 문화정책, 만주국 영화 등이다.

최근의 주요업적으로는 『이만큼 가까운 일본』(창비, 2016)(저서), 『싸우는 미술: 아시아 태평양전쟁과 일본 미술』(아연출판부, 2015)(공저), 『일본대중문화론』(방송통신대학출판부, 2014)(공저), 『가미카제 특공대에서 우주전함 야마토까지』(소명출판, 2013)(공저), 『대만을 보는 눈』(창비, 2012)(공저) 『복안(複眼)의 영상』(소화, 2012)(역서), 『키워드로 읽는 동아시아』(이매진, 2011)(공저), 『일본영화의 래디컬한 의지』(소명출판, 2011)(역서), 『일본과 동아시아』(EAI, 2011)(공저), 『교차하는 텍스트, 동아시아』(창비, 2010)(공저), 『전후 일본의 보수와 표상』(서울대학교 출판문화원, 2010)(공저), 『제국의 지리학 만주라는 경계』(동국대학교 출판부, 2010)(공저), 『동아시아의 오늘과 내일』(논형, 2009)(편저), 『세계박람회와 지역문화』(심미안, 2008)(공저), 『제국의 교차로에서 탈제국을 꿈꾸다』(창비, 2008)(공저) 등이 있다.

1. 개관

2016년 일본영화산업은 2,355억 800만 엔의 흥행수입을 올림으로써 역대 최고기록을 갈아치웠다. 기존 기록은 2010년의 2,207억 3,700만 엔이었다. 개봉편수는 1,149편으로 2013년 이래 4년 연속 1,000편 이상의 작품이 영화관에서 상영되었다. 영화관 이용객수가 1억 8,000만 명을 넘었고, 이 수치는 1974년 이래 42년만의 기록이다. 인구가 감소하고 있고, 영화관을 가는 방법 말고 다른 수단으로 영화를 보는 사람이 늘어나고 있는 악조건에도 불구하고, 일본영화산업의 활황은 기세가 꺾이지 않고 있다.

일본영화계는 산업적 활황과 더불어 일본영화의 역사를 보존하려는 움직임도 강하다. 현재까지 세 편의 필름이 국가의 중요문화재로 지정되었다. 그리고 소실되었다고 여겨졌던 필름들이 발굴되는 일들이 많아졌다. 일본은 국립의 필름센터(NFC)를 중심으로 하여, 소규모의 영화 라이브러리, 대학의 연구소, 그리고 수많은 컬렉터들과 변사들에 의해서 끊임없이 새로운 영화 필름들이 발굴되고 있다. 2016년에는 오즈 야스지로(小津安二郎) 감독의 〈못말리는 꼬마(突貫小僧)〉(1929)의 축약판(가정용, 극장판은 미발견)이 완전한 형태로 발견되어, 교토 국제영화제에서 상영되었다. 또한 노무라 히로마사(野村浩将) 감독의 1931년 작품 〈우리 아빠는 엄마를 좋아해(私のパパさんママが好き)〉도 축약판이 발견되었다. 이 경우는 무성영화 변사로 활동 중인 가타오카 이치로(片岡一郎)와 사카모토 라이코(坂本頼光)가 공동으로 인터넷 경매에서 낙찰하여 공개한 것이다. 일본에서는 무성영화의 설명을 담당했던 변사를 후대에 전승해야하는 하나의 '예(藝)'로 생각하는 사람들이 있고, 그들은 전국을 돌며 순회공연을 벌이고 있다.[1]

여기서는 2016년 일본영화계 활황의 구체적인 모습을 살펴보고, 어떠한 영화들이 흥행하고 있는지를 알아보도록 하자.

1 / 일본의 영화 발굴 현황에 대해서는 高槻真樹 『映画探偵─失われた戦前日本映画を捜して』 河出書房新社, 2015.에 자세하다.

1) 영화개봉편수와 스크린 수의 변화 : 1,149편 개봉과 ODS

2016년 일본에서 극장 개봉된 영화의 총 편수는 1,149편이었다. 2015년의 1,136편보다 13편 증가하였다. 일본영화가 2015년 581편에서 2016년 610편으로 29편 증가하였고, 외국영화는 555편에서 539편으로 16편 감소하였다.([그림 1] 참조) 한 해에 1,149편의 영화가 개봉한다는 것은 하루에 3.15편에 상당한다. 이것이 가능해진 기반에는 하나의 영화관이 여러 개의 스크린을 보유하는 멀티플렉스의 보급이 자리한다. 단일 스크린을 가졌던 기존의 영화관은 최대한 흥행이 예상되는 영화를 손에 넣기 위해 최선을 다했다. 하지만 멀티플렉스는 스크린 하나에 오전과 오후, 그리고 평일과 주말에 따라 다른 영화를 보여줄 수 있기 때문에 상영 스케줄을 다양하게 구성할 수 있다. 사람들이 많이 몰리는 오후와 주말에는 최신의 흥행영화를 배치하고, 오전과 평일에는 특정한 팬들을 모을 수 있는 작품을 상영하는 식으로 말이다.

영화 편수 증가의 또 하나의 이유에는 디지털 상영이 자리한다. 영화관에는 인화된 필름을 사용한 상영은 거의 사라지고, 디지털화된 상영이 대다수를 차지하게 되었다. 따라서 필름으로 찍히지 않은 다른 영역의 작품들도 영화관에서 상영 가능하게 되었다. TV 드라마, 연극, 뮤지컬, 오페라, 발레, 가부키 등, 그리고 가수들의 라이브 공연을 담은 영상들이 그러하다. 영화가 아닌 작품들이라 하여 비영화계 콘텐츠 또는 ODS(Other Digital Stuff 또는 Other Digital Source)라고 불린다. 2012년부터 ODS도 영화개봉편수에 포함되었기에, 한 해 1,149편 개봉이라는 수치가 가능했다. 그나마도 AKB 48이나 한류 가수들의 라이브와 같은 중계되는 공연(2016년 총 196편)들은 합산되고 있지 않다. 2016년에는 ODS 128편이 일본영화로 들어갔고, 39편이 외국영화의 개봉편수에 합산되었다.[2] ODS를 제외한 영화편수를 계산해보면, 일본영화는 610편에서 ODS 128편을 뺀 482편이고, 외국영화는 539편에서 39편을 제한 500편으로, 총 편수는 982편이다. ODS를 제외하면 일본영화보다 외국영화가 더 많이 개봉하였음을 알 수 있다.

참고로 이상의 수치를 한국영화산업과 비교해보도록 하자. 2016년 한국에서 개봉된 영화는 1,520편으로, 한국영화는 302편, 외국영화는 1,218편

2 / 松本貴則
「データが語る2016年映画
業界: ODS」『キネマ旬報』
2017.03. 下旬(No. 1741),
pp.56-57.

이었다. 외국영화 개봉편수인 1,218편만으로도 일본 전체 영화편수인 1,149편을 능가하였다. 한국은 2014년 1,095편(한국영화 217편, 외국영화 878편)이 개봉되어 처음으로 1,000편 개봉 시대를 열었다. 1,000편 개봉을 기록한 시점은 일본보다 늦었지만, 총 개봉편수에서 한국이 일본을 넘어선 것이다. 일본의 스크린수가 2016년 3,472개이고, 한국이 2,575개로 897개 적음을 감안하였을 때, 한국의 개봉편수가 엄청남을 알 수 있다.([그림 2] 참조)

한국에서의 개봉편수 증가에는 일본처럼 ODS가 자리할까? 전혀 그렇지 않다. 한국의 영화진흥위원회에 따르면 "개봉편수가 매년 증가하고 있는 이유는 IPTV 및 디지털케이블TV로 대표되는 디지털 온라인 시장 수익을 주목적으로 하는 영화들이 극장 개봉작이란 요건에 맞춰 콘텐츠 가격을 높이기 위해 형식적으로 극장개봉하는 사례가 늘고 있기 때문"이라고 한다. 영화진흥위원회는 '형식적 개봉'의 기준을 영화관에서 상영되는 횟수가 40번 이하인 경우로 정의한다. 이러한 기준에 따라 '형식적 개봉'한 한국영화는 123편, 외국영화는 715편이었고, 대부분 청소년 관람불가의 등급을 받은 작품들이었다.[3] '형식적 개봉'한 작품을 제외한 편수들을 계산해보면, 한국영화는 179편, 외국영화는 503편으로 줄어든다.

3 / 영화진흥위원회 산업정책연구팀 「2016년 한국 영화산업 결산」 영화진흥위원회, 2017, p.14.

[그림 1] 최근 10년간 개봉영화편수

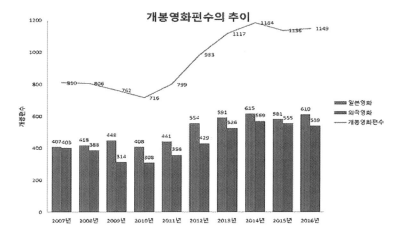

출처: 日本映画製作者連盟(2017)

[그림 2] 최근 10년간 스크린수 및 멀티플렉스 수의 변화

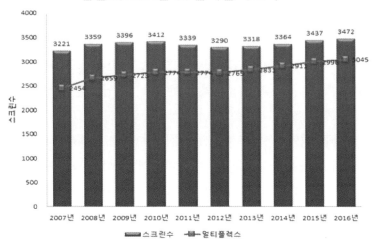

일본의 스크린 및 멀티플렉스 수

출처: 日本映画製作者連盟(2017)

2) 흥행수입

2016년의 흥행수입은 2,355억 800만 엔으로 2015년의 2,171억 1,900만 엔보다 늘어났다. ([그림 3] 참조) 입장자수는 2015년의 1억 6,630만 명에서 증가하여 1억 8,018만 명을 기록하였다. 전체 흥행수입에서 일본영화는 1,486억 800만 엔을 기록하여 차지한 비율은 63.1%이었다([그림 4] 참조). 1990년대에는 30%까지 떨어졌고, 불과 15년 전인 2002년에는 27.1%라는 역대 최저를 기록했던 때를 되돌아볼 때, 2016년의 일본영화의 흥행수입 비율은 격세지감을 느끼게 한다. 참고로 한국영화산업의 흥행수입은 2016년 1조 7,462억 원으로 2015년 1조 7,154억 원보다 1.6% 증가하였다. 한국영화산업은 계속해서 역대최고기록을 갱신해나가고 있다. 한국영화의 시장점유율은 53.2%였다. 한국에서의 극장이용객수는 2억 1,702만 명에 달하여, 1억 8,018만 명을 기록한 일본보다 3,700만 명이나 많았다. 전체 인구수와 상관없이 한국의 극장이용객수가 일본보다 많은 것이다. 한국의 1인당 연평균 극장 관람횟수는 4.20회로, 이는 미국의 3.64회를 뛰어넘고 아이슬란드의 4.22회에 버금가는 세계최고 수준이라고 한다. 극장이용객수가

월등히 많음에도 불구하고 한국의 흥행수입이 일본보다 적은 이유는 관람요금의 차이에 있다. 일본의 1인당 평균관람요금은 1,307엔이었고, 한국은 8,032원이었다.[4]

4 / 영화진흥위원회 산업정책연구팀 「2016년 한국 영화산업 결산」, 영화진흥위원회, 2017, p.6-8.

[그림 3] 최근 10년간 흥행수입 변화 　　　　　　　　　　　　　　　　(단위: 100만 엔)

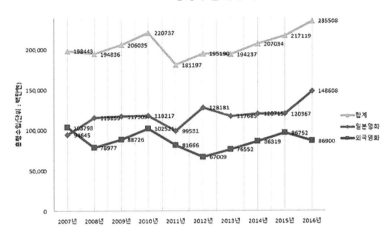

출처: 日本映画製作者連盟(2017)

3) 2차시장·부가시장의 변화

[그림 4] 영상 소프트웨어 시장규모의 변화 　　　　　　　　　　　(단위: 억 엔)

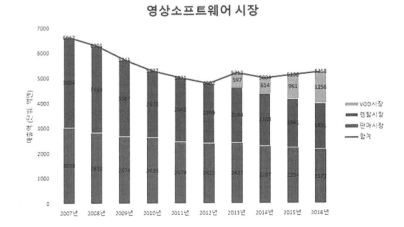

출처: 日本映像ソフト協会(2017)

일본영화산업의 규모는 한국보다 크지만, 전체 인구수를 감안하였을 때 한국이 훨씬 활황을 보이고 있다고 할 수 있다. 하지만 일본 영화산업의 강점은 1차 시장 즉 영화관에서의 일시적인 수입 면에 있지 않고, 2차시장 또는 부가시장이라 불리는 영상소프트웨어의 대여와 판매에 있다. 2차 시장 또는 부가 시장은 DVD 및 Bluray Disc의 판매 및 대여, 그리고 유료방송 및 디지털 온라인을 통한 영상배급 시장으로 구성된다. 일본영상소프트협회(JVA)의 발표에 따르면 2016년 영상소프트웨어 시장규모는 5,258억 엔에 달했다.([그림 4] 참조) 이는 1차시장의 두 배가 넘는다.

일본의 2차시장의 규모는 점점 축소하고 있고, 판매보다는 대여 시장의 축소가 현격하다. 10년 전과 비교하면 대여 시장 규모는 절반 정도로 줄어들었다. 하지만 DVD 및 Bluray Disc라는 실물을 대여하는 시장이 줄든 반면, 유료 방송 및 디지털 온라인을 통한 다른 의미의 '대여'가 활성화되어 가고 있다. 유료 방송 및 디지털 온라인을 통한 '대여'란 유료의 위성 방송이나 케이블 방송 이용자가 본래 계약 이외로 이용하는 유료 프로그램 비용, 그리고 인터넷을 통한 유료 프로그램 구입 등을 말한다.[6] 2013년 11월부터 영상 배급 서비스를 시작한 아마존 재팬은 이 분야에서 가장 많은 이용자를 가지고 있다. 아마존 재팬보다 2년 일찍 배급을 시작한 Hulu가 그 뒤를 좇고 있다. 다국적 기업인 두 회사에 대항하여 NTT가 운영하는 dTV(2009년 시작)는 이용자 수에서 3위를 하였다. 또 하나의 다국적 기업인 netflix는 2015년 일본 시장에 뛰어들어 점점 고객수를 늘려가고 있다.[7]

참고로 2016년 한국의 2차시장·부가시장은 총 4,125억 원을 기록하였다. 일본시장에 비하면 1/10도 안 되는 규모이지만, 2009년부터 매년 20% 정도의 엄청난 성장률을 보여 왔다. 그 중에서 DVD나 Bluray Disc의 실물 대여에 대한 수치는 집계되지 않았고, 판매된 액수는 99억 원이었다. 가장 높은 매출은 IPTV 및 디지털 케이블이 올려서 3,347억 원을 기록하였고, 인터넷 VOD는 679억 원이었다.[8]

6/ 日本映像ソフト協会 「映像ソフト市場規模及び ユーザー動向調査」日本映像ソフト協会, 2017, p.4.

7/ 四方田浩一 「データが語る2016年映画業界: 動画配信概況」 「キネマ旬報」 2017.03.下旬(No.1741), pp.64-65.

8/ 영화진흥위원회 산업정책연구팀 「2016년 한국 영화산업 결산」 영화진흥위원회, 2017, p.37.

2. 영화흥행 경향

[표 1] 2016년 흥행순위

순위	제목	흥행수입
1	너의 이름은(君の名は。)	235억 6천만 엔
2	신 고질라 (シン・ゴジラ)	82억 5천만 엔
3	명탐정 코난: 진홍의 연가 (名探偵コナン 純黒の悪夢)	63억 3천만 엔
4	극장판 요괴워치: 염라대왕과 5개의 이야기다냥! (映画 妖怪ウォッチ エンマ大王と5つの物語だニャン！)	55억 3천만 엔
5	원피스 필름 골드(ONE PIECE FILM GOLD)	51억 8천만 엔
6	극장판 노부나가 콘체르토(信長協奏曲)	46억 1천만 엔
7	극장판 도라에몽:신 진구의 버스 오브 재팬 (映画ドラえもん 新・のび太の日本誕生)	41억 2천만 엔
8	암살교실: 졸업편(暗殺教室〜卒業編〜)	35억 2천만 엔
9	오렌지(orange-オレンジ-)	32억 5천만 엔
10	목소리의 형태(映画 聲の形)	23억 엔
11	식물도감(植物図鑑 運命の恋、ひろいました)	22억 엔
11	데스노트: 더 뉴 월드(デスノート Light up the NEW world)	22억 엔
13	포켓몬 더 무비 XY&Z「볼케니온: 기계왕국의 비밀」 (ポケモン・ザ・ムービーXY&Z ボルケニオンと機巧（からくり）のマギアナ)	21억 5천만 엔
14	짱구는 못말려 극장판: 폭풍수면 꿈꾸는 세계 대돌격 (映画クレヨンしんちゃん 爆睡！ユメミーワールド大突撃)	21억 1천만 엔
14	하이앤로우 더 무비(High&Low The Movie)	21억 1천만 엔
16	어머니와 살면(母と暮せば)	19억 8천만 엔
17	64 파트 1(64-ロクヨン-前編)	19억 4천만 엔
18	64 파트 2(64-ロクヨン-後編)	17억 4천만 엔
19	치하야후루 상편(ちはやふる-上の句-)	16억 3천만 엔
20	아이 엠 어 히어로(アイアムアヒーロー)	16억 2천만 엔

출처: 日本映画製作者連盟(2017)

1) 〈너의 이름은〉의 대흥행과 애니메이션의 약진

2016년 일본영화 흥행순위 10위 중에서 애니메이션이 일곱 편을 차지하였다.([표 1] 참조) 일본영화계에서는 애니메이션이 흥행순위 상위권을 점유하는 것은 당연한 일처럼 되었다. 2015년에도 흥행순위 10위 중 여섯 편이 애니메이션이었고, 2014년, 그리고 2013년도 여섯 편이었다. 애니메이션은 오리지널 각본을 바탕으로 하는 작품과 TV 시리즈를 원작으로 하는 극장판으로 나눌 수 있다. 흥행 1위를 차지한 신카이 마코토(新海誠) 감독의 〈너의 이름은 (君の名は。)〉은 감독 자신의 오리지널 각본에 의한 작품이다. 〈너의 이름은〉이 거두어들인 235억 6천만 엔이라는 흥행수입은

역대 일본영화 흥행순위 2위에 해당하는 대기록이다. 부동의 1위는 2001년 개봉한 미야자키 하야오(宮崎駿) 감독의 〈센과 치히로의 행방불명〉이다. 미야자키 하야오 감독의 작품은 이밖에도 역대 흥행순위 3위 〈하울의 움직이는 성〉, 4위 〈모노노케 히메〉, 6위 〈벼랑 위의 포뇨〉, 그리고 7위 〈바람이 분다〉가 있다. 〈너의 이름은〉은 일본뿐 아니라 동아시아 전반에서 흥행하여, 한국, 중국, 타이완에서 모두 각지에서 상영된 역대 일본영화의 흥행기록을 갈아치우며 1위를 차지하였다.

10위를 차지한 〈소리의 형태(映画 声の形)〉는 초등학교 때 귀가 들리지 않는 여학생을 괴롭히던 남학생이 고등학생이 되어 다시 그녀를 만나게 된다는 이야기로, 만화를 원작으로 하는 애니메이션이다. 그 밖의 다섯 편의 애니메이션은 모두 극장판으로, 텔레비전 애니메이션을 기반으로 한다. 〈도라에몽〉(극장판 36편째), 〈짱구는 못말려〉(극장판 24편째), 〈명탐정 코난〉(극장판 20편째), 〈포켓몬스터〉(극장판 19편째), 〈원피스〉(극장판 13편째)는 매년 제작되고 있고, 최근 들어 〈요괴 워치〉(극장판 2편째)가 이러한 애니메이션 극장판 대열에 합류하였다. 매년 제작되는 이러한 작품 중에서 세 편 또는 네 편이, 그리고 오리지널 각본의 애니메이션이 한 편이나 두 편이 흥행순위 10위를 차지하는 형국이 계속되고 있는 것이다.

2) 고질라 시리즈 재가동

흥행순위 2위를 차지한 〈신 고질라(シン・ゴジラ)〉는 12년 만의 고질라 시리즈 신작으로 29번째 작품에 해당한다. 고질라의 저작권을 가지고 있는 영화제작사 토호(東宝)는 2004년 〈고질라 파이널 워즈(ゴジラ FINAL WARS)〉의 흥행참패 이후 시리즈 종결을 선언한 바 있다. 하지만 2014년 헐리웃에서 만들어진 가렛 에드워즈 감독의 〈고질라(Godzilla)〉가 전 세계적으로 흥행하자, 토호는 고질라 시리즈를 다시 만들기로 결정하였다. 감독은 안노 히데아키(庵野秀明)와 히구치 신지(樋口真嗣)가 공동으로 맡았다. 안노 히데아키는 애니메이션 〈신세기 에반겔리온(新世紀エヴァンゲリオン)〉 시리즈로 유명하고, 히구치 신지는 〈진격의 거인(進撃の巨人 ATTACK ON TITAN)〉 실사판의 감독을 맡은 바 있다. 〈신 고질

라〉는 기존 시리즈를 이어나가기 보다는, 1954년의 첫 번째 작품의 리메이크 형식으로 변환하였다. 거기에 고질라가 단계별로 변신해나가는 등의 새로운 아이디어가 첨가되어 큰 성공을 거두었다. 이러한 성공을 바탕으로 고질라 시리즈는 계속될 예정이고, 2017년 하반기에는 극장판 애니메이션 〈고질라 괴수혹성(GODZILLA-怪獣惑星)〉이 개봉을 앞두고 있다.

3) 2부작 구성의 명암

[표 1] 2016년 일본영화 흥행순위에서 한 작품이 2부작으로 구성된 17위 〈64 파트 1(64 - ロクヨン-前編)〉과 18위 〈64 파트 2(64 - ロクヨン-後前)〉를 발견할 수 있다. 그리고 19위 〈치하야후루 상편(ちはやふる-上の句-)〉도 20위권에는 들지 못했지만 〈치하야후루 하편(ちはやふる-下の句-)〉이 개봉되었다.

흥행한 영화가 시리즈로 만들어지는 경우는 너무나 많다. 앞서 살펴본 〈고질라〉 시리즈도 그러하다. 하지만 최근 일본에서 유행하는 2부작 구성은 일반적인 시리즈와는 다르다. 영화 기획 단계에서부터 2부작으로 만들어지고, 둘 다 봐야 이야기가 완결되기 때문이다.

2부작 구성을 유행시킨 작품은 2006년 〈데스 노트(デスノート)〉였다. 〈데스 노트〉와 후편에 해당하는 〈데스 노트: 라스트 네임〉은 5개월 간격으로 개봉하였고, 흥행에서 대성공을 거두었다. 영화사로서는 2부작으로 기획함으로써 보통의 영화 두 편 만드는 것보다 제작비와 선전비가 덜 든다. 흥행에서 시너지 효과가 작용하면, 두 편 이상의 흥행수익을 노릴 수도 있다. 하지만 흥행에 참패할 경우 그 손해는 보통 작품보다 클 수밖에 없다. 따라서 주로 만화나 소설 원작이 상당히 인기가 있는 경우에 2부작 구성으로 만들어지고 있다.[9]

영화제작사의 입장을 떠나 작품성 측면에서 본다면 2부작 구성으로 만들어진 영화들은 질이 저하될 수밖에 없다. 〈64〉은 쇼와 64년(1989년)에 일어난 유괴사건이 핵심이라 제목이 64다. 당시 유괴사건의 범인은 잡히지 않고, 피해자 소녀는 시신으로 발견되었다. 14년이 지나 공소시효가 얼마 남지 않은 상황에서 쇼와 64년의 사건을 그대로 모방한 유괴사건이

9 / 佐藤美鈴「映画の前編・後編 なぜ分ける?」『朝日新聞』 2016.07.08.

일본영화산업의 활황과 전망 / 강태웅

발생한다. 그야말로 긴박하게 전개되어야할 내용이지만, 〈64 파트 1〉은 핵심이 되는 유괴사건이 아니라 대기업 회장 딸이 일으킨 교통사고의 발표를 둘러싸고 주인공인 군마현 경찰본부 대변인과 기자실의 대립을 그리다가 끝이 나버린다. 영화 한 편으로서의 완결성을 포기했기에, 소재와 어울리는 긴박함보다는 유장함이 흘러버리는 식의 작품이 되어버렸다. 참고로 〈64〉은 한국영화 〈몽타주〉와 비슷한 점이 많아 화제가 되었다. 예전과 수법이 똑같은 유괴사건이 현재에 다시 일어나고, 당시 피해자가 이번에는 유괴범이 된다는 설정도 같다. 게다가 범인으로부터의 마지막 전화를 놓친 것과 같은 세세한 부분에서도 유사성이 많아, 표절 혐의를 제기하는 네티즌들도 있었다. 2012년 만들어진 영화 〈몽타주〉가 일본에 2014년 개봉하였기 때문이다. 그런데 〈64〉의 원작소설은 2004년부터 2006년부터 잡지에 연재되었던 것이다. 그렇다면 〈몽타주〉가 〈64〉를? 하지만 〈64〉가 한국에 번역출판된 것은 〈몽타주〉가 개봉된 지 1년 후인 2013년이다. 한 평론가의 말처럼 "불운한 우연"일지 모른다.[10]

10 / 西脇英夫「クライマックスの展開に違和感」『キネマ旬報』2016.06.下旬(No.1718), p.64.

3. 영화텍스트에 대한 논점

1) 죽음을 껴안는 일본영화

홍행순위 9위를 한 〈오렌지(orange-オレンジ-)〉는 다카노 이치고(高野苺)의 만화를 원작으로 한다. 여고생 다카미야 나호는 어느 날 미래의 자신이 보낸 편지를 받는다. 그 편지에는 전학 온 남학생과 관련되어 발생할 일들이 정확히 쓰여 있었다. 다카미야는 편지가 미래에서 왔음을 믿게 되고, 곧이어 자신이 그 편지를 보낸 이유를 알게 된다. 그녀는 전학 온 남학생을 좋아하게 되지만, 남학생이 자살을 하고 말았기 때문이다. 이를 막기 위해 미래의 여주인공은 그동안 후회했던 일들, 그리고 남학생을 격려하기 위한 일들을 미래의 여주인공은 과거의 자신에게 써 보낸 것이다. 과거의 자신은 편지 내용을 하나씩 실천해나간다. 과연 이런 노력이 남학생의 자살을 막을 수 있을까?

과거를 바꾸면 미래 역시 바뀌지 않을까라는 고민은 대부분의 타임트 래블 영화의 최대 갈등이다. 하지만 이 영화는 평행이론을 가져와, 과거가 바뀐 또 하나의 미래가 생길 뿐, 원래의 미래는 바뀌지 않는다는 논리를 펼 친다. 이런 SF적 상상력을 바탕으로 하지만, 구체적인 행동에서는 과학이 드러나지 않는다. 과거의 자신에게 보내는 편지를 단지 상자 속에 넣을 뿐, 어떻게 과거로 가는 지에 대한 설명이 전무하다.

〈오렌지〉에서 주목할 점은 한국에서 가장 유명한 일본영화 중 하나인 이와이 슌지(岩井俊二) 감독의 〈러브레터(Love Letter)〉(1995)와의 유사성 이다. 남자친구의 죽음, 그리고 그 죽음에 대한 기억을 같은 배우가 연기하 는 두 여인이 편지를 통해 주고받는다는 점에서 〈오렌지〉와 〈러브레터〉는 비슷하다. 비단 두 작품뿐 아니라, 일본영화에는 주인공의 죽음이 관객에게 놀라움이나 반전으로 기능하기보다는, 처음부터 죽거나 죽을 것이 알려지 고 이를 껴안아가는 식의 내러티브가 많다. 흥행 1위를 했던 〈너의 이름 은〉도 그러하다. 유성의 낙하사고로 죽은, 과거에 살고 있는 여주인공과 현 재에 살고 있는 남주인공이 서로 소통을 하는 이 애니메이션도 죽은 이의 기억을 살아 있는 사람이 찾아 나선다는 점에서 〈오렌지〉와 〈러브레터〉와 연결될 수 있다. 2016년 일본 아카데미 우수작품상, 일본영화비평가대상 작품상 등을 받은 나카노 료타(中野量太) 감독의 〈행복 목욕탕(湯を沸か すほどの熱い愛)〉도 이러한 내러티브의 일종이라 할 수 있다. 말기 암이 발견되어 여명 2개월임을 알게 된 어머니. 그녀의 죽음은 영화에서 숨겨지 지도 않고 가족들에게 알려진다. 그러자 바람을 피워 1년간 집을 나갔던 아빠가 돌아오고, 이지메로 등교거부를 하는 딸도 학교를 가는 등 가족이 재결합한다. 그리고 어머니의 과거 기억들이 하나씩 밝혀진다. 이렇듯 죽 음을 껴안는 식의 내러티브는 일본영화계에서 계속 만들어지고 있고, 일본 관객들이 가장 좋아하는 이야기 얼개 중의 하나이다.

2) 시대극의 최신 경향

시대극(時代劇)은 한국의 사극과 비슷한 개념으로 일본의 전통시대를 배경으로 하는 영화를 가리키고, 주로 메이지 유산을 경계로 삼는다. 일본

영화가 시작한 이래 시대극은 일본을 대표하는 영화 장르로 자리 잡았다. 찬바라(チャンバラ)라 불리는 칼싸움 장면, 그리고 한 명과 다수가 싸우는 다치마와리(立回り) 등은 시대극의 하이라이트이다. 일본에서 영화의 인기는 시대극이 견인해왔고, 세계적인 명성을 얻은 일본영화에도 시대극이 많았다. 하지만 1970년대 들어 일본영화산업이 고전을 면치 못하면서 시대극의 인기는 하락하였다. 21세기 들어서도 시대극은 인기를 만회하지 못하였다. 그러자 시대극은 새로운 변화를 모색한다. 그것은 시대극에 CG를 도입하는 영상적 변화나, 칼 대신 주판을 다루는 회계 담당 사무라이를 주인공으로 하는 등 기존과는 다른 소재를 찾는 내용적 변화였다.[11] 하지만 이러한 변화시도에도 불구하고 시대극의 제작 건수는 늘어나고 있지 않다.

11 / 강태웅 「동일본 대지진 이후의 일본영화」 「동일본 대지진과 일본」 2012, 도서출판 문, pp.365-366.

[표 1]의 2016년 흥행순위 20위를 살펴봐도, 시대극으로는 유일하게 〈극장판 노부나가 콘체르토(信長協奏曲)〉만이 한 편 들어가 있다. 이시이 아유미(石井あゆみ)의 만화를 원작으로 하는 이 작품은 2014년 방영된 텔레비전 드라마의 극장판이다. 주인공은 강가를 거닐다가 미끄러져 전국시대로 타임슬립한 고교생 사부로이다. 오다 노부나가는 얼굴이 똑같은 사부로를 자기 자리에 앉히고, 자신은 복면을 쓰고 다른 사람으로 생활한다. 오다 노부나가가 된 사부로는 부하들을 규합하여 전국통일을 위해 힘을 쓴다. 실제 역사에서 오다 노부나가는 전국통일을 앞두고 부하의 배신으로 죽고 만다. 그렇다면 사부로는 어떻게 되는가? 드라마는 그전까지만 다루고, 영화에서 사부로와 오다 노부나가의 마지막이 밝혀진다. 드라마의 인기를 그대로 영화로 몰고 가려는 계산 하에 만들어진 극장판인 셈이다.

〈극장판 노부나가 콘체르토〉 이외에도 2016년 일본에서 인기가 있었던 시대극은 코믹한 내용을 다룬 작품이 많았다. 에도 시대 사무라이가 현대 일본으로 타임슬립해서 제과점 파티시에가 된다는 〈촌마게푸딩(ちょんまげぷりん)〉(2010)을 만들었던 나카무라 요시히로(中村義洋)는 2016년에는 〈나리 이자입니다(殿, 利息でござる!)〉라는 시대극을 만들어 인기를 모았다. 에도 시대 센다이번(仙台藩)의 역참 마을이 이야기의 무대로, 부역에 대한 부담이 심해 마을을 떠나는 사람들이 줄을 잇는다. 어떻게든 부역의 부담을 줄이기 위하여 마을 유지들이 머리를 맞대어 하나의 계획을

짜낸다. 그 계획은 센다이 번 다이묘에게 천량의 돈을 빌려주고, 그 이자를 매년 받아 부역을 경감시키자는 것이다. 영화는 두 가지 고비를 맞는다. 하나는 천량이라는 큰돈을 과연 조그만 마을에서 모을 수 있을지, 또 하나는 신분이 낮은 백성들의 돈을 번주(藩主)가 받고는 이자를 지불할 지라는 것이다.

〈초고속 참근교대 리턴즈(超高速!參勤交代 リターンズ)〉는 2014년 영화 〈초고속 참근교대(超高速!參勤交代)〉의 속편으로 역시 코미디이다. 에도와 자신의 번을 오고가야했던 참근교대를 둘러싸고 벌어지는 사건을 그린 영화로, 갑작스러운 막부의 명으로 유나가야번(湯長谷藩)은 '초고속'으로 참근교대를 가야만하는 일이 벌어진다. 번의 사무라이들은 무거운 칼을 대나무로 바꾸고 짐을 최소한으로 하여 달린다. 속편에서는 에도의 일을 마치고 돌아오는 길이 배경이다. 번주가 없는 틈을 타서 유나가야번에서 백성들의 봉기가 일어난 것이다. 그들은 과연 시간에 맞춰 돌아갈 수 있을까.

이상과 같이 2016년 흥행한 시대극은 종래의 경향, 즉 칼싸움 장면을 중심으로 사실적인 묘사를 하였던 것과는 거리가 있다. "시대극도 가부키(歌舞伎)처럼 나라가 예산을 들여 보호하고 계승해 나가야한다"고 까지 주장하는 이도 있다.[12] 하지만 그럴 경우 시대의 요구에 따라 변화하기 보다는, 틀에 박힌 시대극이 양산될 수 있을 것이다.

12 / 繩田一男 「耕論 時代劇は生き殘れるか」 『朝日新聞』 2014.09.30.

3) 일본영화의 영향을 받은 미국과 유럽영화들

가렛 에드워즈 감독의 〈고질라(Godzilla)〉처럼 일본영화의 헐리웃 리메이크는 빈번히 이루어져 왔다. 2016년에는 오시이 마모루(押井守) 감독의 애니메이션 〈공각기동대(攻殼機動隊)〉(1995)가 실사판으로 만들어져 화제를 모았다. 영화 〈공각기동대: 고스트 인 더 쉘(Ghost in the Shell)〉은 스칼렛 요한슨(Scarlett Johansson) 주연에 기타노 다케시(北野武)도 출연하였으나, 원작에 미치지 못하는 이야기 전개와 화면 구성으로 흥행에 성공하지 못하였다.

사실 일본영화와 애니메이션 영향을 받은 작품으로 일본의 평론가와

팬들을 흥분시킨 영화는 따로 있었다. 바로 〈콩: 스컬 아일랜드(Kong: Skull Island)〉가 그것이다. 이 영화는 2013년 영화 〈퍼시픽 림(Pacific Rim)〉처럼 요소요소에 일본영상문화의 영향을 찾을 수 있다.

〈콩: 스컬 아일랜드〉는 기본적으로 킹콩과 베트남전 영화를 뒤섞고 거기에 일본문화를 양념으로 넣은 듯한 작품이다. 영화는 제2차 세계대전부터 시작한다. 공중전을 펼치던 미군과 일본 전투기는 킹콩이 사는 섬에 추락한다. 일본 전투기는 제로센(零戰), 바로 가미카제 특공대가 주로 탔던 기종이다. 영화 마지막에는 제로센의 엔진으로 만든 보트를 타고 주인공 일행은 섬을 탈출하게 된다. 일본군 병사의 이름은 군페 이카리로, 이는 〈신세기 에반겔리온〉의 주인공 이름인 이카리 신지와 닌텐도 겜보이의 발명가 요코이 군페(横井軍平)의 이름에서 각각 따온 것이다. 또한 킹콩 이외의 거대 생명체는 미야자키 하야오 감독의 애니메이션 〈모노노케 히메〉의 영향을 받았음을 조던 복트-로버츠(Jordan Vogt-Roberts) 감독 자신이 밝히고 있다. 감독은 캡콤의 게임 〈록맨(Rockman)〉이나 플레이스테이션 게임 〈원더와 거상(ワンダと巨像)〉과 같은 작품의 영향을 나열한다. 그의 인터뷰는 일본인들조차 따라잡기 힘들 정도로 매니아적 내용으로 가득하다.[13] 심지어 영화는 "킹콩이 유일한 왕이 아니었다."는 대사와 더불어, 고질라, 라돈, 모스라, 킹기드라 등 일본의 괴수물을 대표하는 캐릭터들이 화면에 나오면서 끝이 난다.

미국에서의 일본영상문화가 캐릭터적인 영향이 크다면, 유럽에서는 그 영향이 보다 내재적이다. 2016년 일본에서는 일본 애니메이션의 영향을 받은 유럽영화 두 편이 개봉되었다. 이탈리아 영화 〈모두 나를 강철 지그라고 부른다(Lo chiamavano Jeeg Robot)〉(2015)는 제목에서 드러나듯이 마징가 제트의 원작자 나가이 고(永井豪)의 또 다른 로봇 애니메이션 〈강철 지그(鋼鉄ジーグ)〉의 영향을 받았다. 그렇다고 원작 만화의 리메이크는 아니다. 〈강철 지그〉는 1979년 이탈리아에서도 방영되어 인기를 끌었고, 영화 속 주인공의 여자 친구는 언제나 집에서 〈강철 지그〉의 DVD를 본다. 주인공은 우연히 방사능 폐기물에 빠져 수퍼맨과 같은 힘을 가지게 된다. 감독에 의하면 〈강철 지그〉를 봤던 시절에는 힘이 세거나 체격이 좋

13 / ジョーダン・ヴォート=ロバーツ「キングコング: 髑髏島の巨人」『キネマ旬報』 2017.04. 上旬(No.1742), pp.56-57.

은 사람을 "지그 같다"고 말하곤 했다고 한다.[14] 주인공은 사람들을 도와주는 영웅적 행위를 시작하고, 결국에는 강철 지그 캐릭터를 본 딴 마스크를 쓰게 된다.

스페인 영화 〈마법소녀(Magical Girl)〉(2014)는 제목처럼 마법소녀물의 영향 하에 만들어졌지만, 변신을 통해 마법을 사용하는 소녀는 등장하지 않는다. 일본의 마법소녀물에 빠져있는 딸이 백혈병에 걸려 여명이 얼마 남지 않았음을 안 아버지는, 딸이 원하는 일본의 마법소녀 코스튬을 사주려 한다. 돈이 부족하자 그는 범죄를 저지르고, 이에는 엄청난 대가가 뒤따른다. 이 영화 곳곳에서 일본문화의 영향이 드러난다. 술 이름이 '세일러 문'이고, 인터넷 검색엔진 이름이 일본의 소설가 에도가와 란포(江戶川乱步)에서 따온 '란포(Rampo)'이기도 하다.

14 / ガブリエーレ・マイネッティ「日本のアニメはイタリア文化にしみ込んでいるんだ」『キネマ旬報』2017.04.下旬(No.1744), pp.62-63.

4. 향후 전망

2017년 일본영화는 ODS를 포함하여 1,000편 이상의 영화가 개봉하면서 활황을 이어나가겠지만, 2016년에 세운 역대최고 흥행수입 기록에는 못 미칠 것으로 예상된다. 이는 꾸준히 만들어지는 극장판 애니메이션의 흥행에는 이상이 없지만, 〈너의 이름은〉과 같이 대흥행을 할 수 있는 오리지널 애니메이션이 눈에 띄지 않기 때문이다.

2016년 증가세를 보였던 2차시장은 2017년에도 그 기세를 이어갈 것으로 보인다. 문제는 유료 방송 및 디지털 온라인 시장이 DVD와 Bluray Disc와 같은 실물 대여시장의 감소분을 만회할 정도로 커질 수 있느냐에 달려 있다. 물론 여기에는 영화산업만의 노력이 아니라, 저작권 단속이 심한 탓에 다양한 콘텐츠를 제공할 수 없는 측면도 작용한다.

일본영상문화의 해외작품에 대한 영향도 2017년에 계속된다. 애덤 윈가드(Adam Wingard) 감독이 리메이크한 〈데스 노트(Death Note)〉가 개봉할 예정이고, 만화 〈총몽(銃夢)〉은 로버트 로드리게즈(Robert Rodriguez) 감독에 의해서 〈알리타: 배틀 앤젤(Alita: Battle Angel)〉이라는 제목으로

2018년 영화관에 걸릴 예정이다. 일본 애니메이션과 게임을 어린 시절 즐기던 세대들의 증가, 그리고 컴퓨터 그래픽의 발달로 영상화 가능한 소재가 늘어난 점 등의 이유로 앞으로도 일본 애니메이션의 영향을 받은 영화들은 늘어날 것이다.

참고문헌

〈한국어 문헌〉
강태웅 「동일본 대지진 이후의 일본영화」『동일본 대지진과 일본』, 2012, 도서출판 문.
영화진흥위원회 산업정책연구팀 「2016년 한국 영화산업 결산」 영화진흥위원회, 2017.

〈일본어 문헌〉
ガブリエーレ・マイネッティ「日本のアニメはイタリア文化にしみ込んでいるんだ」『キネマ旬報』 2017.4. 下旬(No.1744).
佐藤美鈴「映画の前編・後編 なぜ分ける?」『朝日新聞』 2016.07.08.
ジョーダン・ヴォート=ロバーツ「キングコング:髑髏島の巨人」『キネマ旬報』 2017.4. 上旬(No.1742).
高槻真樹「映画探偵—失われた戦前日本映画を捜して」河出書房新社, 2015.
縄田一男「耕論 時代劇は生き残れるか」『朝日新聞』 2014.9.30.
西脇英夫「クライマックスの展開に違和感」『キネマ旬報』 2016.06. 下旬(No.1718).
日本映像ソフト協会「映像ソフト市場規模及びユーザー動向調査」日本映像ソフト協会, 2017.
松本貴則「データが語る2016年映画業界: ODS」『キネマ旬報』 2017.3. 下旬(No. 1741).
四方田浩一「データが語る2016年映画業界: 動画配信概況」『キネマ旬報』 2017.3. 下旬(No.1741).

2000년대 이후 혐한(嫌韓)의 변화와 향후 전망

김효진 | 金孝眞 KIM, Hyo-jin

현재 서울대학교 일본연구소 HK조교수. 서울대학교 인류학과에서 학사 및 석사를, 하버드대학교 인류학과에서 박사학위를 받았다. 오타쿠문화를 중심으로 한 현대일본사회의 대중문화 및 젠더 정치학, 한일문화교류와 세계화 속의 문화민족주의, 인터넷 커뮤니케이션 등을 주로 연구하고 있다.
주요 저서로 『女性マンガ究』(공저 2015) 『한일관계사 1965~2015』(공저 2015) 등이, 주요 논문으로 「혐한만화를 어떻게 읽을 것인가?: 세이린도(林堂)의 최근 출판물을 중심으로」(2016), 「3.11 동일본대지진과 '플루토군'의 부활—캐릭터의 정치학과 '번역'을 중심으로」(2014), 「기호로서의 혐한과 혐중: 일본 넷우익과 내셔널리즘」(2011) 등이 있다.

1. 〈헤이트 스피치 해소법〉 시행과 혐한의 행방

2016년 6월 3일, 일본에서는 〈본국 외 출신자에 대한 부당한 차별적 언동의 해소를 위한 대책의 추진에 관한 법률(헤이트 스피치 해소법, 本邦外出身者に対する不当な差別的言動の解消に向けた取組の推進に関する法律〈ヘイトスピーチ解消法〉)〉이 공포, 시행되었다. 이 법률은 국가와 지방자치체에게 차별을 조장하는 언동을 해소할 대책을 세울 것을 책무로 명기하였고, 구체적인 시책으로는 국가는 상담체제 확립, 교육의 충실 및 계몽 활동을 실시하는 한편 지방공공단체에서는 국가와 역할 분담을 하면서 지역의 실정에 맞춘 기본적 시책을 실시한다고 하고 있다.[1] 이는 일본의 혐한세력이 인터넷, 소셜네트워크, 매스미디어, 실제 시위 등을 통해 지속적으로 재일코리안을 타겟으로 한 헤이트 스피치를 전개해 왔으며 그 강도가 더 이상 무시하지 못할 수준이라는 사회적 합의가 법률을 통해 확립된 중요한 사건이었다.

이 법률의 시행으로 인해 과거 도쿄의 신오쿠보(新大久保), 오사카의 쓰루하시(鶴橋) 등 재일코리안 밀집 지역에서 과격한 언동으로 공포와 불안을 조성하던 〈재일특권을 용납하지 못하는 시민의 모임(在日特権を許さない市民の会, 이하 재특회)〉 등의 혐한 데모가 지방자치체와 경찰 등의 협력을 통해 제한되는 사례가 보고되면서, 점차 명시적이고 가시적인 '헤이트 스피치'를 일본의 길거리에서 직접 목격하는 경우는 줄어들고 있다.[2] 이런 상황은 일본 내 혐한세력에 관련하여 최근 1년간에 일어난 가장 큰 변화중 하나라고 할 것이다.

2005년, 야마노 샤린의 『만화혐한류(マンガ嫌韓流)』의 출간을 계기로 일본사회의 한 부분으로서 명확하게 가시화된 '혐한'은 한국으로 대표되는 모든 것—대한민국, 북한, 재일코리안과 그 문화—를 혐오하는 흐름을 일컫는다. 2000년대 초반에는 혐한과 함께 혐중(嫌中)도 문제가 되었지만, 2002년 한일 월드컵과 그 이후 한류의 인기를 통해 한국의 존재감이 부각되었고, 이 과정에서 주된 타겟이 한국, 특히 재일코리안이 되었다. 물론 인터넷에서 혐한은 1990년대 후반 익명 인터넷 사이트 〈니찬네루(http://

1 / 이상의 내용은 도쿄도가 게재한 관련 법률에 대한 해설을 참고하였다. 구체적인 내용은 다음 웹페이지를 참고하라: 〈「本邦外出身者に対する不当な差別的言動の解消に向けた取組の推進に関する法律〈ヘイトスピーチ解消法〉か施行されました〉 http://www.soumu.metro.tokyo.jp/10jinken/tobira/info/1163.htm(2017년 6월 25일 접속)

2/ [해외통신원] 日 헤이트 스피치 해소법 시행에 따른 첫 가처분 결정 https://m.lawtimes.co.kr/Legal-News/Legal-News-View?Serial=101853&kind=&key=%ED%95%B4%EC%99%B8%ED%86%B5%EC%8B%A0%EC%9B%90 (2017년 6월 20일 접속)

www.2ch.net/)〉를 중심으로 시작되었고 그 배경으로는 1990년대에 등장한 〈새로운 역사교과서를 만드는 모임(新しい歷史教科書をつくる会, 이하 새역모)〉으로 대표되는 풀뿌리보수주의 운동이지만, 혐한, 그리고 이런 혐한의 주된 지지세력이자 확산을 이끌어온 집단인 인터넷우익(ネット右翼, 축약하여 넷우익)이 매스미디어나 다양한 학술적 분석, 그리고 재특회 같은 단체의 활동을 통해 그 가시성이 높아진 것은 2005년부터 최근에 이르는 약 10여년의 기간이라 할 것이다. 이런 점에서 헤이트스피치 해소법의 성립은 한편으로는 소수자의 인권을 침해하는 혐오세력에 대해 법률적인 대처가 필요하다는 점에 일본사회 전반이 공감대를 형성했다는 긍정적인 면모가 있는 한편, 이런 법률이 제정되기 이전에 일본사회 내부에서 소수자 혐오에 대한 자율적인 규제 노력을 통해서는 혐한이 격화되는 현상을 바꿀 수 없었다는 부정적인 면모를 동시에 지니고 있다.

　이런 상황인식을 바탕으로 이 글에서는 2005년 『만화혐한류』를 기점으로 2017년 현재에 이르는 약 10여 년의 기간 동안 일본의 '혐한'이 어떤 양상으로 변화하여 왔는가, 그리고 앞으로 어떤 방향으로 나아갈 것인가에 대해 고찰하고자 한다. 우선 일본의 '혐한'이 어떤 내용으로 전개되어 왔고, 이것이 최근 어떤 양상을 띠고 있는지를 전반적으로 기술한다. 나아가 보다 구체적인 논의를 위해 최근 10년간의 변화를 보여주는 사례로서 혐한만화의 내용과 스타일 변화를 살펴본다. 결론에서는 헤이트 스피치가 규제대상이 된 지금, '혐한' 대신 새로운 화두로 등장한 '반일국가'로서 한국에 대해 논의하고, 이것이 앞으로 어떻게 전개될 것인지를 논하고자 한다.

2. 혐한의 추이와 양상 변화

1) 혐한의 발생: 1990년대 후반〜2000년대 초반의 인터넷

　'혐한'이라는 용어가 가시화되기 이전인 전후 일본사회에서 일본제국주의 당시 식민지였던 조선 출신자, 특히 일본에 거주하고 있는 재일코리안에 대한 제도적인 차별이 존재하였고, 이는 일반 시민들이 공유하는 막연한 거부감 및 차별의식으로 뒷받침되었다. 특히 일본을 중심으로 동아시아, 동남아시아를 위계적으로 포괄하는 거대한 제국주의국가를 구상했던 전전의 일본은 제2차 세계대전에서 패전국이 되면서 급속도로 '단일민족국가'라는 신화를 중심으로 한 내향적인 국가로 탈바꿈했다. 이 과정에서 식민지 시기부터 일본에서 거주하고 있었던 구식민지 출신의 '일본인'인 조선인, 대만인, 일부 중국인 등이 '외국인'으로 분류되어 본국에 귀국하거나 소수자로서 정체성을 버리고 일본에 귀화하여 일본사회에 동화할 것을 요구받았다. 이 과정에서 재일코리안은 일본의 역사문제, 특히 패전과 그 이후의 전후 일본 성립 과정에서 해결되지 않았던 과거 청산의 문제를 상기하게 하는 존재이자 공산주의 정권이 성립한 북한과 밀접한 관계를 맺고 있는 소수자로서 미국의 군사적, 경제적 영향권 내에 있었던 전후 일본에서 사회적 불안요인으로서 간주되었다.

한편, 패전의 경험과 미국에 의한 민주주의 이식을 통해 전후 일본에서 전전 일본사회에서 횡행했던 천황 중심의 극우적 내셔널리즘을 연상시키는 '애국'과 '내셔널리즘'은 1980년대에 이르기까지 공적인 영역에서 금기시되었다. 이를 잘 보여주는 것이 교육 현장에서 국가인 기미가요 제창과 국기인 일장기에 대한 경례가 교사들에 의해 거부되었던 관습으로 2000년대 중반 국가 및 국기에 대한 의례가 필수적으로 요구되었음에도 불구하고 여전히 반발이 지속되고 있다.

흥미로운 것은 이 당시 내셔널리즘은 공적인 영역에서는 상대적으로 억제되었지만 출판이나 학술적 논의에서는 지속적으로 나타났다는 점이다. 요시노 고사쿠에 따르면 전후 일본사회에서 전전 일본의 국가주도형 단일 내셔널리즘은 사라졌으나, 다양한 논자와 행위자에 의해 복수의 다양한 내셔널리즘이 전개되었으며, 특히 이중 두드러진 것이 일본인과 일본문화의 독특한 측면을 강조하고 이를 통해 일본사회를 설명하고자 하는 〈일본인론〉〈일본문화론〉 등의 문화내셔널리즘(cultural nationalism)이다.[3] 물론 전전으로 거슬러 올라가는 극우 세력은 전후에도 존속되었으나 이들은 극히 일부의 일탈적인 집단으로 취급받았으며 사회적 영향력은 미미했다.[4]

이런 상황이 변화한 것은 냉전 종식 이후 1990년대 이후 동아시아의

3 / 요시노 고사쿠, 2001, 『현대일본의 문화 내셔널리즘』 일본어뱅크.

4 / 구체적으로는 70년대에 일어난 극우단체에 의한 조선총련 공격 등을 들 수 있다. 히구치 나오토 2015 『폭주하는 일본의 극우주의 – 재특회, 왜 재일코리안을 배척하는가』 미래를 소유한 사람들, 32쪽.

국제 정세가 변화하면서 과거 미국의 영향력 아래 반공주의를 중심으로 협력해 왔던 한국과 일본이 새로운 관계를 정립하는 과정에서 한일 간의 역사문제가 중요한 이슈로 부각되면서 부터이다. 특히 이 시기는 일본 버블경기가 붕괴한 시기로서, 신자유주의와 세계화를 필두로 한 급격한 사회변동으로 인해 일본사회에서 전후 민주주의 체제에 대한 회의가 확산된 시기이기도 했다. 미국의 보호 아래 경제적 번영을 구가했던 냉전체제에서 벗어나면서 전후 민주주의에 대한 재평가는 전후 일본사회 전체에 대한 문제제기로 이어졌고, 이를 대표하는 흐름이 바로 역사수정주의를 내세운 새역모[5]였다.

5 / 상세한 분석은 小熊英二·上野陽子 『〈癒し〉のナショナリズム ──草の根保守運動の実証 研究』 (慶應義塾大学出版会 2003年)를 참조하라.

그러나 명확히 해야 할 것은 1990년대는 한국의 역사인식에 대한 비판은 늘어났지만 오히려 한일관계 자체는 당시 일본의 연립여당에 의한 관계개선 노력으로 과거 어느 때보다 진전한 시기였다는 점이다. 따라서 '혐한'이라고 부를 수 있는 명확한 사회적 흐름으로는 발전하지 않았고, 이 당시 보수계열 잡지를 통해 한국에 대한 비판 기사는 증가하였으나 이를 하나의 흐름으로 묶어서 부를 수 있는 것은 아니다. 한편 1990년대는 새역모와 같은 역사수정주의가 대두하였으나 세계화의 흐름으로 인해 급격하게 증가한 뉴커머(newcomer) 외국인 노동자, 불법체류자의 문제도 가시화되었으며 이를 해결하기 위해 지방자치체 차원에서 다문화공생(多文化共生)을 촉진하기 위한 다양한 시책이 본격적으로 시행되기 시작한 시기이기도 하다. 이 과정에서 올드커머(oldcomer)인 재일코리안에 대한 정책도 보다 전향적인 것[6]으로 바뀌어 갔고, 특히 1990년대 후반 김대중 대통령의 일본대중문화개방 정책은 일본인의 한국에 대한 태도를 긍정적인 것으로 바꾸는데 기여하기도 했다.

6 / 악명높았던 지문날인제도가 폐지된 것이 1994년으로, 이후 점진적으로 전향적인 조처가 처해지기 시작했다. 구체적으로는 특별영주 자격, 조선학교 보조금 교부, 생활보호 우대, 통명(通名) 제도 등이 있다.

그렇다면 우리가 현재 알고 있는 형태의 '혐한'은 언제부터 일본에서 가시화되었을까? '혐한'이 사회적으로 인지되어 활발하게 사용되는 기점은 역시 『만화혐한류』의 베스트셀러화로 볼 수 있다. 그리고 혐한과 혐중적인 발언을 인터넷에 반복하여 남기는 사람들을 가리키는 인터넷우익이라는 용어가 사회적으로 인지되기 시작한 것은 2005년경으로 거슬러 올라간다. 2005년 5월 8일 산케이신문의 기사 『넷우익은 신보수여론(ネット右翼は

新保守世論)』는 매스미디어에서 이 용어를 공식적으로 사용한 첫 사례로, 이후 넷우익은 2000년 이후의 일본사회를 나타내는 중요한 화두로 부각되게 된다.

그러나 이 용어가 만들어지고 사용되기 시작하기 전부터, '혐한', '혐중'적인 태도는 일본어 인터넷에서 쉽게 찾아볼 수 있었다. 그리고 이런 태도가 가시화된 결정적인 계기는 1999년 개설된 이후 일본 최대의 익명게시판 사이트로 간주되는 니찬네루를 통해서였다. 그리고 넷우익이라는 용어가 등장하기 이전부터, 니찬네루 및 기타 관련 사이트에서 혐한, 혐중적인 발언을 반복하여 포스팅하는 사람을 일컫는 용어로 '겐칸츄(嫌韓厨, 한국이 싫은 사람, 이때 厨는 厨房의 줄임말로 장소를 가리지 않고 자기 마음대로 투고를 반복하는 사람을 의미)'이라는 용어가 사용되고 있었다. 이들은 넷우익이라는 개념이 등장하기 전인 2000년대 초반부터 니찬네루 내부에서 쉽게 찾아볼 수 있었다[7]는 점, 그리고 나중에 살펴보겠지만 대부분의 넷우익이 한국으로 대표되는 모든 것에 대한 거부감 및 반감을 기본적인 감정으로 삼는다는 점에서 이들을 넷우익 탄생의 배경이자 전단계로 볼 수 있을 것이다.

7 / 이들이 '격리'된 게시판인 한글판이 2000년 개설되었다는 사실에서도 유추할 수 있다.

2) 인터넷우익의 가시화와 재특회의 성립: 2005년 이후[8]

2005년을 기점으로 등장한 넷우익이라는 용어는 니찬네루에서 가시화되기 시작한 혐한·혐중적인 태도가 보다 구체화된 결과로 볼 수 있다. 본격적으로 논의를 진행하기 전에, 2005년이라는 배경이 지닌 의미를 간략하게 살펴볼 필요가 있는데, 이는 1999년 니찬네루 발족 이후, 일본어 인터넷 상에서 넷우익적인 흐름이 가장 강하게 나타났던 것이 바로 2005년을 전후한 시기이기 때문이다.

앞에서도 지적되었지만, 인터넷 상의 혐한적인 흐름이 구체화된 형태로 등장한 『만화 혐한류(漫画嫌韓流)』가 출판된 것이 바로 2005년이다. 그리고 2001년 수상으로 취임한 이래 연속하여 야스쿠니 신사 참배를 강행한 고이즈미 준이치로에 대해 관련 국가에서 비판의 목소리가 고조된 때이기도 하다. 특히 2005년 초, 시마네현 의회가 '독도의 날'을 지정하면서 한

8 / 이 부분은 전반적으로 필자의 2011년 논문 「기호로서의 혐한과 혐중」 『일본연구』, 26집, 단국대 일본학연구소에서 논의한 내용에서 사건과 사실관계를 중심으로 일부 발췌, 인용한 것이다.

국에서 반일운동이 일어났으며, 2005년 4월에는 중국 전역에서 인터넷에서 촉발된 반일데모가 폭동으로 발전하여 일본인들의 피해 및 폭동의 구체적인 모습이 일본 매스미디어에 반복적으로 보도되었다. 역사 문제를 둘러싼 한중일 삼개국의 깊어지는 갈등은 세계적인 주목을 받아, 뉴욕 타임즈 등에서도 이 문제를 보도하기도 했다. 또, 일본인 납치 사건의 주범이라는 사실이 점점 더 확실해지고 있던 북한이 동해에 지대함 미사일을 발사하여 일본사회에서 위기감이 고조된 것도 2005년 5월의 일이다.

그러나 이런 국제관계에서의 갈등과는 달리, 일본은 중국인 관광객에 대한 비자 발급을 중국 전역으로 확대하였고 한국과 일본은 2005년을 '우정의 해'로 지정해 다양한 사업을 전개하는 등, 상호 모순적인 흐름이 존재했던 것이 바로 2005년이기도 했다. 한편으로는 한중일 각국 정부 간의 국제관계를 둘러싼 갈등이 심화되었지만, 다른 한편 일반인들의 이동과 경제적 협력이 점점 더 확대된 결과 타자의 가시성이 증가함으로써 민간 차원에서 고조된 위기감이 민족주의적으로 표출되는 과정이 2000년대 이후 한중일 관계의 전반적인 흐름이라고 했을 때, 한국과 중국, 특히 민간데모 및 폭동의 형태로 가시화된 중국의 반일운동, 더 나아가 북한의 위협이 미사일이라는 형태로 부각된 2005년이야말로 중요한 의미를 갖는다. 이런 시대적 상황 속에서 넷우익과 그들이 체현하는 혐한, 혐중적 분위기는 일본어 인터넷에서 무시할 수 없는 존재감을 드러내게 되었다.

그렇다면 인터넷우익과 기존의 우익세력과의 관계는 어떠할까? 여기서 넷우익과 완전히 동일시할 수는 없으나 1990년대 이후 일본사회에서 점차 부각되기 시작한 신보수층, 즉 새역모 및 고바야시 요시노리(小林よしのり) 『고마니즘 선언(ゴーマニズム宣言)』으로 대표되는 '아래서부터의 내셔널리즘', 즉 기존의 우익과는 구분되는 새로운 내셔널리즘을 내세우고 1990년대 이후 일본사회에 등장한 보수적인 흐름에 대한 오구마의 분석은 중요한 시사점을 지닌다.

오구마는 기존의 우익운동과 90년대 이후의 신보수층간의 가장 큰 차이점을 바로 천황에 대한 시각의 차이라고 본다.[9] 기존 우익이 노선의 다양성에도 불구하고 천황제의 강력한 지지를 사상의 근본으로 삼고 있는 반면,

9/ 小熊英二, 「「左」を忌避するポピュラリズム―現代ナショナリズムの構造とゆらぎ」 小熊英二・上野陽子共著, 『<癒し>のナショナリズム』, (東京 : 慶應義塾大学出版会株式会社, 2003), 29-30쪽.

1990년대 이후 등장한 이런 신보수층은 사라져 가는 공동체를 대신할 '국가'를 희구하고 있으나 천황제에 대해서는 강력한 지지라기보다는 미온적인 태도를 견지한다.

넷우익은 인터넷을 중심으로 활동한다는 점에서 오구마가 분석하는 신보수층과는 구분되지만, 신보수층과 같이 넷우익 또한 기존 우익간의 단절을 강조한다. 이를 실제로 뒷받침하는 것은 넷우익과 기성 우익단체 및 운동가들 간의 서로에 대한 뿌리깊은 불신이다. 넷우익은 선전차량과 특공복 등 특유의 패션 등 기성우익의 운동스타일에 대해 거부감을 가지고 있고, 지금까지의 우익운동이 일본사회를 바꾸지 못했다고 비판하였다. 이런 관점에서 이들은 '우익'이라는 호칭 자체를 거부하고 자신들을 보수적인 성향을 지닌 일반시민으로 자리매김한다.[10]

이때 넷우익의 새로운 상징으로서 등장한 것이 2006년 창립된 재특회이다. 단체명에서도 드러나지만, 재특회는 "본래 '재일'이라는 단어는 '재일외국인'을 가리키는 것이지만 현재 일본에서는 '재일=재일한국인, 조선인'을 가리키는 단어로서 사용하고 있"는 상황이며 이민도 난민도 아닌 외국인인 이들이 '특별영주자격'이라는 특권을 가지고 일본에 존재하고 있다고 비난한다. 이것이 특권인 이유는 재일을 제외한 그 어떤 외국인도 이런 특권을 가지고 있지 않다는 것이다.[11] 2.에서 살펴본 바와 같이, 재특회의 주장은 '재일(및 반일국가에 포함되는 중국인)에 반대'하는 것으로, 전형적인 민족차별적인 논리라고 할 수 있다. 개별적인 차이는 있겠지만 이들은 기존의 우익들이 보여주는 일본적인 것, 특히 황실에 대한 존경심을 결여하고 있으며, 오직 일본과 일본인에게 피해를 끼치고 있는 재일로 대표되는 '반일외국인'과 그들을 지원하는 것으로 간주되는 좌파지식인, 매스미디어, 민주당으로 대표되는 특정정치세력에 대해 강한 반감을 표시한다.

이들의 존재를 일본사회에 알린 것은 2009년 12월 4일 교토의 조선민족초급학교에서 일어난 재특회의 난동사건이었다. 공원의 '불법점거'에 항의한다는 명분을 내세워, 학생들이 수업중인 학교에 몰려가 확성기로 혐한적 메시지를 지속적으로 보내고, 데모에 참가한 참가자들이 학생들에게 몰려가 '스파이의 자식들' '일본에서 나가라' 등 민족차별적 행패를 부려서 상

10/ 자세한 것은 이하의 글을 참조하라. 安田浩一, 「在特会の正体」『g 2』 vol.6, (東京 : 講談社, 2010)

11/ 재특회 홈페이지의 '인사말(挨拶, http://www.zaitokukai.info/modules/about/zai/speech.html, 2011년 1월 17일 접속)'에서 인용.

2000년대 이후 혐한(嫌韓)의 변화와 향후 전망 / 김효진

171

당수가 경찰에 의해 연행되기도 했던 이 사건 이후, 재특회는 일본 전역에서 지속적으로 집회를 개최하였다. 이와 관련하여 흥미로운 것은, 이들의 데모 및 여타 활동이 그 자체가 목적이라기보다는, 동영상으로 편집되거나 동영상 사이트를 통한 실황중계를 통해 지속적으로 인터넷 유저들에게 유포되었다는 점이다.

앞에서 살펴본 오구마의 지적은 2000년대 후반에 재특회와 기존의 우익세력의 차이점을 강조하고 있다. 그러나 한편, 2017년 현재의 시점에서 2000년대 후반 재특회의 발흥은 결과적으로 기존 우익과의 차이점에도 불구하고 사회 전반의 배외주의적인 흐름을 '혐한'이라는 하나의 흐름으로 묶어낸 결과를 가져왔다는 점 또한 지적될 필요가 있다. 실제로 히구치 나오토는 기존의 우익과 재특회를 나눠서 사고하여 재특회가 사회적 불만으로 인해 극단적인 행동을 일삼는다는 심리학적 설명을 배제할 필요성을 지적한다.[12] 재특회 참가자의 대부분이 어릴 때부터 보수주의적 이데올로기에 익숙한 가정 환경에서 자랐으며, 경제적으로 빈곤하거나 심리적으로 위기에 처한 경우는 적었고 재특회 참여 이전부터 뚜렷한 배외주의적 성향을 보였다는 점을 명확히 인식할 필요가 있다. 즉 이런 관점에서 재특회의 혐한 데모 등이 가시화된 시점에서 재특회만을 악마화하는 시각은 일본사회 전반에 구식민지출신자에 대한 차별과 역사문제를 둘러싼 논란이 과거부터 존재해 왔고, 2000년대 이후 그것이 '혐한'이라는 이름 하에 사회현상이 된 상황을 제대로 짚어낼 수가 없다.

3) '혐한서적' 붐과 그 이후: 2010년대부터 현재까지

2007년 재특회가 창립된 이후 혐한세력에 의한 혐오 시위 및 공공연한 혐오발언은 점차 증가하였다. 이와 관련하여 주목해야 할 것은 2000년대 후반, K-POP을 중심으로 한 제 2차 한류가 일본사회에서 큰 인기를 얻었다는 점이다. 2005년 발간된 만화혐한류가 인기를 얻은 동력 중 하나가 그 당시 일본사회에서 큰 인기를 얻어 사회현상으로까지 발전한 〈겨울연가〉 및 관련 콘텐츠의 여성 팬덤 형성에 대한 반감이었다는 점을 고려해 보면, 2000년대 후반 K-POP의 인기는 과거와는 다른 새로운 팬덤-보다

12 / 히구치 나오토 2015 『폭주하는 일본의 극우주의 - 재특회, 왜 재일 코리안을 배척하는가』 미래를 소유한 사람들 187-218쪽.

젊은 층을 대상으로 하는―을 형성하면서 한국의 대중문화 콘텐츠를 일본 사회에 성공적으로 안착시키는데 결정적인 역할을 했다.

그러나 한국대중문화 콘텐츠가 일본에서 가시성이 증가할수록, 사회적인 반감도 커지게 되었다. 이 당시 '친일'에 대한 역사적 청산을 내세운 노무현 정권의 방침에 대해 거부감을 느낀 일본인들의 태도는 한국 대중문화 콘텐츠에 대한 일본인들의 반감으로 이어지기도 했다. 이를 잘 보여주는 사례로는 2011년 이후 김태희의 독도관련 발언을 문제삼아 '반일배우'로 명명하고 김태희가 출연한 드라마를 방영하는 후지티비와 광고모델로 기용한 가오(花王)에 대해 항의데모를 일으킨 것을 들 수 있다.[13] 즉 증가하는 한국콘텐츠의 가시성을 문제삼는 사례가 증가하였다. 한편 재특회는 앞에서도 살펴본 바, '재일특권'을 지속적으로 문제삼으며 재일코리안에 대한 지속적인 혐오 시위를 일으키고 이를 동영상으로 유포하는 등, 2010년대 초반에 걸쳐 활발하게 활동하였다.

이런 상황이 더욱 강화된 일본의 전반적인 사회상황을 생각할 때 빼놓을 수 없는 것은 2011년 3월 11일 발생한 동일본대지진이다. 동일본지역을 강타한 괴멸적인 지진과 후쿠시마 원전 폭발로 인한 광범위한 피해는 전사회적으로 큰 충격을 안겼고, 이 당시 한 한국 신문이 게재했던 〈일본열도 침몰〉이라는 기사제목은 한국의 반일적인 태도를 상징하는 것으로 간주되어 큰 반발을 샀다.[14] 동일본대지진 당시 민주당정권의 대처에 대한 비판으로 인해 민주당 정권이 무너지고 제2차 아베내각이 성립된 이후, 일본의 배외주의적 성향은 더욱 강화되어 왔다.

그리고 2010년대 초반, 한일 관계에서 가장 큰 이슈로 등장한 것은 당시 이명박 대통령이 2013년 독도를 전격방문한 후 천황에게 사죄를 요구하는 발언을 한 사건이었다. 이 사건을 독도를 둘러싼 영토 문제를 자극했을 뿐만 아니라 천황에 대한 모독으로까지 해석하는 일본인들은 '친일' 대통령으로 간주했던 이명박 대통령의 태도를 배신으로 해석하였고, 이로 인해 2013, 2014년 일본의 매스미디어와 출판계는 유례없는 '혐한서적붐'을 맞이하였다. 일부 독자들이 인터넷을 통해 주로 구입하는 정도의 비중을 차지하고 있던 혐한서적들이 대형서점의 특집기획에 소개되고 사회적 주목을

13/ フジテレビ抗議デモ
https://ja.wikipedia.org/wiki/%E3%83%95%E3%82%B8%E3%83%86%E3%83%AC%E3%83%93%E6%8A%97%E8%AD%B0%E3%83%87%E3%83%A2
(2017년 6월 30일 접속)

14/ 중앙일보·서울신문 '일본침몰'이라니―일본 국민 비극에 자극적 기사제목 논란…서울신문 "일본 절반 침몰 전조인가" 류정민 2011년 03월 12일 http://www.mediatoday.co.kr/?mod=news&act=articleView&idxno=94288 (2017년 6월 15일 접속)

끄는 상황이 도래한 것이다. 이 당시의 심각한 분위기는 실제로 자성을 촉구하는 출판관계자들의 책이 2권이나 출판될 정도였다는 사실에서 유추할 수 있다.

한일간의 정치, 역사적 이슈는 상존하고 있었으나 왜 이것이 2000년대 이후 '혐한'으로 나타났으며 재특회가 주장하는 재일특권이 우익 운동의 중심적 테마로 부각되었는가? 흥미로운 것은 이때 재일코리언이 일본사회에 이미 정착한 제 2세대, 제 3세대가 대부분으로 일본인과 문화적, 인종적 차이가 가장 적은 소수자 집단이라는 점이다. 서구에서 극우단체가 내세우는 배외주의는 주로 노동시장에서 경쟁자로 등장하는 뉴커머 이민자들과 이들과의 문화적 차이라는 점을 떠올려 보면, 일본의 혐한은 독특한 현상임을 쉽게 알 수 있다.

2000년대 이후, 특히 재특회 등장 이후 주된 이슈로 부각된 재일특권을 내세우는 '혐한'에 대해 히구치 나오토는 비교연구적 관점에서 '일본형 배외주의'라고 이름붙이고 그 특징을 다음과 같이 정리하고 있다.[15]

15/ 히구치 나오토2015
『폭주하는 일본의
극우주의- 재특회, 왜 재일
코리언을 배척하는가』
미래를 소유한 사람들,
370-371쪽.

> 근린제국과의 관계에 의해 규정되는 외국인 배척 움직임을 가리키며, 식민지 청산과 냉전에 입각한 문제이다. 직접 표적이 되는 것은 재일 외국인이지만 배척 감정의 바탕에 있는 것은 외국인에 대한 부정적인 고정관념보다 오히려 근린제국과의 역사적 관계이다. 그런 의미에서 외국에서 배외주의를 낳는 요인으로 제시되는 외국인의 증가나 직업을 둘러싼 경합이라는 요인은 일본형 배외주의를 설명할 때는 그렇게 중요하지 않다

여기서 히구치가 주목하는 점은 일본형 배외주의를 낳은 궁극적인 원인이 문화적 차이도, 한국의 태도도 아니라 냉전체제 하 일본이 식민지 과거 청산을 제대로 하지 못했기 때문이라는 사실이다. 혐한이라는 흐름과 그것이 타겟으로 삼는 '한국적인 것'은 명시적으로는 2000년대 이후 인터넷 우익에서 발흥하였지만 이것이 가능하게 된 배경에는 냉전 종식에 따른 동아시아의 국제 정세 변화와 이에 따른 '역사인식' 문제를 둘러싼 국제적 논쟁의 대두, 역사수정주의의 대두가 자리하고 있다.

따라서 혐한을 필두로 한 일본의 배외주의는 서구와는 달리 외국인의 증가, 직업을 둘러싼 경합 등은 별다른 문제가 되지 않는다. 왜냐하면 재일코리언은 이미 제 3세대로 들어가면서 일본적으로 귀화하는 경우가 대다수

이고 이미 일본사회에 뿌리내린 존재이기 때문이다. 그러므로 최근의 혐한을 경쟁에서 패배한 자들의 사회적 불만, 불안 등의 심리적 요인으로 설명하는 것은 한계가 있다. 그보다는 전후 일본사회가 외면해온 역사 처리의 문제, 그리고 숨겨져 왔던 한국에 대한 무시와 혐오가 변화하는 한일관계를 계기로 모습을 드러냈다는 점에 주목할 필요가 있다.

3. 사례 분석: 혐한 만화의 사례[16]

2005년경 가시화된 혐한이 약 10여년 이후 어떻게 달라졌는가를 살피기 위해 이 글에서 고찰하는 것은 '혐한만화'의 변화이다. 혐한의 가시화를 논의할 때 재특회와 함께 가장 중요한 계기로 간주되는 것이 『만화혐한류』의 출판이다. 특히 만화혐한류는 그 내용 뿐만 아니라, 만화라는 매체가 갖는 대중적 파급력으로 인해 더 화제가 되었고, 이후 '혐한'이라는 용어로 인터넷상의 한국에 대한 반감을 묶어냈다는 점에서 중요한 계기가 되었다.

그러나 『만화혐한류』 출판 이후, 혐한만화는 그다지 출판되지 않았고, 2010년대 이후 세이린도(青林堂)라는 서브컬처계 출판사를 통해 두 편이 출판되는데 그쳤다. 그러나 이런 시기의 차이로 인해 혐한 초기의 분위기와 2010년대 이후 혐한의 차이를 살펴보는데 적절한 대상으로 간주할 수 있을 것이다. 특히 혐한만화에 주목하는 이유는 첫째, 『만화혐한류』의 출판이 혐한서적붐의 기원이 되었다는 점에서 만화 등의 시각 매체가 혐한의 확산에 기여한 바가 있기 때문이고, 둘째, 대중을 위한 상업 장르이자 대중 엔터테인먼트인 만화와 극단적인 정치적 이데올로기인 혐한의 결합은 결코 흔한 것이 아니고 출판계에서도 자신들의 이미지를 고려해 꺼리는 상황에서 혐한만화가 연속적으로 출판되었기 때문이다.[17]

혐한 만화의 시초인 『만화혐한류』에서 가장 두드러진 특징은 1권에 실린 칼럼, 그리고 1, 2권에 실린 〈극동아시아연구회 조사파일〉이다. 왜냐하면 『만화혐한류』는 기본적으로는 역사에 관심이 없던 주인공이 다양한 인물을 만나 한일관계에 관심을 갖고 진실을 알게 된다는 스토리만화적 구

16/ 이 부분은 필자의 2016년 논문 「혐한만화를 어떻게 읽을것인가? 세이린도(青林堂)의 최근 출판물을 중심으로」 『일본연구』 26집, 고려대 글로벌일본연구원을 바탕으로 하여 이 글의 목적에 맞춰 일부 발췌 및 인용한 것이다. 보다 상세한 논의는 논문을 참조하라.

17/ 몇십년에 걸친 만화 출판, 그리고 압도적인 물량의 만화 단행본이 출판되는 일본에서 정치적 이데올로기, 특히 정치적으로 보수 이데올로기를 노골적으로 드러내는 만화가 히트한 것은 고바야시 요시노리(小林よしのり)의 『고마니즘선언(ゴーマニズム宣言)』이 거의 최초이다. 그리고 『만화혐한류』를 출판한 신유샤(晋遊社)를 비롯, 이 논문이 다루는 만화단행본을 출판한 세이린도 또한 일본의 상업만화출판에서 마이너이거나 만화출판 전문이 아닌 출판사이다. 실제로 『히노마루』의 작가 또한 자신의 정치적 주장을 담은 작품이 계속 연재/출판 거부를 당해왔다고 인터뷰 등에서 이야기하고 있다.

성을 취하고 있지만, 일반적인 스토리만화와는 달리 전체 단행본에서 만화와 독립된 코너로 삽입되어 있는 텍스트 분량이 매우 많기 때문이다. 만화 파트에서도 사건이나 사실을 설명하기 위해 텍스트가 다용되어 있을 뿐만 아니라, 처음부터 스토리만화로서는 이례적으로 책의 구성에 텍스트가 별도의 파트로 들어가 있는 것은 이 책이 만화의 전달력을 통해 혐한을 알리고자 했을 뿐만 아니라, 기존의 혐한 관련 신서나 문자중심 텍스트의 연장선 위에 있다는 점, 나아가 [혐한에 대핸] 학습만화적 성격을 강하게 띄고 있다는 사실을 반영하는 것이다.

1권에만 실린 칼럼은 니시오 칸지(西尾幹二) 등 일본 보수계의 저술가 4명이 각각의 테마에 대해 4~5페이지 정도의 짧은 글을 기고하여 일반적인 스토리만화와는 다른 포맷을 취하고 있다. 또한 1, 2권에는 공통적으로 〈극동아시아연구회 리포트〉이라는 내용이 포함되어 있는데 이 내용은 본문인 만화에 등장하는 등장인물들이 혐한 관련 내용을 대화식으로 풀어가는 내용으로 캐릭터의 얼굴은 등장하지만 주 내용은 텍스트가 대부분이다. 캐릭터가 등장하여 이들이 마치 대화하는 것처럼 텍스트를 구성함으로써 정보를 보다 효율적으로 전달하고 독자가 보다 쉽게 이해할 수 있도록 하고 있다.[18]

이는 『만화혐한류』의 만화파트에서도 일관적으로 드러나는 특징이다. 총 9개 장으로 구성된 만화파트의 구성이 "경악과 논파의 구조"[19]를 따르고 있다는 점은 이미 잘 알려져 있는데, 여기서 "중요한 것은 경악하거나 논파하는 것 모두 공통적으로 표면적인 지식을 뒤엎는다는 전제하에서 이루어졌다는 점이다. 독자는 계속해서 이 만화가 제시하는 경악과 논파를 추체험함으로써 이 만화가 주장하는 결론으로 이끌려간다"는 것이 이따가끼의 분석이다.

그리고 여기서 두드러지는 것은 방대한 텍스트의 양, 그리고 만화에 등장하는 등장인물의 만화적 표현과는 달리 마치 신문기사나 사진을 그대로 옮긴 듯 한 이미지의 사용이다. 예를 들면 제1화 〈한일공동개최 월드컵의 뒷면〉에서는 2004년 월드컵 본선에서 한국이 참가한 경기에서 제기된 심판 판정에 관한 의혹을 소개하면서 약 3쪽에 걸쳐 각각의 경기를 중계방

18 / 이런 기법은 학습만화에서 흔히 사용되는 것으로 〈재특회〉의 홈페이지에서도 재일조선/한국인의 특권이 왜 문제인지에 대해 만화스타일의 캐릭터인 이쿠노(生野) 박사와 자이코(ザイ子)양이 대화하는 식으로 구성된 해설 텍스트가 존재한다.

19 / 이따가끼 류우따(2006) 「혐한류의 해부학-한류를 바라보는 일본사회의 두 가지 시각」 『창작과 비평』 2006년 여름호(통권 132호), 2006.6, pp.409~410.

송의 스틸컷을 그대로 따온 듯한 이미지와 함께 대량의 텍스트로 구체적인 경기 상황을 기술하고 있다. 이는 테사 모리스-스즈키(Tessa Morris-Suzuki)가 고바야시 요시노리의 만화를 분석하면서 "인쇄물로 된 콜라주, 즉 수많은 신문이나 책에서 오려냈거나 오려낸 듯한 느낌을 주는 이미지가 가공을 거치지 않고 마구잡이로 (하지만 특정한 부분이 확대 또는 강조되어) 섞여… 총괄적으로 특정한 문제에 대한 보도 르포르타주나 학술적인 견해라는 인상"[20]을 준다고 지적했던 바로 그 전략을 그대로 차용한 것으로 보인다.

20/ 테사 모리스-스즈키(2006) 『우리안의 과거』 휴머니스트, pp.264-265

즉, 마치 객관적인 사실 관계를 이미지와 텍스트를 통해 서술하는 것으로 가장하면서 독자들에게 직접 '혐한'에 관련된 정보와 주장을 전달하고자 하며 이 과정에서 주인공의 역할은 '경악과 논파'를 경험함으로써 '아무 것도 모르던' 독자들과 함께 이 책의 주장에 공감하고 이를 강화하는 것이다. 이런 특징을 고려했을 때, 『만화혐한류』는 일반적인 스토리만화라기보다는 학습만화적 성격을 강하게 띄고 있다.

이에 대해 2015년에 세이린도가 단행본으로 간행한 혐한만화 두 권을 살펴보자. 『히노마루 가두선전 소녀(日之丸街宣女子, 富田安紀子저, 이하 히노마루)』 태권더 박(テコンダー朴, 原作: 白正男、作画: 山戸大輔)』은 2017년 현재 제 2권까지 출판된 장편만화이다. 우선 『히노마루』의 특징으로는 주인공이 평범한 여중생이라는 점을 들 수 있다. 이 작품에서는 아무 것도 모르는 여주인공이 우연한 계기로 혐한 데모에 참가하면서 서서히 변화해가는 과정을 그리고 있는데, 이 과정에서 소꿉친구인 쓰치모토(土本)와 혐한 데모를 이끈 나츠가와(夏川)의 존재가 핵심적이다.

우선 음모론을 친구들에게 역설하는 쓰치모토의 캐릭터 설정이 흥미롭다. 인터넷에서 얻은 정보를 마구잡이로 주위 친구들에게 설명하는 쓰치모토는 최초 등장 시점에서는 자기주장에 빠져 눈동자가 없거나 충혈되어 있는 이미지로 그려지는데, 이후 혐한데모에서 카나데를 적극적으로 지키는 모습과 마지막 장면에서 멋지게 미소짓는 남자 주인공적인 외모로 스타일이 변화하게 된다.

제 1화에서 혐한 데모를 이끈 리더격인 나츠카와와 카나데의 유대도 흥미롭다. 우선 제 1화에서 카나데가 겪은 첫 데모는 나츠카와가 이끈 것

21 / 이는 명백하게
반헤이트 데모를 선도한
것으로 알려진
레이시스트를 몰아내는
모임(レイシストをしばき
隊)을 의식한 것이다.

22 / 예를 들어 3.11
동일본대지진 이후
피해지역 아이들의
방사능노출 문제에 대해
적극적으로 대처를
요구하는 어머니들의
모임은 기존의 어떤
사회조직보다 많은 성과를
냈지만, 이는 기본적으로
"국가정책 뿐만 아니라
사회문화적으로도 그
중요성을 인정받고 있는
'모성'에 의해 실제 정책의
변화를 이끌어냈다. 그러나
이는 일본사회의 젠더에
따른 역할분담 및 모성에
대한 신화에 기반한 것으로
여성의 영역, 즉 가족의
건강 및 안위라는 영역을
벗어나는 순간 그 효과가
상실되는 한계점을 가지고
있다. 김효진 2014
「레이디스 코믹이 재현하는
여성의 일상— 3.11
동일본대지진의 사례를
중심으로 —」, 『일본학보』
98호, 한국일본학회를
참조하라.

23 / 『태권더 박』 p.39

인데, 이는 비폭력적인 여성 리더에 대해 인신공격을 퍼붓는 악한 남성 반헤이트 데모대[21]라는 표상을 보다 명확하게 하기 위한 전략인 동시에, 이런 정치적 참여는 남성 중심적인 넷우익의 이미지와는 달리 매우 일반적이고 평범한 것이라는 점을 부각하기 위한 것이다. 이는 앞의 쓰치모토 캐릭터가 일반적인 넷우익의 이미지—인터넷의 과다 사용, 강한 정치적 주장, 젊은 남성 등—를 가지고 있는 것과는 대비되는 것으로, '여성' 캐릭터의 정치적 각성이라는 새로운 스타일이 추구되고 있다.

또한 여중생 주인공은 1) 가장 정치에 관심이 없는 것으로 간주되는 여성청소년을 주인공으로 내세움으로써 정치적 각성으로 대표되는 과거와 현재의 극적인 변화가 진실되고 진정한 것임—여중생조차 변화할 정도로 상황이 심각하고 이 사안이 중요하다는—을 효과적으로 내세울 수 있고, 2) 이 서적들의 주된 독자층이 소위 '넷우익'이고 여성보다는 남성이 더 많다는 점을 생각했을 때, 남성들이 호감을 갖는 귀엽고 어린 여주인공을 내세움으로써 독자층에 어필할 수 있다는 두 가지 목적을 보다 쉽게 달성할 수 있다. 나아가 혐한만화에서 '여성' 주인공의 등장은 과거 『만화혐한류』와 최근의 혐한만화가 결정적으로 다른 지점이기도 하다. 『히노마루』의 순진하고 아무 것도 모르는 여중생인 카나데는 '평범한 일본인'의 상징인 동시에 여성'조차' 나서기 시작한 작금의 상황이 심각하다는 점을 역설적으로 보여주고 있다. 상대적으로 정치적 무관심이 많다고 알려진 여성의 특성은 특정한 이슈에 대해서는 때때로 남성보다 더 강력한 정치적 입장의 표명으로 전환될 수 있다.[22] 평범함을 상징하는, 일반적으로 정치에 무관심한 여성이 동조하거나 움직일 정도로 '중요한' 이슈라는 점을 효과적으로 드러낼 수 있는 장치가 되기도 하는 것이다.

한편, 『태권더 박』은 재일코리안과 그를 둘러싼 다양한 사회집단(한국, 북한, 일본사회까지 포괄)을 전반적으로 황당하고 유머러스한 톤으로 그려내는 개그만화이다. 이 작품은 과거 아버지를 쓰러뜨린 일본인을 찾아내 복수하기 위해 주인공인 한국출신 박성일이 일본에서 "우리 대한민족의 위대한 역사와 일본의 깊은 죄를 알리"[23]고 자신의 적을 찾기 위해 일본인 실력자에게 도전하여 태권더 기술('통일' '중근' 등의 이름을 가진)로 쓰러뜨

178

리는 내용으로 구성되어 있다. 이는 기본적으로 우정과 라이벌과의 경쟁을 통해 성장하는 소년만화의 플롯을 격투기로 가져온 것이라는 점에서 『히노마루』와 같이 스토리만화의 구성에 충실하다.

그러나 이 작품은 이런 전체적인 줄거리보다는 장면장면 등장하는 정치적 풍자 및 비꼬기가 중요한 포인트로, 한국에서도 박근혜 대통령의 뺨을 때리는 장면과 노무현 전대통령이 캐릭터화하여 격투대회에서 패배하는 장면 등이 인터넷에서 화제가 된 바가 있다.[24] 예를 들면 주인공인 박성일은 낙천적이고 호남아인 20대 한국 청년이지만 점잖게 대하는 일본인 상대방에 대해서 태연하게 쪽바리라고 부르고 일본의 합기도를 한국의 열화 복제판(パクリ)이라고 부르는 차별주의자이다. 동시에 그는 세상을 오직 한국 제일주의(국수주의)를 통해서만 이해하고 있기 때문에 자신이 차별적인 사고방식을 가지고 있다는 것을 깨닫지 못하며, 이 사실이 지속적으로 독자에게 웃음을 준다.

지금까지 살펴본 세이린도의 혐한만화에 대한 분석을 통해 드러나는 것은 2005년 출판된 『만화혐한류』와의 차이점, 즉 10여년의 시간이 흘러 혐한만화가 그 내용과 스타일, 주제를 전달하기 위한 전략에서 큰 변화가 일어나고 있다는 사실이다.

우선 『만화혐한류』는 잘 알려져 있는 것처럼 니찬네루의 혐한관련 게시판에서 모은 관련 네타를 토대로 무명작가였던 야마노 샤린(山野車輪)이 만화화한 것으로, 주인공이 한일관계사에 관심이 있는 남녀 대학생, 그리고 그의 친구들이었다. 이들은 대학의 토론회 등에서 재일조선 / 코리안과 시민단체 등, 한국 / 한민족에 우호적인 사람들의 주장을 사실에 근거한 엄밀한 논리에 바탕한 토론을 통해 논파해 나가는 것으로 설정이 되어 있다. 이때 만화의 초점은 주인공의 캐릭터를 돋보이게 하거나 사건(토론회 등)의 극적인 전개 등, 일반적인 만화의 기준과는 달리 혐한 관련 주장의 전달에 있다. 그 결과 『만화혐한류』의 가장 큰 특징은 만화라고 보기 어려울 정도로 넘쳐나는 캐릭터들의 대사이다. 이 대사는 모두 야마노 샤린이 니찬네루의 내용을 근거로 정리한 것으로, 등장인물의 캐릭터를 심화하거나 사건의 전개를 촉진하는 것이 아니라 직접적인 내용 전달을 목적으로 하고 있다.

24/ 고도화되는 日 혐한…'태권더 박' 논란 확산 2015-07-17 15:20 CBS노컷뉴스 온라인 이슈 팀 http://www.nocutnews.co.kr/news/4445639#csidx2f16b9b7d5e2b53964befbfc5a8d074

나아가 『만화혐한류』는 앞에서도 지적하였듯이 그 당시 아직 명확한 사회적 흐름으로 등장하지 않았던 '혐한'을 사회적 이슈로 부각시키는데 큰 역할을 하였는데, 이는 실제로 책의 구성에서 니시오 간지(西尾幹二), 니시무라 고유(西村幸祐), 오쓰키 타카히로(大月隆寛), 시모조 마사오(下條正男) 등 일본의 저명한 보수계열 인물들이 칼럼으로 참가하여 『만화혐한류』의 신빙성을 높이는 효과를 가져왔기 때문이기도 하다.

　　또 『만화혐한류』는 토론과 논파라는 단순한 구조가 반복되어 나타나고 일본인과 재일조선 / 한국인 등 등장인물의 외모에서도 전형적인 선악 구도를 따름으로써 복잡한 스토리의 전개 대신 다양한 한일 간의 이슈에 대한 작가의 주장을 전달하는데 치중하고 있다. 또한 여기서 혐한파는 왜곡된 사실을 전파하는 재일조선 / 한국인, 시민단체와는 달리 냉정하고 차분하며 긍정적인 이미지로 그려지고 있다. 만화 매체가 지니는 다양한 독자층의 접근용이성 및 내용 전달성이라는 측면을 최대한 살린 이런 전략은 혐한의 확산이라는 점에서 분명히 나름대로 성공을 거두었다.

　　이에 비해 2015년 세이린도에서 출판한 『히노마루 태권더 박』은 '학습만화'였던 『만화혐한류』와는 다른 접근방식과 스타일을 취하고 있다. 우선 처음 연재가 『만화혐한류』와 가까운 시기인 2007년인 『태권더 박』은 혐한에서 비판받는 한국의 국수주의적 태도와 감정적인 반일주의를 반일에 투철한 한국인 남자주인공을 통해 우스꽝스럽게 풍자하는데 초점을 맞추면서 한국에서 나오는 극단적인 한국중심주의가 실제로는 개그에 가까운 내용이라는 점을 직접적으로 풍자한다. 이는 『만화혐한류』에서도 비판하는 한국의 기원에 대한 강조와도 일맥상통하면서도 토론과 논파대신 이를 주인공에게 직접 말하게 함으로써 오히려 독자로 하여금 이를 풍자로 느끼게 하고 있다.

　　또한 최근 연재분량인 후반부에서 최근의 한일 정치적 이슈와 관련된 인물들이 우스꽝스러운 모습으로 등장하여 이 작품의 유머러스함을 더 강화시키는 역할을 하고 있다. 구조적으로는 격투기를 통해 남자 주인공의 고난과 이를 이겨내고 성장하는 과정을 그리고 있다는 점에서 일반적인 소년만화의 틀에 보다 가까운 것도 지적할 필요가 있다.

이에 대해 『히노마루』는 주인공을 '평범한' 여자 중학생으로 설정하고 이를 통해 '평범한 일본인'이 혐한에 동조하게 되는 과정을 자연스러운 것으로 묘사하고 있다는 점에서 앞의 두 작품과는 본질적으로 다른 한편, 스토리만화로서 작화의 수준이나 캐릭터의 성장 및 심화 등의 측면에서 앞의 두 작품에 비교해 월등하다. 『만화혐한류』가 전달하고자 하는 내용을 사실로 못박는데 반해, 『히노마루』는 픽션임을 표방하고 있음에도 불구하고 현실의 사건을 조금씩 비틀어 오히려 더 사실적으로 받아들여지도록 만들고 있다. 이로 인해 『만화혐한류』에 대해서는 작품의 대사나 칼럼 등에서 '사실관계가 틀렸다'는 지적이 가능하지만, 『히노마루』는 픽션으로서 표현의 자유를 내세우면서도 현실과 매우 근접한 사례들(종군위안부 이슈 등)을 혐한적인 스탠스에서 아주 조금씩 바꾸어 '픽션'으로서 만화의 내용으로 삼고 있다는 점에서 한 단계 진화했다고 볼 수 있다.

이런 관점에서 볼 때 『히노마루』는 『만화혐한류』의 사실 전달과 『태권더 박』의 풍자와 유머와는 달리 독자에게 특정한 감정적 반응을 이끌어내고자 한다는 점에서 보다 일반적인 스토리만화에 가깝다. 이는 2005년 출판된 『만화혐한류』가 내세우던 한일역사 / 한일관계의 진실에 대한 관심과 2007년 구상, 연재가 개시된 『태권더 박』이 보여주는 유희로서의 내셔널리즘이라는 니찬네루 중심의 혐한에서 보다 일반적인 스토리만화에 익숙한 독자층을 겨냥한 작품이고 작가 본인이 픽션임을 강조한다는 점에서 크게 다르다.

이런 '픽션'으로서 혐한만화에 대한 강조는 무엇을 의미하는 것일까? 이는 『만화혐한류』의 전략은 더 이상 유효하지 않다는 인식에서 온 것이다. 『만화혐한류』가 '사실'의 전달에 초점을 두고 경악과 논파의 구조를 최근 시리즈에서도 여전히 사용하고 있는데 반해, 『히노마루』는 더 이상 사실의 폭로에 집착하지 않는다. 대신 등장한 것이 '픽션'이라는 점을 강조함으로써 사실관계에 대한 문제제기나 비판을 쉽게 무시하는 한편, 보다 효율적으로 독자의 감정적 지지를 이끌어내도록 현실의 사건을 특정 방향으로 해석하여 이를 제시하는 방식이다. 물론 이 과정에서 현실의 사건을 혐한의 렌즈를 통해 해석하여 제시함으로써 현실과 픽션의 접점을 명확하지 않게 만드는 것 또한 『히노마루』의 특징이다.

사실과 픽션이라는 고전적인 이분법을 역으로 이용하여 『만화혐한류』
와 반대의 전략을 사용하는 것이 『히노마루』라면, 『태권더 박』은 또 다른
의미에서 『만화혐한류』와 구분된다. 『태권더 박』의 기본전략은 처음부터
황당무계한 설정과 레토릭을 진지하게 사용하여 독자로 하여금 처음부터
이것은 픽션이며 만화적 재미를 위해 과장되게 묘사된다는 점을 주지시킨
다는 점이다. 주인공인 박성일의 인종차별적 태도와 말버릇(쪽바리 등)은
분명 '한민족'에 대한 스테레오타입에 기반하고 있지만, 그에 대한 일본인
들의 폭력이나 재일조선 / 한국인에 대한 차별, 미국에 복종하는 아베 총리
의 겁먹은 모습 등도 우스꽝스럽게 묘사하고 있다. 바로 이런 측면으로 인
해 『태권더 박』은 한국의 인터넷 커뮤니티에서 다른 두 작품에 비해 상대
적으로 긍정적인 평가를 받고 있다. 특히 무엇이든 한국이 기원이라고 주
장하는 한국 일부의 국수주의에 대해 공감하지 못하는 젊은 세대에게 『태
권더 박』은 분명 기분이 나쁘지만 개그만화로서 이를 소화하여 한국뿐만
아니라 일본에 대한 풍자를 하는 작품으로서 비교적 긍정적으로 평가되는
경우가 많다.

또한 『히노마루』, 『태권더 박』이 『만화혐한류』와 근본적으로 다른 점
은 스토리만화의 형식을 충실히 따르면서 픽션으로서 감정적 동조를 이끌
어내는데 역점을 두고 있다는 점이다. 이는 한편 『만화혐한류』의 주장이
더 이상 새로운 것이 아니라는 사실—혐한 관련 정보가 이미 확산된 상태—
을 반영하는 동시에, 기존 방식의 학습만화적 접근으로는 더 이상 혐한만화
를 보는 일정 독자층에게 소구력을 지니지 못한다는 점을 보여주는 것이다.

『히노마루』에서 혐한파, 넷우익에 대한 캐릭터 묘사가 변화한 사실이
이를 잘 보여준다. 『만화혐한류』가 총 5권까지 나왔지만 2권 이후는 거의
반향을 일으키지 못했고, 오히려 한국만큼은 아니지만 일본도 함께 풍자하
는 『태권더 박』, 그리고 여성이 주인공이고 넷우익이 지닌 나쁜 이미지를
일정 정도 수용한 『히노마루』가 나왔다는 사실은 혐한만화에서 사람들이
보고자 하는 것, 그리고 혐한만화의 전략이 근본적으로 변화하고 있다는
사실을 잘 보여준다.

4. 혐한 이후: '반일국가 한국'의 대두와 일본의 배외
　주의

　　1.에서 살펴보았듯이 2016년 공포, 시행된 〈헤이트 스피치 해소법〉
이후 명시적인 혐한은 적어도 공적인 영역에서는 그 기세가 사그라들었다.
이는 혐한서적붐이 일었던 출판계에도 일정한 영향을 끼쳤다. 이런 영향은
최근의 혐한서적이 '문화이해'를 강조하고 그에 바탕하여 책의 내용이 혐한
이 아니라는 점을 강조하는 식으로 책임을 회피하는 방식에서 드러나고 있
다. 예를 들면 2015년 9월 28일 출판된『신판 조선카르타 한국속담 100선
(新版 朝鮮カルタ 韓国俗談100選)』의 경우 출판 전부터 재일코리안을
중심으로 소셜네트워크에서 혐한 서적이라는 비판을 받았고 내용도 문제가
많았지만 출판부의 주의사항에서는 "본서는 '서로를 아는 것에서 진실된 일
한우호가 시작된다'는 신념에 기반하여 집필되었고 우리들이 이것을 출판
하는 것은 이 작품의 근저에 흐르는 '일한우호' '차별반대' 등의 테마를 넓게
사회에 호소하는 것에 의의가 있다고 생각했기 때문"이라고 주장하고 있다.
　　물론 이 책이 1910년대 조선의 속담을 현대 사회인 한국, 북한, 재일
코리안에 적용하여 그것이 이들의 문화라는 식으로 편견을 조장하는 내용
을 담고 있다는 것은 명백하다. 그러나 주목해야 할 점은 이들이 내세우는
것이 타문화의 이해라는, 1990년대 일본의 다문화공생이 내세웠던 가치를
전유하여 이를 자신들의 혐한적 태도를 정당화하는데 사용하고 있다는 점
이다. '혐한'을 명시적으로 내세우는 것이 이제 헤이트 스피치(혐오발언)으
로서 규제될 수 있다는 점을 인식하고 있기 때문에 발생하는 효과라고도
할 것이다.
　　이상의 인용에서 드러나는 것은 혐한에 있어 '문화이해'라는 명목 하
에 한국에 대한 스테레오타입이 강화되고 있는 상황, 그리고 이를 뒷받침
하는 것이 한국인들이 흔히 생각하듯이 왜곡된 정보가 아니라 한국 매스미
디어의 관련 보도들이라는 점이다. 즉 일견 상호이해를 촉진하는 것으로
보이는 〈한국 문화에 대한 이해〉, 그리고 〈한국에 관한 실시간 정보의 중

가)가 오히려 혐한의 근거가 되는 아이러니컬한 상황이 계속되고 있다. 실제 혐한관련 서적이 붐을 이룬 2010년 이후 상황을 살펴보면 명시적으로 '혐한'을 내세운 서적도 있지만 대부분이 한국 문화론이라는 형식을 띠고 발매되고 있다. 또한 넷우익이 내세우는 한국에 대한 혐오 또한 그 근거를 찾아가 보면 일본 매스미디어가 보도하는 기사를 근거로 하는 것도 있지만 많은 부분이 한국 매스미디어의 일본어판을 근거로 하는 경우가 많다.

혐한류나 대혐한시대 등은 잘못된 지식에 기반하여 노골적으로 한국을 조롱하며, 한국과는 교류하지 말아야 한다고 주장하기 때문에 오히려 반박하기도 어렵지 않다. 하지만 한국인론 / 한국문화론에 속하는 책들은 '제대로 알아야 진정한 우호를 구축할 수 있다'는 논리를 내세우면서도 그 내용을 살펴보면 결국 한국문화의 문제가 너무나 심각하기 때문에 이들을 비난할 수 있으며, 한국과는 교류해서는 안 된다는 가정을 내포하고 있다. 이는 앞에서 살펴본 문화개념의 인종주의화와도 연결되는 지점으로 문화의 이해는 결국 문화로 인한 차별을 정당화하는 기제로 작동할 수 있다는 점에서 더 세밀한 독해를 요구한다.

이와 관련해서 본문에서 살펴본 혐한만화의 변화에서도 이는 잘 드러난다. 한일관계의 진실, 역사적 사실을 전달하기 위해 만화라는 시각적 매체를 활용하여 대중화를 노린 10여 년 전의 『만화혐한류』와는 달리, 최근의 혐한만화는 '사실의 전달'을 포기하는 한편, 만화라는 매체가 내포한 픽션과 풍자, 캐릭터성의 심화라는 장르적 특성을 최대한 활용하여 작가의 주제의식을 보다 효과적으로 표현하는데 집중하는 작품이 등장했고, 적지만 안정적인 판매부수를 노리고 있다. 이는 혐한이 사회적으로 확산되는 단계였던 2000년대 중반에 비해 2017년 현재, 혐한만화가 점차 비슷한 생각을 공유하고 있는 특정한 소수 집단에게 소구하는 방식으로 변화하였다는 점을 확인할 수 있다.

흥미로운 것은 재특회처럼 재일코리안의 '재일특권'을 공격하는, 명시적인 '혐한'의 기세가 줄어드는 한편, '반일국가'로서 한국과 북한을 연결지어 반감을 갖는 일본인들이 오히려 늘어나고 있다는 사실이다. 박정진은 최근 한국의 정치적 격변과 정권 변화에도 불구하고 유지되는 것처럼 보이는 중국과의 관계 중시에 대해 일본이 의구심을 보이고 있다고 분석하면서, 이는 최근 증가한 북한의 미사일 실험과 함께 한국과 북한이 중국을 배후로 일본에 대해 적대적인 태도를 취하고 있다는 이미지, 즉 '반일국가'로서 한국과 북한의 유사성을 찾고자 하는 일본 매스미디어의 보도 태도가 갖는 문제를 지적하고 있다.[25] 일본사회의 배외주의에 대한 규제와 맞물려 변화하는 동아시아의 국제정세 속에서 한국과의 관계가 경색됨에 따라 반감의 주된 대상이 재일코리안에서 현실 국가로서 한국, 나아가 북한으로 바뀌고 있다는 지적은 앞으로 혐한을 생각할 때 많은 시사점을 제공한다.

또한 이와 함께 주목해야 할 것은 아베 정권에서 새로운 정치권력으로 부상한 일본회의의 존재감, 그리고 최근 일본의 매스미디어를 휩쓰는 '일본 대단해(日本すごい)붐'이다.[26] 1970년대에 태동한 일본회의는 전후 민주주의의 부정, 전통적 가족제도 부활, 성평등 정책에 대한 부정, 방위군 설립 등의 극우적 주장을 내세우고 있다. 한편, 최근 일본의 매스미디어에서는 일본이 얼마나 대단한 나라인지, 세계적으로 일본이 얼마나 인정받고 있는지를 지속적으로 환기시키고 일본의 훌륭함을 강조하는 내용의 기사나 프로그램이 인기를 얻고 있다. 히구치가 지적한 바, 일본형 배외주의가 과거 일본의 전쟁책임 회피에 기인하며 이로 인해 '모범적 소수자'인 구식민지 출신 재일코리안이 타겟이 되었던 상황에서 전후 민주주의 자체를 부정하는 일본회의의 득세는 자신과 다른 것을 배척하고자 하는 '배외주의'의 정의에 오히려 더 부합하는 것으로 보인다. 혐한의 추이를 지켜보고 '반일국가' 이미지의 문제점을 비판함과 동시에, 보다 넓은 맥락에서 일본회의와 같은 배외주의 단체에 대한 관심과 연구가 필요한 시점이다.

25 / 박정진 2017 「[이슈브리프]'반일국가 한국'을 바라보는 일본」, No.2017-25, http://fcinst.org/projects/119

26 / 이와 관련해서는 다음의 문헌을 참고하라: 早川タダノリ 2016 『「日本スゴイ」のディストピア: 戦時下自画自賛の系譜』 青弓社

참고문헌

김효진

2011 「기호로서의 혐한과 혐중」 『일본연구』 26집, 단국대 일본학연구소

2014 「레이디스 코믹이 재현하는 여성의 일상— 3.11 동일본대지진의 사례를 중심으로 —」, 『일본학보』 98호, 한국일본학회

2016 「혐한만화를 어떻게 읽을것인가? 세이린도(靑林堂)의 최근 출판물을 중심으로」 『일본연구』 26집, 고려대 글로벌일본연구원

박정진

2017 「[이슈브리프]'반일국가 한국'을 바라보는 일본」, No.2017-25, http://fcinst.org/projects/119

요시노 고사쿠

2001 『현대일본의 문화내셔널리즘』 일본어뱅크

이따가끼 류우따

2006 「혐한류의 해부학–한류를 바라보는 일본사회의 두 가지 시각」 이따가끼 류우따, 오구라 키조오, 박광현, 『창작과 비평』 2006년 여름호(통권 132호), 2006. 6, pp.409-410.

테사 모리스-스즈키

2006 『우리안의 과거』 휴머니스트, pp.264-265

히구치 나오토

2015 『폭주하는 일본의 극우주의–재특회, 왜 재일 코리안을 배척하는가』 미래를 소유한 사람들

小熊英二 · 上野陽子

2003 『〈癒し〉のナショナリズム──草の根保守運動の実証研究』 慶應義塾大学出版会

早川タダノリ

2016 「日本スゴイ」のディストピア: 戦時下自画自賛の系譜』 青弓社

安田浩一

2010 「在特会の正体」 『g 2』 vol.6, 講談社

일본의 재난·안전 문화: 한일 화해를 위한 새로운 아젠다의 모색*

김영근 ㅣ 金暎根 Kim, Young-geun

도쿄대학 대학원 총합문화연구과에서 박사학위(국제관계학 전공)를 받았으며, 현재 고려대학교 글로벌일본연구원 교수로 있으며, 사회재난안전연구센터 소장을 맡고 있다. '재해후의 일본경제정책 변용: 간토·전후·한신·동일본대지진의 비교분석' 등의 논문을 썼으며, 『일본 재해학과 지방부흥』(공편), 『한일관계사 1965-2015. II: 경제』(공저), 『동일본 대지진과 일본의 진로』(공저) 등의 저서와 『일본 자민당의 정치경제학』, 『일본 대재해의 교훈』, 『일본 원자력 정책의 실패』, 『열광선언』, 『한일 경제협력자금 100억 달러의 비밀』(공역), 『제언 동일본대지진』(공역), 『재난에서 살아남기 2』(공역) 등의 역서가 있다 .
주된 관심분야는 글로벌 위기관리 및 재해안전학, 일본의 정치경제, 동아시아 국제관계, 국제기구(WTO), 외교·통상 등이다.
미국 예일대학 국제지역연구센터(YCIAS) 파견연구원, 일본 아오야마가쿠인대학 국제정치경제학부 협력연구원, 현대경제연구원 동북아연구센터 연구위원, 무역투자연구원(ITI) 무역정책실 연구실장, 계명대학교 국제대학 일본학과 조교수를 역임했다.

* / "김영근(2017)
'화해학'을 시작하
『한일협력』 및
김영근(2014), "한
위기관리의 정치
『일본학보』 게재
대폭 수정·보완한
2007년정부(교육
부)의 재원으로
한국연구재단의
받아 수행된
연구임"(NRF-200
00019).

1. 들어가며

이 글에서는 문화적 관점에서 한일협력과 화해를 위한 새로운 아젠다를 모색하고자 한다. 예를 들어, 일본의 재난·안전 문화에 착목하고 동아시아 '재난·안전공동문화체'의 구축도 하나의 방안이 될 수 있다. 한·일간에 국가 수준은 물론 개인적 차원의 다양한 '분쟁'이나 '대립', '마찰'이 전개되어 왔다는 점에 주목하고 화해 및 위기관리 방안을 제시하고 있다. 특히 구체적으로는 한일관계의 현황 및 상호 인식 분석을 통해 과연 그 요인을 어떻게 받아들였는지, 어떻게 '화해'하려고 노력해왔는지, 아울러 분쟁(갈등)에 관한 교차점과 그 원인을 규명하기 위해 화해학의 유형과 실천요소를 점검해 보기로 하자. 아울러 한일 화해를 위한 재난·안전·에너지·환경 외교 등 지금까지 비교적 관심이 저조했던 분야에 초점을 두고 사회·문화적 관점에서 새로운 아젠다를 점검하기로 한다. 결론적으로 갈등을 넘어 화해로 가는 길, 즉 한일 관계 개선을 위한 문화적 구상(제언)으로 글을 맺는다.

1) 일본의 재난·안전 문화
(1) 재난과 안전 이슈를 어떻게 이해할 것인가

국가의 전유물로 여겨져 왔던 외교·통상정책이나 재난·안전·환경·에너지·자원정책들에 있어서도 다양한 행위자 및 예상밖(想定外)의 이슈·아젠다와 연계·융합되고 있는 시대이다. 한일간 상존하는 위기와 점증하는 리스크를 효과적으로 관리하면서 미래의 성장동력을 확보해야 하는 이중 과제를 떠안고 있는 정부 및 비정부 행위자들이 무엇에 집중하여 어떻게 해결해나갈 수 있을지, 그 해답을 찾기란 쉽지 않다. 현대사회의 복잡성(Complexity)이 증대되고 있기 때문이다. 이와 관련하여 "복잡성 증가에 따른 3대 위험 요인으로 '리스크 증가', '비용 증가', '새로운 기술의 필요성'"이 지적되고 있다. 또한 위기관리 및 재해 거버넌스에 관한 국가간 경계를 넘는 국제협력도 고려해야 한다. 예를 들어, 일본 재해 연구 발전의 기점이라 할 수 있는 1995년 고베 한신아와지대지진 및 2011년 3.11동일본대지진, 중국의 2008년 〈쓰촨성원촨(汶川)대지진〉의 현장 경험을 공유하고 향후 재난 발생시 '안전공동체' 관점하에서 협력을 모색해야 한다.

주지하다시피 3.11 동일본대지진(2011년) 이후 미증유의 복합적 재해 문제('대지진', '쓰나미', '원전사고')가 비단 일본만의 문제가 아니라 동아시아의 지역적 문제, 나아가 전 세계적인 이슈로 대두되고 있는 상황이다. 특히 한국은 '4.16 세월호 침몰사고(2014년)' 및 9.12경주지진(2016년)이라는 대형 재난을 경험했으며, 북한의 핵실험에 따른 백두산화산 폭발문제, 동아시아의 원자력발전소 사고, 테러, MERS(중동호흡기증후군) 및 지카바이러스 등 의료재해에 관한 탈국경적 이슈의 위기관리 및 재난(재해)학 구축을 위한 토대마련이 시급한 실정이다. 일본이 2011년 3.11 동일본대지진, 구마모토 지진(2016년 4월)에서 보여준 재난대응 시스템을 한국형으로 소화하는 과정에서 일본의 협력은 필수불가결하다. 일본의 대재해(1.17한신아와지대지진 및 3.11동일본대지진) 이후 현장재해에서 진행된 사회적 변동이나 리스크 대응 및 복구 노력 등 재후(災後, post-Disaster) 교훈을 트랜스내셔널(trans-national) 대응과 지역부흥에 다시 투영할 필요가 있다. 현장과 정부, 그리고 국가간 상호작용에 주목하는 이 과정이야말로 한일간의 새로운 아젠다 협력이라 할 수 있다. '초국가적 재해 부흥론'과 '한일간 화해학'이 맞물리는 아카데미즘의 역할(이론과 실천)이 주목받고 있는 배경이기도 하다.

2) 일본의 안전문화, 재해부흥문화

한국이 사회안전문화를 구축하고 나아가 교육과 연계시키기 위한 체계적인 노력 및 제도적 뒷받침이 긴요하다. 그렇다면 일본 3.11 후쿠시마의 재해현장에서 얻은 안전문화와 관련된 교훈(田中真理·川住隆一·菅井裕行, 2016)은 무엇인가?

첫째, 3·11 동일본대지진의 복구·부흥·재생 과정에서 일본의 재해문화는 직업윤리 등 심리 교육적 측면이 중요하다. 둘째, 재해가 문화에 영향을 미친다는 점에 착안한다면, 〈재해문화〉 혹은 〈재해와 문화〉라는 아젠더

(agenda)는 '재해인류학', '재해예방사회학', '재해경제학', '재해인지심리학', '재해사상학', '재해역사학', '의료재해학', '예방재해의학' 등 다양한 학문영역(discipline)과 연계하여 논의되고 재해부흥 과정에 도입되어야 한다. 셋째, 국가 혹은 기업, 지역커뮤니티 등 다양한 행위자들의 사회적책임(CSR)은 안전문화의 창출 및 실천(안전사회 구축)을 위해서는 매우 중요한 요소이다.

한편, 재해복구/부흥/재생 과정에서 재해(재난)학의 유형과 재해 거버넌스의 변화요인은 다양하다. 예를 들어, 재해로부터의 복구·부흥·재생 과정에서 일본의 재해문화는 도시부흥, 사회부흥, 산업부흥, 가족부흥이라는 융복합적 재해복구와 밀접하게 관련되어 있다. 또한 재해의 공간(피난소, 가설주택 등) 및 재해 관련 행위자(지방자치체, 시민·기업, 국가 등), 재해 이후(災後) 물적·심리적 지원 체제와 연계되어 재해문화는 변화하기도 한다.

일본의 안전문화 및 재해부흥문화를 이해하는 데 있어서 그 단서를 제공하고 있는 '일본 정권교체의 재해사회학·재해문화학'은 매우 흥미로운 주제이다. 특히, 재해다발국가인 일본으로서는 대재난에 제대로 대응하지 못한 정부로 평가될 경우 '정권교체'에 지대한 영향을 미치고 있다. "일본의 민주당 정권은 굉장히 약한 정부이다. 2011년 당시 3.11 동일본대지진 이후 재해복구 및 부흥 과정에서 강한 리더십을 요청하는 상황이었으며, 이는 민주당 정권 자체가 만들어냈다. 말하자면 일본 내에서 불안감과 우경화를 양산하는 체제였다고 볼 수 있다(김영근, 2012b)." 결과적으로는 3.11 대재해가 '잃어버린 20년'이라는 침체된 일본경제를 가속화시킴으로써, '경제 불황(위기)'으로부터의 탈피하고자 하는 사회문화적 정책선호(지지기반)을 바탕으로 한 자민당 정권이 재탄생하게 되었던 것이다. "당시 3.11 발생 직후 초기대응은 신속하게 전면전에 직접 나섰으나, 민주당 실무진의 행정절차(매뉴얼)에 대한 미숙함으로 구호품이 제대로 전달되지 않아 재해지역에서의 정부불신이 고조되었다. 또한 예상치 못했던 후쿠시마 원전사고까지 발생하면서 대처가 부진하고 미숙했다고 평가됨으로써, 결국

191

다음해 총선에 자민당으로 정권 교체되는 것에 영향이 있었다고 평가된다."

주지하다시피 일본의 재난대응시스템 잘 되어있긴 하지만 2011년 3.11 동일본대지진과 구마모토 지진(2016년 4월)을 경험하는 과정에서 많은 취약성과 한계를 노정하고 있는 상태이다. 더불어 큐슈지역이 비교적 지진발생 확률이 적었던 지역이라는 의외성이 불안을 야기하고 있다. 이번 아베정부의 발 빠른 대처능력이 주목을 받은 바 있다. 4월 14일 1차 구마모토 지진 발생 이후, 26분 만에 언론인터뷰를 진행하며 국민 안심시키기에 나섰고, 이후 위기관리센터로 이동 후, 피해 상황 파악에 진력하여 재난대응 전면에 직접 나서 발 빠르게 행동하는 모습이 돋보인 바 있다. 향후 아베 정권의 진로는 "초기대응에 긍정적인 평가를 이끌어 낸 아베총리가 재해 이후 마무리까지 현재의 평가와 지지를 이끌고 갈 수 있다면, (이는 일본의 사회문화적 요인을 제대로 정책에 반영한 형태로써) 앞으로 남은 임기 동안 더 단단한 지지와 탄력이 될 수도 있을 것이다(김영근, 2016)."

3) 문화적 교류 협력: 한류(韓流)와 일류(日流), 그리고 환류(還流)
아울러 한일간 화해의 정치경제학을 위해서는 '한류(韓流)와 일류(日流), 그리고 환류(還流)' 프로세스의 활용이 중요하다. 한국의 TV드라마(K-Drama), 영화(K-Movie)를 비롯한 대중음악(K-Pop), 한식(K-Food), 오락 프로그램(K-Entertainment), 뷰티(K-Beauty), 전자정부 등 행정·제도(K-Governance) 등이 해외에서 높은 인기를 누리는 한류현상이 지속되고 있다. 한류로 인한 문화콘텐츠와 소비재 및 관광 수출액의 증대 등 경제학적 효과는 물론이거니와 한류의 영향력은 국가 이미지까지에도 미치고 있다. 결과적으로 한류의 다양한 영향 계수를 상정해 볼 수 있는 데, 그 중에서도 한일간 화해 메커니즘에서 한류의 효과가 상호작용할 것으로 기대된다. 물론 '한류(韓流)와 일류(日流), 그리고 환류(還流)' 프로세스에서 행위주체에 따라서 그 '순(順)기능'과 '역(逆)기능'이 의도와는 다르게 작용할 가능성도 있다. 특히 역사 및 사상 등과 관련된 문화적 교류협력 과정에서 의도치 않았던 부정적 측면이 부각될 가능성도 있다는 점을 감안하여야 할 것이다.

2. 한일 화해를 위한 학제적 접근: '정치·경제학'를 넘어 '통합문화학'을 시작하자

1) 외교·역사적 갈등의 현주소

최근 한국 정부의 대일정책을 한마디로 요약하자면, '외교라인의 비정상화' 혹은 '외교정책 부재'라 할 수 있다. 한국은 '영토 주권 수호 및 일본의 과거사에 적극 대응' 입장으로 종군위안부·영토분쟁·역사인식 등 한일간의 현안문제와 관련하여 일본에 대해 진정한 사죄와 반성에 기초한 역사문제의 해결을 요구하는 원칙을 고수하고 있다. 2012년 8월 이명박 前대통령의 독도방문에 이은 국제사회에 있어서 일본의 영향력 축소 및 3.11 동일본대지진 이후 일본경제의 침체, 정권교체 후 자민당 아베 정권의 내셔널리즘의 강화 등으로 인해 한일 양국관계는 최악의 상태라는 평가가 이어지고 있다.

한일 화해를 위한 전제조건이라 할 수 있는 대립구조는 일시적인 현상이 아니라 수많은 역사 속에서 반복되어 온 엄연히 해결되어야 할 숙연의 과제임에 틀림없다. 다만, 대일정책의 기조가 개인적인 변수 즉, 대통령의 세계관과 대외인식만으로 형성되고 추진된다면 이는 국가의 품격(國格)에 심각한 영향을 미칠 수도 있을 것이다. 한국 정부는 국내적 정책결정과정과 미국·중국 등 국제적 변수 등을 고려하여 보다 더 전략적 차원에서 대일정책을 추진할 필요가 있을 것으로 보인다. 지나친 감정적 대응을 초래하는 행위는 자칫 대일정책 기조를 흔들리게 하며, 한일협력이라는 추동력 자체가 약화될 수 있다는 점에 유의해야 할 것이다. 한일 화해를 위해서는 글로벌라이제이션 과정에서 생겨난 재난·안전·에너지·환경 외교 등 일상생활의 문화적 측면을 강조한 새로운 아젠다에 주목할 필요가 있다.

2) 아베노믹스와 한일 정치·경제 협력

일본 아베노믹스가 시행된 지 4년이 지났지만 정책 실효성에 대한 논란은 끊이질 않고 있다. 아베노믹스의 경제성장 전략의 핵심은 일본의 산업개혁, 나아가 구조개혁에 중점을 두고 있다. 이에 반해 한국의 박근혜노믹스는 '새 시장, 새 수요와 새 일자리를 창출'이라는 창조경제 개념을 바탕으로 한 '가치개혁'을 추진해 왔다. 박근혜노믹스와 아베노믹스는 일면 이질적으로 보이지만 한국과 일본 서로에게 보완적 대상이 될 수 있다. 아베노믹스의 성공 여부는 한국으로서도 중요한 정책사례이다. 한국 경제 및 한일관계에도 매우 중요한 영향을 미칠 것으로 보인다. 실제로 일본과 경합·경쟁하고 있는 한국의 자동차·철강·조선 산업들은 수출에 큰 타격을 받았다.

결국 우리에게는 한국의 외교통상정책을 어떻게 확립하며 일본이 안고 있는 부정적인 전망에 대한 정책을 세울 것인지가 급선무라 할 수 있다. 예컨대 가치개혁을 통해 일자리를 창출하고 내수진작을 위한 구조개혁과 자유무역협정(FTA), TPP(환태평양경제동반자협정) 등 경제협력체에 대한 정책수립이 필요하다. 따라서 아베노믹스에서 배운 교훈을 한국의 경제적 리스크를 관리하는 데 유용하게 쓸 필요가 있다.

아베노믹스의 부정적인 결과만을 기대할 것이 아니라 오히려 아베노믹스의 정책 효과에 대한 대책마련에 나서야 한다. 또한 창조적 한일관계 개선에 도움이 되는 양국의 경제회복이 이뤄진다면 우리 정부도 효과적인 경제정책 관리와 대일정책을 마련할 수 있을 것으로 기대된다. 한일 간 관계가 악화될수록 정치적으로는 물론 다른 분야에도 불똥이 튄다는 점을 감안한다면 무엇보다도 정치 이슈보다는 사회·문화·경제 분야를 우선시하는 정경분리나 선경후정(先經後政) 전략을 바탕으로 일본과 대화의 길, 즉 한일정상회담 프로세스를 조속히 진행해야 한다. 한국과 일본이 적극적으로 경제협력을 모색하는 과정에서 내셔널리즘의 대립 등 한일간 리스크 관리를 위한 히든카드가 마련될 수 있지 않을까 싶다.

3) 에너지·환경 이슈와 문화 외교

자원 및 환경 갈등해소를 통한 일본의 문화외교적 차원의 국제협력 방안은 매우 흥미롭다. '그레이트 파워(大國)'와 '미들파워'의 중요한 차이가 물리적인 국력의 차이보다는 힘(power)을 어떻게 영향력으로 전환 시킬수 있느냐에 있다는 점을 감안한다면, '일본의 글로벌 환경기구 참여' 프로세스에서 '미들 파워 디플로머시(외교)' 이론은 매우 의미 있다. 다만, 일본정치지도자나 그 대항세력들이 일본외교의 '미들파워' 전략을 거의 자각하지 못하고 오히려 자신의 인식에 따른 고정화된 대응만 되풀이 해 온 정치안보 분야와는 달리, 자원 및 환경 분야는 지방자치체의 활동이나 제도화가 중앙정부에 영향을 미친다는 '지방외교론(Local Diplomacy)' 혹은 '시민사회외교론(Civil Society Diplomacy)'에 주목해야 할 것이다.

일본 외무성(MOFA) 등이 환경 분야에 있어서 실시하고 있는 유연한대응에 주목하고, 나아가 실제 한국과 일본이 어떻게 협력하여 무슨 정책을 실시할 것인가를 고민할 필요가 있다. 국제사회에서 바라본 일본은 경제대국이긴 하지만 에너지·환경 외교에 관해 국제적인 역할을 못하고 있다는 한계를 극복하기 위해 글로벌 리더십 발휘에 주력하고 있다. 만약 환경레짐에 관한 논의와 환경문제의 해결, 국제제도 및 국제기구적 차원의국제레짐을 창설하는 데 있어서 일본이 주도적으로 노력하고자 할 경우, 한국도 일본의 대응 양태에 보조를 맞춰 지구 환경문제와 관련한 정치 경제적 협력 네트워크를 구축해야 할 것이다.

3. 한일 '화해학'을 시작하자

1) 우리에게 화해학이란 무엇인가?

한·일간에 국가 수준은 물론 개인적 차원의 다양한 '분쟁'이나 '대립', '마찰'이 전개되어 왔다. 특히 한일 관계의 현황 및 상호 인식 분석을 통해과연 그 요인을 어떻게 받아들였는지, 어떻게 '화해'하려고 노력해왔는지, 아울러 분쟁(갈등)에 관한 교차점과 그 원인을 규명하기 위해 화해학의 유형과 실천요소를 점검(리뷰)할 필요가 있다. 아울러 한일 화해를 위한 재난·안전·에너지·환경 외교 등 사회·문화적 관점에서의 새로운 아젠다를 제시하고자 한다. 특히 이 글은 화해학 및 위기관리(리스크 매니지먼트)

방안을 마련하고 갈등을 넘어 화해로 가는 길 즉 한일 관계 개선을 위한 문화적 관점에서의 제언을 목표로 한다.

'화해학(和解學: Conciliation Studies)'을 정의하기 위해서는 전쟁과 평화의 개념에 주목할 필요가 있다. 흔히들 "전쟁이야말로 인류가 저지르는 가장 큰 죄악이며, 인류가 목표로 하는 가장 이상적인 상태가 '평화'라 할 수 있다."[1] 사실 우리가 접하는 전쟁과 평화에 관한 의미는 너무도 다양하게 받아들여지고 있다. 또한 교과서, 미디어 등을 통해 늘상 접해온 분쟁과 평화의 여러 모습들을 학문적으로 정치, 경제, 역사, 문화, 사회, 사상, 문학, 어학, 교육 등 광범위한 분야에서 논하고 있다. 굳이 일본이 왜 전쟁에 호소했는지, 과연 정당한 전쟁이 존재하는지를 판단하는 것은 용이하지 않다. 오히려 일본의 전쟁 의욕으로 인해 식민지 시대를 경험한 한국(인)으로서는 화해의 프로세스라 할 수 있는 '전후 처리' 혹은 '전후 보상' 문제에 대해 더 큰 관심을 갖는다.

'전쟁'이란 "국가와 같은 정치적 집단 간의 투쟁으로서 장기간 또는 대규모의 무력충돌을 수반하는 적대적 행위"를 의미한다. 일상에서는 "국가 상호간, 특히 주권국가 상호간에 행해지는 조직적인 무력투쟁"이라는 협의의 개념으로 한정되어 사용되고 이해된다. 넓은 개념으로, 전쟁이란 "인종·부족·민족·국가·정치단체 등과 같은 각종 집단 상호간에 발생하는 대항(敵對)적 행동"을 의미한다. 동아시아의 대기오염 문제에 대한 비정부적(NGO)·비영리적(NPO) 대응이나 일본 시민사회의 〈재일 특권을 용납하지 않는 시민 모임(재특회)〉이 벌이는 반한시위도 여기에 해당된다. 사회학자들은 사회과학적으로 전쟁 개념을 사용하기 위해 전쟁을 "사회적으로 용인된 일정한 형식으로 시작하여 계속되는 투쟁, 즉 관습 또는 법에 의해 인정된 형식을 갖춘 하나의 제도"로 파악한다. 그들은 전쟁을 파병·간섭·보복·반란·폭동과 구별하지만 실제 상황에서 그것을 구분하기는 매우 어려우며, 위와 같은 무력충돌이 대형화하여 전쟁으로 발전하기도 한다.

'평화'의 사전적 정의는 "전쟁이나 갈등 혹은 적대적 행동이 없이 세상

1 / 예를 들어, "전쟁이란 자신의 의지를 실현하기 위해 적에게 굴복을 강요하는 폭력행위이다." 칼 폰 클라우제비츠 (Carl von Clausewitz)/ 김만수 옮김(1994) 『전쟁론 (Vom Kriege)』갈무리, p.46.

이 평온한 상태"를 가리킨다. 좁은 의미로의 평화란 '전쟁을 하지 않는 상태'를 의미한다. 그러나 실제 '평화'의 개념은 광범위하고 포괄적이다. 위에서 설명한 '전쟁의 상대적 개념으로 쓰이는 '전쟁의 목적·원인·방법 등의 변화와 더불어 평화의 개념 및 범주(아젠다·이슈 등)도 변화해왔다. 예를 들어 '5.29 북일합의(2014년)'에서 '일본의 대북제재 완화'에 상응하는 조치로서 북한의 '일본인 납북자 재조사'라는 정치외교적 접근 역시 동북아 평화질서 구축의 한 단계로 이해할 수 있다. 북한 문제를 둘러싼 일본의 대북 강경 외교 정책의 전개는 북일 간 적대적 역학관계로 이어져 한반도 평화체제 구축에 부정적 영향을 초래할 수 있으며, 북핵 문제 해결을 위한 6자회담(다자적 제도)의 진전에도 악영향을 미치고 있었다는 점을 감안하면, 평화로 가는 길목을 넓힌 셈이다. 6자회담 참가국 간 역학구도 변화 속에 일본의 대북정책 변화(가능성)가 전쟁과 평화 논의에 가져다 준 정책적 시사점은 매우 유용하다. 어쩌면 전쟁과 평화 논의의 긍정적인 영향력으로 평가할 수 있겠다.

평화학(平和學: Peace Studies)은 '평화' 논의와 관련한 학문으로 국가 간 분쟁이나 갈등의 원인을 규명하고, 분쟁 해결의 방안(수단 및 방법)을 모색하는 데 있어서 매우 중요하다. 평화 유지를 위한 제도화 및 국내적 수용 등에 주목하는 과정학(프로세스 및 메커니즘 분석)이라 할 수 있다. 아울러 인문사회과학적으로 시각에 그치지 않고 전쟁 방지(예방) 및 전쟁피해를 최소화하기 위해 과학기술공학까지도 융합한 학제적(inter-disciplinary) 접근방식이 도입되고 있다.

그렇다면, '화해학'이란 무엇인가? 분쟁해결제도 혹은 당사자간의 약속(계약이나 분쟁 조정)을 통해 얻고자 하는 목표 즉 '화해'에 도달하는 일련의 과정을 연구하는 학문분야이다. 여기서 '화해'란 대립관계를 해소(혹은 최소화)하고, 유대 및 평화의 관계를 맺는 행위, 이로 인해 서로 일치를 이루는 상태를 의미한다. 예를 들어, 국가간 갈등이나 분쟁이 발생했을 경우 상호 양보하여 협정을 체결하는 외교적 권리와 의무가 우선되는 경우도 있을 것이며, 국가 내부의 경제적·역사사상적·사회문화적·심리적 이익을 얻기 위한 과정에서, 존재했던 혹은 존재하고 있는 다툼의 원인을 해소하는 과정(프로세스)도 이에 해당된다.

2) 어떻게 화해할 것인가: 한일 관계의 현황 및 상호 인식

한 국가나 개인이 다양한 '분쟁'의 요인을 어떻게 받아들였는지, 어떻게 '화해'하려고 노력해왔는지, 아울러 분쟁(갈등)에 관한 교차점과 그 원인을 규명하기 위해 화해학의 유형과 실천요소를 점검해 보자([표 1] 참조). 우선 '분쟁'이나 '갈등'이란 정치(민주화), 경제(산업화), 사회문화(자유화·합리화), 역사인식(평화사상) 등 영역별 구성요소가 대립한다는 의미이다. 아울러 분야별 행동주체 및 대립 메커니즘의 변화가 초래하는 복잡한 화해의 프로세스도 염두에 둬야 할 것이다. 전쟁과 평화 논의가 일본이나 한국, 중국 등의 국내문제만이 아니라 동아시아를 아우르는 초국가적 재해이며, 세계 여러 나라가 지속적으로 관심을 가지고 평화의 길로 이끌며 해결해 나가야 하는 사안이라는 점에 주목할 필요가 있다. 이는 곧 전쟁과 평화가 초래하는 정치, 경제, 사회, 문화, 사상, 언어적 측면 등 이를 교차(cross)시키는 융복합적 분석시각을 바탕으로 한 학제적(inter-disciplinary) 접근이 절실하다는 의미이다.

[표 1] 화해학의 유형과 실천요소

영역	유형	저해요인의 관리 및 실천요소
정치 (민주화)	정치적 화해 =[민주주의 이념의 공유] ⇒지정학적 대립	정권교체의 정치: 이데올로기 전후체제, 시민혁명, 헤이트스피치
경제 (산업화)	경제적 화해 =[산업화 및 협력구도] ⇒지경(地經)학적 대립	산업정책과 경제성장론 개발주의, 수직적 분업구조/경쟁관계, 수평적 분업구조/공생관계, 종속적 발전모델, 협력적 발전모델, 자생적(自生的) 발전모델
사회문화 (자유화· 합리화)	사회적·문화적 화해 =[자유·평등·합리주의의 실현] ⇒지사(地社)학/지문(地文)학적 대립	근대문명론 한류(韓流), 일류(日流), 재해문명론, 사회계층, 다문화공생(이민), 재일한국인, 재한일본인, 문화충돌, 종교개혁, 계몽사상가
역사인식 (평화사상)	역사·인식적 화해 =[평화사상 및 언론의 자유 실현] ⇒ 지사(地史)학/지지(地智)학적 대립	전쟁에서 평화체제로의 전환사 철학, 인식, 언론, 이데올로기, 학지(学知)

출처: 필자작성

갈등과 협력의 굴곡이 심한 한일간의 관계 변화를 제대로 이해하고, 위기관리의 프로세스 및 메커니즘을 명쾌히 유형화하고 이론적으로 분석하고 있는 '화해학'의 선행연구는 찾아보기 어렵다. 일본을 중심으로 동아시아에서 전개된 '전쟁'과 '평화', '화해' 담론이 단순히 한일관계, 나아가 동아시아 국가 사이에서 전개된 대립이 아니라, 미국이 관여하는 중층적 구도로 전개되어 왔다는 점이야말로 더더욱 화해학 이론 제시가 어려웠을 것이다. 따라서 '화해학'을 시작하기 위해서는 한일 양자간 시점에서 벗어나 다자주의적 요인을 더하여 분석할 필요가 있다. 서구 열강(미국)이라는 외부적 요인과 맞물리면서, 국내(內政)의 대립구조 해결까지를 포함하는 총체적 '상황'의 문제였다는 시점을 도입해서 해석방법과 해결책을 고민해야 한다. 다만 한일간 위기관리 및 화해(협력)을 설명하는 핵심요건과 조건 등에 관해서 '국제정의론(징벌적 정의)' 및 '용서론(회복적 정의)' 등 이론적 분석이라기보다는 화해를 위한 〈기능적 다자간 협력론〉을 제시하려 한다. 특히, 이 글에서는 우경화 혹은 내셔널리즘의 심화 등 일본의 과거회귀 현상을 올바르게 이해하고 나아가 한일 화해를 위해 몇 가지 제언하고자 한다.

　　아베 신조(安倍晋三) 총리의 우경화된 정치행동과 아베노믹스를 주축으로 하는 경제정책은 현재 일본을 대표(상징)하는 이미지라 할 수 있다. 아베노믹스의 성과 및 내셔널리즘의 진로가 더욱 주목되고 있는 가운데 일본의 우경화가 더욱 심화될 것이라는 우려의 목소리만 들릴 뿐 한일관계 개선이나 화해를 위한 방안들은 거의 눈에 띄지 않고 있다. 따라서 한일관계의 진전, 즉 '화해'를 위한 새로운 발판을 만드는 노력이 무엇보다도 필요하다. 그러나 대부분의 한국인은 안보외교·영토외교라는 문제 특히 일본과의 대외적 분쟁에 부닥치면 국제적 요인을 고려하기 보다는 국내적 대응에 주안을 두어 왔다. 한국의 대일 외교정책이 영토분쟁, 역사인식, 교과서 문제, 종군위안부 문제 등 특정이슈별로 어떻게 전개되었는가, 차별성이 있다면 왜 독특한 양상을 띠고 있을까에 주목해 보자. 최악의 외교부재(外交不在) 상황이 지속되고 있는 '진전 없는 불신의 한일관계'를 이제는 풀어야 한다. 즉 '한일 화해학을 시작하자'라는 주제를 논의하기 위해서는, 일본의 과거회귀 노력, 우경화 혹은 내셔널리즘의 심화 등 갈등 현상(現況)의 제3자적 이해가 절실하다. 이에 한일간 화해의 플랫폼과 시스템 구축 방안에 관해 제언하고자 한다. 기존의 이슈별 외교정책에 관해서는 선행연구를 제대로 실천해야 한다는 주장에 동감하며, 이 글에서는 화해(협력) 가능한 새로운 아젠다를 중심으로 살펴보기로 하자.

4. 동아시아 '재난·안전공동문화체' 구축을 통한 갈등을 넘어 화해로

현재 일본의 우경화 및 내셔널리즘이 더욱 심화되고 한일관계가 더더욱 악화될 것이라는 우려의 목소리만이 들릴 뿐 향후 한일관계 개선을 위한 방안들은 거의 눈의 띄지 않고 있다. 한일관계 악화 땐 양국 경제까지 악영향을 준다는 점을 감안하면 더더욱 관계개선 노력이 요구된다 하겠다. 이에 유연한 상호주의를 바탕으로 미래지향적인 한일관계 구축(진전) 및 화해를 위한 몇 가지 제언하고자 한다.

첫째, 동아시아 '재난·안전공동체' 구축을 위한 한일 협력의 문화적 토대를 마련해야 한다. 3.11 동일본대지진(2011년)을 계기로 한일간의 공동위기관리체제 정비 및 재해전문가 양성 등 실천적 국제협력의 모색이 절실해졌다. 동일본대지진에 따른 쓰나미와 후쿠시마원전의 방사능 문제는 '인류애'적 연대라는 의미에서 국제협력을 다시 모색하게 했고, 자연스럽게 동아시아 국가들의 유대감을 형성하는 계기로 작용했다. 향후 한국사회에 발생할지도 모르는 재난에 대비한 대응 논리와 극복 논리를 '인문사회과학적·제도적·정책적'으로 수립하기 위해 한국과 일본이 '동아시아 공동체적 입장'에서 '실체적 대안'을 공동으로 연구하고 국제협력을 모색하는 계기가 되고 있다. 한일 국제협력의 방안 중 하나로 예를 들어, 초국가적 재해와 안전문제에 관한 글로벌 대응체제로서, 인재(人災)를 관리할 수 있는 인재

(人才)가 필요하다. 3.11 대지진 이후 일본으로부터 얻은 교훈 중 급선무인 것은 한국 또한 원전사고 발생을 상정, 복합연쇄위기를 관리할 전문가 양성 혹은 공동 위기관리체제를 정비하는 일이라 할 수 있다. 그렇다면 글로벌 시각에서 재난을 통한 안전공동체를 모색하기 위한 구체적인 과제는 무엇인가? 무엇보다도 탈지정학적 스탠스, 즉 '트랜스내셔널리즘'이 고양되어야 한다. 안전혁명을 위한 관련 행위자들의 '문화적 인식'이나 '의식(思想)'역할이 중요하다

둘째, 한일관계 개선 즉 한일간 화해(평화)와 관련된 '역사·문화적 교훈'을 살려야 한다. 한일간의 역사적 경험으로 살펴보더라도 한일교류는 고대사까지 이어진다. 백제문화의 전수, 임진왜란 후 한일 양국의 국교회복과 교류의 진전계기가 되었던 조선통신사, 대일관계 개선과 관련된 다양한 조선과 일본과의 약조 등은 한일관계 개선에 큰 역할을 수행했다고 평가받고 있다. 최근 자민당 아베 정권의 아베노믹스 경제정책 성과 혹은 지지여부에 대한 평가에 일본 국민의 관심이 집중되고 있다. 일본의 경제회복 및 부흥·재생을 열망하는 것을 감안해 볼 때 국민의 기대가 높은 아베노믹스의 성공여부는 한일관계에도 영향을 미칠 것으로 보인다. 양국간에 산재해 있는 저해요인으로 작동하는 다양한 이슈들에 주목하기 보다는 경제 이슈가 선호되고 있다는 점에서, 향후 대일관계 개선으로 이어질 수 있을 것으로 보인다. 한일 양국 경제협력을 발전시키기 위한 한일 FTA 발효 등 '제도적 틀'이 필요하다. 한일간 교섭(과정) 및 조약체결이 늘어나는 과정에서 TPP, 한일 FTA, 한중일 FTA의 교섭자체로도 한일관계 개선의 밑거름이 될 수 있다. 향후 아베 정권이 한·일, 한·중·일 FTA 타결, 동아시아지역 경제통합 구상 또는 동아시아공동체 구상 실현을 위한 구체적인 전략과 이미지 제시가 이뤄질 수 있도록 한일간 교섭 기회를 늘려나가야 할 것이다.

셋째, 한국의 외교·안보 및 경제정책의 방향성은 상대국과의 대립과 협력의 프로세스 속에서, 어떻게 한일관계를 '경쟁의 게임'에서 '협조의 게임'으로 진전시켜 나갈 것인가라는 '위기관리'의 문제이다. 이때 협조의 게

임으로 전환하는 데 기여할 수 있을 것인가 하는 관점에서 우리가 주목해야 할 논리는 '정경분리의 원칙'이다. 이는 경제협력문제를 우선 논의협의한 이후 정치적 이슈의 돌파구를 마련한다는 의미에서 선경후정(先經後政) 정책이라고도 할 수 있다. 특히, 한일 양국 관계의 외교적 문제해결을 위해서도 '정경분리 원칙'이 중요하다 하겠다. 예를 들어 독도 문제를 한·일 경제협력 프로젝트로 해결하는 방안을 모색하는 등 우선 정치적 프로세스와는 별도로 경제·과학·재난·안전 분야에서 새로운 정치분리형 협력 모델을 발굴해야 할 것이다. 정경분리 정책의 추진이 긍정적 방향으로 진행된다면, 한일 대화 과정 또한 돌발적인 외교교섭이 아니라 한국의 정책의제 설정, 정책 형성, 정책 채택까지 포함한 일련의 정책결정 과정이 일반화되고 예상 가능하여 효과적인 정책운영이 가능할 것으로 보인다. 물론 향후 한국 정부의 대일관계는 일본의 대외정책기조 변화 및 동북아질서를 둘러싼 주도권 싸움 등 새로운 여건에 대응하기 위해 보다 유연하면서도 협력적인 전략과 정책이 요구된다.

넷째, 진정한 화해 프로세스를 위해서는 화해의 당사자라 할 수 있는 '새로운 행위자 및 협력 아젠다'에 주목해야 한다. 특히 '재난과 안전에 관한 협력 네트워크의 구축'이나 '아시아 재난안전공동체 구상' 등 한일교류 분야의 확대 및 진전은 매우 중요하다. 아울러 화해의 역주행(逆走行)을 예방(관리)하고, 나아가 한일 화해의 종착역(목표)에 도달하기 위한 로드맵을 만들어 양국의 화해 비전과 전략을 공유해야 할 것이다. 이를 위해서는 국회의 전권을 위임받아 외교협상을 진행하는 미국의 '무역촉진권한(TPA: Trade Promotion Authority)' 혹은 '신속처리권한(Fast Track)' 제도를 도입할 필요가 있다. 한일간 협의(교섭결과)의 효력발휘가 용이하며, 양국의 국내적 신뢰를 얻을 수 있으며, 신속한 협상 타결로 이어질 것이다. 예를 들어, 한·일 위안부 협상 타결(2015.12.28) 이후 논란이 되고 있는 '불가역적 최종 합의문(이번 문제가 최종적이고 불가역적으로 해결됐음을 확인한다)'이라는 사항에 관해서는 국회로부터 권한을 부여받지 못한 상황이기에 무효 혹은 재협상 등의 요구가 이어지고 있다. '불가역'이라는 외교가 제대로 효력을 발휘하기 위해서는 무엇보다도 '외교신속처리권한(가칭)'을 통해 국내적 여론을 수렴하고 갈등을 해소한 상태에서 국회의 정책지지와 연계되어 외교교섭이 진행되어야 한다.

다섯째, 한일관계의 악화는 민간부문에 즉각적으로 영향을 주어 한일간 화해를 위한 교류 협력이 중단되는 만큼 평소 한일 정부간 대화와 함께 '민간차원의 문화 교류'를 더욱 확대하는 대책을 다양하게 강구하여야 한다. 한일간 대화채널의 부활 혹은 확대노력이 절실한 상황이다. 특히 영토분쟁, 역사인식, 종군위안부 문제 등 민감한 정치적 사안보다는 우선 용이한 한일간의 경제협력에 관한 대화채널을 유지·확대해 나가야 할 것으로 보인다. 위에서 언급한 정경분리의 원칙에 입각하여 정치적 대화채널에 구속받지 않는 '경제이슈논의 채널'의 지속가동이 중요한 시기이다. 아울러 지금까지 한국 정부가 강조해 왔던 '신뢰 프로세스' 정책을 기조로 한 외교·안보 및 경제정책에 대해 폭넓은 국내지지를 확보하는 것이 중요하다 하겠다.

결론적으로 '갈등을 넘어 화해로' 가는 화해학을 시작하기 위해서는 한일간 전제조건을 재확인하고 실천하려는 노력이 절실하다. '화해학'의 관점에서 제시한 여러 갈등이나 분쟁의 유형을 관리하기 위해서는 한일간 화해의 로드맵과 행동계획(Action Plan)을 만들어 첫발을 내딛는 것이 주된 과제하다. 이는 장기고착화되고 있는 한일간의 비정상적인 '외교 부재'의 상황에서 벗어나 정상화의 시스템이 구축되는 상황으로의 전환하는 데 있어서 중요하다. 한국은 일본과의 영토분쟁, 역사인식, 종군위안부, 교과서 왜곡, 야스쿠니 신사참배에 관한 시각 등 민감한 정치적 사안들을 안고 있다. 한국 정부는 국내적 정책결정 과정과 미국·중국 등 국제적 변수 등을 고려해서 더욱더 전략적 차원에서 대일정책을 추진할 필요가 있을 것으로 보인다.

한일국교정상화(1965)의 50주년(2015년)을 재평가하고, 새로운 한일관계사 백년대계를 고려할 때, 지금까지의 축적된 협력의 결과물들이 완전히 과거사에 파묻히거나 미래와 단절된다면 이는 한일 양국으로서는 너무도 큰 손실이라 할 수 있다. 지속적인 사회문화의 공유, 경제협력 등을 통해 '제로섬 게임(Zero Sum Game)'이 아닌 '윈윈(Win-Win)' 게임으로 전향되는 한일관계를 기대한다. 바로 지금이야말로 엄격한 상호주의 원칙을 고수하는 정책에서 벗어나 유연한 상호주의를 바탕으로 진정한 미래지향적인 한일관계의 구축, 즉 '화해학'을 시작하는 데 힘써야 할 시점이다.

참고문헌

〈한국어 문헌 및 주요 참고 자료〉

김영근(2009), "북한 개발 모델의 성공조건에 관한 시론 : 개성공단의 장애요인 및 활성화 방안을 중심으로", 『평화학연구』 세계평화통일학회, 제10권 4호, pp.75-104.

김영근(2014), "아베노믹스의 정치경제학 : 미일 통상교섭과 일본의 구조개혁을 중심으로", 『일본학보』 제98집.

김영근(2014), "일본의 진재학과 재해부흥의 역(逆)이미지: 한국형 위기관리 모델의 시론」『한림일본학』 제24집, 한림대학교 일본학연구소,pp.141-66.

김영근(2014), "전후(戰後)의 재해 거버넌스에 관한 한일 비교 분석』『한일군사문화연구』 제17집, 한일군사문화학회, pp.33-60.

김영근(2014), "한일 외교의 현황과 관계개선을 위한 과제』『한일협력』 2014년 여름호, pp.38-47.

김영근(2015), "한일간 위기관리의 정치경제학』『일본학보』 제100집, pp.159-179.

김영근(2016), "아시아적 재난과 안전공동체를 생각한다』『청년, 아시아를 상상하다』 글로벌콘텐츠.

김영근(2016), "日本の震災復興学と国際協力: トランス・ナショナリズムと現場力(일본의 재해부흥학과 국제협력: 트랜스내셔널리즘과 현장력)"『아태연구』국제지역연구원.

김영근(2016), "한국의 재해문화와 안전교육에 관한 대학의 역할 : 일본 3.11 후쿠시마의 교훈"『일본연구』 글로벌일본연구원.

김영근(2017), "아시아·태평양지역의 중층적 경제협력 구도와 일본의 경제적 리스크 관리』『한일경상』 한일경상학회, 제74권, pp.163-194

김영근·조명철 엮음(2014), 『일본의 전쟁과 평화』 인터북스

김영근·편용우 옮김(2016),『재난에서 살아남기 : 엄마와 아이가 함께 보는 안전 매뉴얼 만화 2』 이상.

김진영(1998), "김대중 정부의 대북정책 : 정경분리 원칙과 상호주의 원칙을 중심으로", 『영남국제정치학회보』 제1집 pp.7-14.

동북아역사재단 엮음(2012)『갈등을 넘어 화해로—동북아역사재단 6년의 활동과 지향』동북아역사재단

박철희 (2006). "일본의 대외정책 결정패턴의 변화 : 반응형 국가 모델에 대한 비판적 고찰(제6장)" 『일본 대외정책의 분석』 한울.

야마모토 저/김영근 옮김(2014), 『국제적 상호의존』 논형.

천자현(2012),『화해의 국제정치 : 국가간 화해의 유형과 가해국 정책결정 요인 연구』 연세대학교 정치학과 대학원 박사학위 논문

한국오코노기연구회 엮음(2005), 『新한일관계론 : 과거에서 미래로』 오름

한상일· 김영작 외(2013), 『일본형 시스템 : 위기와 변화』 일조각

현대일본학회 엮음(2007), 『21세기 한일관계와 동북아시아의 새로운 비전』 한울

〈일본어 문헌 및 주요 참고 자료〉

松尾秀哉·臼井陽一郞編(2013)『紛爭と和解の政治學』ナカニシヤ出版

朝日新聞(Asahi-Shimbun)

日本經濟新聞(Nihonkeizai-Shimbun)

〈영어 문헌 및 주요 참고 자료〉

Calder, Kent(1988), "Japanese Foreign Economic Policy Formation: Explaining the Reactive State", World Politics, Vol.40, No.4, pp.517–541.

Kim, Young-Geun (2013), "Reciprocity in South Korean Security Policy vis-a-vis North Korea and the United States," Asian Perspective, Vol.37 No.2, pp.183–208.

Lee, Dong-Sun and Sung-Eun Kim(2011), "Ties That Bind? Assessing the Impact of Economic Interdependence on East Asian Alliances," Pacific focus : Inha Journal of International Studies, Vol.26, No.2, pp.206–235.

Keohane, Robert(1986), "Reciprocity in International Relations," International Organization, Vol.40, No.1, pp.1–27.

〈신문자료〉

경향신문(Gyeonghyangsinmun)

중앙일보(Jungangilbo)

월스트리트저널(Wall Street Journal)